轻松8步学外贸

扫一扫，获取书后附录

第2版

韩宝庆 ▶ 著

中国纺织出版社有限公司　国家一级出版社
全国百佳图书出版单位

内 容 提 要

对外贸易是一个专业性和实践性较强的行业，对于一个从未接触过外贸的新手，面对众多晦涩的专业术语，很难马上入手；即使是国际贸易专业科班毕业的学生，一接触实际也会发现大学里学过的国际贸易理论知识与具体的外贸操作往往有很大的不同。有鉴于此，本书以出口贸易的一线实务操作流程为主线，通过八个循序渐进的步骤，即开启外贸之门，寻找客户，商订合同，准备货物，落实信用证，安排装运，制单结汇以及出口退税，引导您一步步轻松完成外贸操作，从而成为众多外贸精英中的一员。

图书在版编目（CIP）数据

轻松8步学外贸：图解版 / 韩宝庆著.--2版.--北京：中国纺织出版社有限公司，2022.3

ISBN 978-7-5180-9202-4

Ⅰ.①轻… Ⅱ.①韩… Ⅲ.①对外贸易—基本知识 Ⅳ.①F75

中国版本图书馆CIP数据核字（2021）第257599号

策划编辑：于磊岚　　责任校对：王花妮　　责任印制：储志伟

中国纺织出版社有限公司出版发行
地址：北京市朝阳区百子湾东里 A407 号楼　邮政编码：100124
销售电话：010—67004422　传真：010—87155801
http：//www.c-textilep.com
中国纺织出版社天猫旗舰店
官方微博 http://weibo.com/2119887771
三河市延风印装有限公司印刷　各地新华书店经销
2009 年 4 月第 1 版　2022 年 3 月第 2 版第 1 次印刷
开本：710×1000　1/16　印张：23.5
字数：323千字　定价：68.00元

凡购本书，如有缺页、倒页、脱页，由本社图书营销中心调换

第 2 版前言

本书从 2009 年第 1 版问世以来，由于并未像传统国际贸易实务教科书那样进行刻板教条的编排和枯燥乏味且晦涩的说教，而是另辟蹊径，按照真实外贸流程，采用通俗的语言、轻松的图解和鲜活的案例来传授外贸知识，从而获得了广大读者尤其是外贸新手的好评。感谢读者的厚爱，本书曾荣登 2010 年新华书店贸易经济类图书畅销榜前 10 名，还被中华考试网、世贸人才网、启文教育等多家网站作为外销员考试指定用书，龙商外贸网推荐外贸书籍，并获当当网五星好评。

十年时间如白驹过隙，弹指一挥间。这十年中国的外贸发生了太多的变化，让人目不暇接：2010 年，中国 GDP 超过日本成为世界第二大经济体；2012 年，国家实施货物贸易外汇管理制度改革，取消出口收汇核销单；2013 年，中国超越美国，成为全球首个货物贸易总额超过 4 万亿美元的国家，从而成为货物贸易第一大国；2014 年，跨境电商如星火燎原，势头如日中天，席卷全国，同年，海关总署取消报关员资格全国统一考试；2015 年，"一带一路"倡议开始被大力推动实施；2016 年海关全面实施无纸化通关，同年"中国国际贸易单一窗口"正式上线运行；2018 年，中美间发生人类经济史上最大的贸易摩擦，同年，国家质检总局出入境检验检疫管理职责和队伍划入海关总署；2020 年中国参与签署史上最大规模的自由贸易协定——区域全面经济伙伴关系（RCEP）……面对如此众多的变化，本次的修订工作毫无疑问是困难重重，任务繁重。说是修订，但实际上比第 1 版时的工作量有过之而无不及。很多时候本来试图取巧从网上和他人的相关书籍中引用一些现成的资料，结果却发现拿来的知识竟然是陈旧和与现实脱节的（尽管往往标榜为最新版），比如核销单早已取消多年，但至今很多地方在讲到报关和退税时依然说需要提供核销单。因此，笔者本着绝不误人子弟并对读者负责的态度，对每一章、每一节，甚至每一个知识点都仔细推敲，反复考证，以保证传递给读者的都是最新、最准确的信息。

本书第1版的定位就是外贸新手，第2版在保持第1版的风格和体例的基础上进行了相应的修订和完善，具体包括以下几个方面：

第一，完善体系。第1版共包括八步和一个结尾忠告，为了避免一开始就直接进入第一步显得生硬和突兀，本版在第一步开启外贸之门前面增加了一个"入行提醒"，专门写给那些徘徊在外贸大门之外的新人，为他们在对是否做外贸拿不定主意时提供中肯的建议。

第二，拾遗补缺。为了使本书更切合实际需要，在第1版中遗漏、缺少或忽视的内容，在本版中进行了相应的补充。比如，鉴于企业的竞争就是人才的竞争，所以在第一步"开启外贸之门"中增加了第三节"招兵买马——打造自己的外贸团队"；了解付款方式不是目的，关键是会加以运用，所以第三步在介绍了各种付款方式之后，补充了"付款方式的选择"；考虑到知识产权问题的重要性，在第四步"准备货物"第一节"落实货源"最后增加了"备货时不容忽视的知识产权问题"；争议在所难免，然而仅知道何为争议及争议产生的原因却不知如何应对和解决争议是不行的，所以在"结尾忠告"中增加"发生争议如何解决"，等等。

第三，充实内容。第1版中讲得不够透彻或相对简单的地方在本版中进行了进一步的充实完善。考虑到案例有助于对内容的理解，所以本版中补充了一些典型案例和最新案例。另外，还补充了大量的插图和表格，使本书图解的特色更加突出。

第四，与时俱进。为了跟上形势的变化，反映国际贸易惯例规则及政策的最新发展，及时对相关内容进行了修订和完善。比如核销单和报关单退税联取消带来的通关流程变化、无纸化通关、退税政策调整带来的退税流程的变化等。根据最新的INCOTERMS2020，对贸易术语部分进行了相应的修订。俗话说，道高一尺，魔高一丈，随着人们防骗意识和技能的提升，骗子的骗术也在升级换代，因此，本版对典型骗术进行了全面修订。另外，还对一些过时的数据进行了更新和修正。

第五，更加通俗。本书第 1 版的特点之一就是通俗，把复杂难懂的专业语言尽量简单化，这一尝试得到了读者的认可和好评。但仍有一些内容不够通俗化，所以本版争取在第 1 版的基础上精益求精，更进一步。

第六，增加附录。为了方便读者随时查阅外贸相关信息和资料，在本书二维码中提供了"外贸常见缩略语""外贸人应注意的各国禁忌"以及"2020 国际贸易术语详解"等三个附录。

另外，本版还对书中文字及措辞进行了推敲完善。

尽管笔者付出了很大的努力，但相信本书依然会存在这样那样的问题，诚挚欢迎广大读者给予批评指正！

韩宝庆

2021 年 10 月于北京

第1版前言

随着中国的入世和外贸经营权的放开，中国的对外贸易发展突飞猛进，可以预见将有越来越多的经营主体加入对外贸易活动的队伍中来。然而，应当引起高度重视的是，我国各个层次实战型国际贸易专门人才还相当匮乏。国际贸易知识与操作技能的传播工作任重而道远。对外贸易具有实践性、专业性和技术性强的特点，不经过专门的学习和实践将无法胜任这项工作。所以，作者不揣冒昧，力图在这方面能有所突破，有所创新。

目前市场上有关国际贸易实务的图书和教材不在少数，但普遍存在的问题就是理论性较强，操作性较差；文字叙述居多，图示案例较少；语言严谨正式有余，形象通俗易懂不足。对初学者来说不仅难以理解和掌握，而且阅读起来缺乏趣味性，学习之后往往让人不得要领，无从下手。有鉴于此，本书的编写力图克服以上缺陷和不足，体现个性化和特色。

第一，以外贸操作步骤的先后编排结构，让新入行的人一目了然，可以从零开始一步步完成外贸的整个操作过程。

第二，语言通俗易懂。把较难理解的专业术语和词汇尽量用朴素平实的语言进行表述，并在必要时加以注解说明。

第三，形式多样，图文并茂。本书把许多复杂的外贸操作流程和步骤用生动活泼的图表勾画出来，既形象直观，又增加了读者学习的趣味性。另外，还加入了"小贴士""小知识""相关链接"等板块。"小贴士"用来提醒读者注意一些容易混淆和忽视的概念和问题；"小知识"给感兴趣的读者补充一些与所学内容相关的知识；"相关链接"是读者在掌握已有内容基础上的进一步深化。

第四，注重理论与实践的结合。为了帮助读者理解和吸收所学知识，本书配备了多个案例、例示等。

第五，紧跟形势，反映最新。比如介绍了在网商时代如何以网络为平台从事国际贸易，还结合了最新的国际贸易惯例，如 UCP600。

本书根据外贸实际操作步骤编排体例，共分为八步：即第一步开启外贸之门，第二步寻找客户，第三步商订合同，第四步准备货物，第五步落实信用证，第六步安排装运，第七步制单结汇，第八步出口退税。

本书参阅了大量的文献资料，对这些文献资料的提供者在此表示深深的谢意和敬意。同时，也衷心感谢中国纺织出版社的副编审姜冰老师，她对本书的写作提出了许多极有价值的观点和建议，她的敬业精神令人钦佩。

韩宝庆

2008 年 8 月于北京

目录

入行提醒——写给徘徊在外贸大门外的新手

第一步 开启外贸之门——取得外贸经营权
第一节 获得外贸经营权的条件 / 10
第二节 办理外贸经营权的流程 / 13
第三节 招兵买马——打造自己的外贸团队 / 43

第二步 寻找客户
第一节 通过参加展会寻找客户 / 58
第二节 搭建自己的外贸网站吸引客户 / 75
第三节 利用网络平台与工具寻找客户 / 81
第四节 其他寻找客户的途径 / 104

第三步 商订合同
第一节 了解价格构成 / 114
第二节 讨价还价 / 131
第三节 确定付款方式 / 151
第四节 签订合同 / 163

第四步 准备货物
第一节 落实货源 / 170
第二节 核实货物的品质、数量、包装 / 180
第三节 办理商检 / 192

第五步　落实信用证
第一节　了解信用证 / 202
第二节　催证、审证与改证 / 223

第六步　安排装运
第一节　托运 / 238
第二节　投保 / 254
第三节　报关 / 263

第七步　制单结汇
第一节　制作单据 / 274
第二节　交单结汇 / 294

第八步　出口退税
第一节　什么是出口退税 / 306
第二节　出口退税需要用到的电子系统 / 317
第三节　出口退税的程序 / 324
第四节　出口退税的账务处理 / 327

结尾忠告——争议与欺诈的防范

参考文献 / 364

附录（见二维码）

　　附录1　外贸常见缩略语

　　附录2　外贸人应注意的各国禁忌

　　附录3　2020国际贸易术语详解

入行提醒

——写给徘徊在外贸大门外的新手

又是一年毕业季，几家欢乐几家愁。每年的这个时候都会有一批怀揣着憧憬与梦想的年轻人加入外贸大军中来，正如当年的我们一样。对于选择了这个行业的年轻人，也许犹如鱼入大海，飞鸟投林，终能大显身手，一展抱负，有的是一种游刃有余、酣畅淋漓的痛快与满足。然而，理想是丰满的，现实有时候却是骨感的。也许不久的将来，等待你的可能是让你想要放弃的残酷和艰辛……

※ 要不要进入外贸行业

很多小伙伴经常爱问的一个问题就是："现在外贸行业还好干吗？我要不要进入这个行业？"在回答这个问题之前，我们可以先看看其他那些人们耳熟能详的行业和职业。比如律师，好干吗？律师这个听起来高端大气上档次的职业，其实并非仅仅是人们想象中的体面有派、光鲜亮丽，律师职业入门很难，做起来更难，能否接到案源，能否赚钱，拼的可不仅仅是专业知识，还有能力、运气、人脉、机遇等等，真正混得风光的律师实际上是凤毛麟角。再比如金融行业，近年来火得一塌糊涂，其火爆程度从高考报志愿和高校选专业就能一见端倪。因为很多人觉得金融行业必定是金领行业。跟钱打交道的行业能差吗?！但等真正进入这个你日日夜夜梦寐以求的行当以后，才会发现原来跟自己当初想象的情况还是有很大差距的，金融行业的钱竟然也并不是那么好赚。

现在我们再回过头来看看外贸行业到底值不值得进入这个话题，其实跟律师行业和金融行业是一样的道理，根本就算不上是个问题。外贸行业不过是众多行业中的一个罢了。人们之所以问这样的问题，其实是打内心深处有一种想找一份"成年人的报酬，小孩子的待遇"，即不用费脑子，又能赚大钱的工作的心理。俗话说：十年河东，十年河西。事实上，不管什么行业，就算有红利期，往往也不会持续很长。因此，无论从事什么行业，都不要抱有投机和侥幸心理，正确的态度应该是不仅要有一时的冲动和激情，还要有冷静下来后认真细致的思考和规划，更要有耐得住寂寞的不懈与坚持。以上问题如果非要给一个答案，那就是"既值得也不值得"——对于真正爱的人就值得，对于盲从的人就不值得！

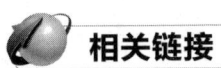 **相关链接**

人们为何选择外贸

1. 毕业新人为何选择外贸

- 大学专业对口
- 个人特别喜欢英语
- 老师推荐的工作
- 学校安排的实习单位
- 就是觉得外贸听起来高大上
- 听说外贸很赚钱
- 看同学在做
- 没有方向，乱投简历
- 家族企业，跟着就做了

2. 内贸工厂或贸易公司为何选择做外贸

- 内贸越来越难，账期压得喘不过气，期待转型
- 内贸做得不错，想要在外贸也捞一桶金
- 内贸达到瓶颈，想要以内养外，然后借助外贸突破

- 看朋友做外贸赚钱了
- 同行在做，规模不断扩张，看起来应该是赚钱了
- 听别人说外贸很赚钱
- 被某些B2B、贸易数据或软件推销人员"忽悠"
- 看到新闻讲贸易趋势一片大好

总之，还是那句老生常谈的话：干一行，爱一行。外贸看似门槛低，如果要做好需要长时间坚持。就如同爬山，外贸的门在山顶，得爬到山顶才能入门，可惜的是很多人都在半山腰退缩了。无论出于什么原因，如果你进入了外贸行业，接下来就是努力、努力、再努力！

※ 打工还是创业

财务自由

实现梦想

| 打工者 | 创业者 |

很多小伙伴曾经或者正在纠结要不要创业，拿不定主意。自己创业呢，觉得难以迈出第一步，而且有不确定性。选择打工呢，又总是感觉心有不甘。不过，多数人最终还是选了去一家公司上班。

案例

一位从事外贸近六年的小伙伴，生孩子之后全职了两年，现在重新开始。也曾纠结过要不要创业，拿不定主意最终选了一家规模还算可以的工厂做外

贸，上班半个月总是觉得心有不甘，总觉得看不到未来的出路，现在公司的营销方式是选定一个国家的经销商，然后去帮客户跑海外市场做销量来提高自己的销量，需要经常出差，不是说不好，是觉得对于有孩子的女性来讲在自由度和时间上自然是拼不过小姑娘小伙子的，而且老板很喜欢让写各种汇报、各种总结感悟，同事们都很会表现，自己不属于能说会写八面玲珑的，深觉累。继续做的确能学习到东西，但是一想到外贸创业的艰辛，而且自己也没有很好的产品和渠道，又退缩了。不知道是不是自己心态不好？

现在的外贸 B2B 市场竞争很残酷，上面案例中的公司能在这样的市场中存活，说明做得还是可以的。在预期的几年内，只要继续跟着公司节奏，这么"累下去"，这位小伙伴的年收入天花板在 15 万—20 万元一年。她的业绩可以做得很多，可能会达到上千万美金一年。不过，个人的实际回报可能会让你失望，因为多了也不会给你。为什么？老板说"你有这么多销售，靠的是公司和团队"。另外，一般正规的公司，条条框框什么都有，每天自己就像一颗螺丝钉一样为公司忙碌：客服、邮件、产品开发、客户管理，等等。总之一年到头就是这些，还有没完没了的培训，开不完的会，做不完的计划。有时候看到自己手上一年的流水，真的觉得"世界很大，我想出去闯闯"。

然而，出去自己做真的好做吗？如果你想靠在原公司手头的客户出去自己做，对不起，只能说你在做白日梦，公司有完善的防火墙。离开了公司，你又要重新开始。如果自己白手去创业，去开发客户，不仅难而且还比较苦，没有团队支持，没有技术支持，没有供应链支持。要做到一年赚 15 万—20 万元，说难也难，说不难也不难，接 1—2 个客户也许就有了。关键你是否可以承受 1—2 年的低潮，或者更久……这个就是自己创业的风险。事实上，就算是对跨境电商公司从业小伙伴来说，也有这样的类似问题。很多现实的问题，还是像上面那段案例"离开我们公司，你什么都不是"，没有供应链，没有产品，账号从头开始做，没有钱，没有办公室……太多困扰。

这里无法给出"继续在公司上班还是自己去创业"的选择性答案，只是给出了继续在公司上班的未来几年状况和收入天花板，要继续在公司，就要承受公司给你的一切和给你画好的圈，如果去创业，你要承担你做出这个选择的不确定性和创业一旦失败带来的几年的时间成本。这其实就是现在的

"大外贸公司对经验业务员挟持的典型现象"。从某种意义上说，选择一种职业其实就是在选择一种生活方式。雇员和创业者的生活方式是大不相同的。认真思考一下，你更喜欢哪一种生活方式？

※ 外贸入行建议

 **小贴士**

做外贸应具备的素养

刚开始做外贸，需要先了解并培养作为外贸人该有的素养：

（1）熟悉出口业务操作流程。

（2）书面英语过硬，口语良好，与客户能够进行业务沟通。

（3）熟悉常见的国际交往礼仪。

（4）熟悉日常的交际英文，接待客人显示出良好的修养和职业素质。

（5）熟悉常用的办公软件，例如：Word, Excel, Photoshop, PowerPoint, Outlook, AutoCAD 等；能够使用现代化办公设备（这些视公司具体情况而定）。

（6）能够草拟标准的传真及信函，能够独立完成信用证的审核，根据信用证制作正确的出口单证。

（7）接打电话要显示良好的公司形象。

想做外贸请三思：

➢ 对外贸没感觉或只是出于从众心理，请不要做外贸。

➢ 如果三年内需要自己赚钱养家，则不要做外贸。

➢ 如果想要一夜暴富，更不要做外贸。

如果铁了心做外贸：

➢ 自学的能力极其重要：如何快速查找资料，如何找到有效资料，如何有效地学习，都是需要注意培养提高的能力。

➢ 永不停步：新产品，新市场，都是新机会。

➢ 转变思维：服务意识；职业化，专业化；结果导向思维；解决问题的思维。

➢ 耐得住寂寞：寂寞？容我抽一根……

外贸创业有哪些形式

（1）从法律形式来看，有个人企业、合伙企业和公司。

①个人企业，就是自己一个人单枪匹马做的企业形式。

②合伙企业，就是跟他人合作，但没有法人资格的企业形式。

③公司，具备法人资格，形式上更正规。

（2）从产销结构来看，有工厂、贸易公司与工贸一体公司。

①工厂，靠技术和产品质量赢得市场和订单，不靠销售。

②贸易公司，没有自己的产品，倒买倒卖，主要靠销售。

③工贸一体公司，产品从生产到销售再到出货和售后是一个完整的链条。

（3）从贸易操作方式来看，有自营出口与代理出口。

①自营出口。就是自己有出口权，直接跟外商做生意。

②代理出口。就是通过别的外贸公司代理出口。

（4）从商业模式来看，有传统外贸和跨境电商。

①传统外贸。线下完成，交易链条长，多属于批量采购，接单生产，除少数高附加值产品以外，大多数通过海陆船运，运输周期长，回款周期也随之拉长。基本模式是B2B（企业对企业）。

②跨境电商。线上完成，属于零售模式，顾客先付款购买，整个行业的资金门槛较低；卖家空运发货，运输时效多在两周之内，回款速度快，资金周转效率更高。模式有B2B、B2C（企业对消费者）、C2C（个体卖家对消费者），甚至C2B（消费者对企业，也称个性化定制模式，是一种新模式）。

第一步 开启外贸之门
——取得外贸经营权

虽然《中华人民共和国对外贸易法》中说个人也可以做外贸，但实际上，目前在我国还不是任何个人、法人或其他组织都可以直接从事对外贸易活动，只有按照国家的有关规定，依法定程序在当地的商务部门进行备案，取得对外贸易经营资格，并在当地海关、税务、外汇管理局、电子口岸等部门办理相应备案登记注册等手续后，方可在允许的范围内从事对外贸易经营活动。获得外贸经营权的好处如图1-1所示。

直接与国外签订合同
减少中间环节

拥有收付外汇的权利
方便省心放心

节省代理环节与费用
省钱提高效率

公司能享受出口退税
获取超额利润

图1-1　获得外贸经营权的好处

第一节　获得外贸经营权的条件

理论上说，注册一个外贸公司只需要人民币一块钱！

根据《中华人民共和国对外贸易法》（以下简称《对外贸易法》）与《对外贸易经营者备案登记办法》（以下简称《备案登记办法》），我国对对外贸易经营者实行备案登记制。备案登记不是行政许可（即所谓的"行政审批"）。外贸经营权的备案登记对外贸经营者而言，没有任何"硬门槛"，比如注册资本、年出口额等，而仅仅是程序性的。《对外贸易法》第8条规定："对外贸易经营者，是指依法办理工商登记或者其他执业手续，依照本法和其他有关法律、行政法规的规定从事对外贸易经营活动的法人、其他组织或者个人。"据此，经营对外贸易只要具备以下两个条件即可：

一、对外贸易经营者应是依法办理了工商登记（现在叫市场主体登记）的法人、其他组织或个人

原则上在中国境内的所有企业、组织和个人均有资格成为对外贸易经营者，无论是对于公司法人，还是其他组织和个人一般都没有最低注册资本要求。

（一）公司注册资本没有最低限额要求

《中华人民共和国公司法》（以下简称《公司法》）从2014年起，就顺应潮流彻底放弃了对注册资本的最低限额要求，并对出资的缴纳采用认缴制。认缴制不同于过去的实缴制。通俗点理解，实缴制是全款买房，而认缴制是贷款买房，且零首付。有限责任公司的注册资本为在公司登记机关登记的全体股东认缴的出资额。股份有限公司采取发起设立方式设立的，注册资本为在公司登记机关登记的全体发起人认购的股本总额。但需要注意的是，以募集方式设立的股份有限公司，其注册资本依然表现为实收的股本总额。法律、行政法规以及国务院决定对公司注册资本实缴、注册资本最低限额另有规定的，从其规定。

 小知识

一块钱真的可以开公司吗

2013年中国《公司法》的第三次修订，有一个重大的变化，就是取消了公司的最低注册资本限制。一时间"一块钱就可以开公司"的说法充斥大街小巷，似乎全民创业的时代来临了。那么，一块钱真的可以开公司吗？

我国公司的股东都是以出资额为限承担责任的。假如有一个股东真的以一元钱出资设立一个有限责任公司，那么，公司债权人的利益可能得不到切实的保障。法律还要有相应的配套措施才行。所谓"一块钱可以开公司"只是一个形象说法。注册资本只是设立公司需要具备的基本条件之一，办公司租用场地、雇佣人员，维持公司的基本运营也需要一定的资本。实际上一元钱根本无法支撑公司的运营，交易对象也会对这类公司的信用产生怀疑。因此，完全不花钱办公司实际上是不可能的。尤其对于外贸公司注册来说，注册金额太小难

免会影响公司门面。当然也不是说越高越好。虽然对于外贸公司的注册资本并没有特殊限制性规定，但通常都是选择注册资金100万元或50万元。若企业名称中有"进出口"字样的话，则注册资金最好不少于100万元。

有限责任公司的股东以其认缴的出资额为限对公司承担责任，股份有限公司的股东以其认购的股份为限对公司承担责任。

《公司法》及相关法律法规对外贸公司的注册资本多少并没有特殊限制性规定。一般来说，由企业根据法律的规定并结合自身的实际情况进行选择取舍。

（二）个人独资企业、合伙企业、个体工商户也无注册资本要求

按照《中华人民共和国个人独资企业法》的规定，个人独资企业是指依法在中国境内设立，由一个自然人投资，财产为投资人个人所有，投资人以其个人财产对企业债务承担无限责任的经营实体。

按照《中华人民共和国合伙企业法》的规定，合伙企业是指依法在中国境内设立的由各合伙人订立合伙协议，共同出资、合伙经营、共享收益、共担风险，并对合伙企业债务承担无限连带责任的营利性组织。

按照《个体工商户条例》和《中华人民共和国民法典》的规定，个体工商户，可以个人经营，也可以家庭经营。个体工商户的债务，个人经营的，以个人财产承担；家庭经营的，以家庭财产承担；无法区分的，以家庭财产承担。

个人都可以做外贸吗

这里首先要区分对外贸易经营者中的"个人"和自然人的概念。根据我国有关法律法规，个人从事任何经营活动，都必须经过市场主体登记，因此，普通的市民是不能直接以个人身份登记取得外贸经营权的，而必须是在市场监管部门注册个人独资企业或个体工商户后，才能从事进出口业务。如不办理市场主体登记，备案登记机关就不能予以备案登记。也就是说，个人做外贸，具体到技术层面上，必须以取得市场主体登记为前提，以一个经营主体的面目出现，即变为个体工商户（或独资经营者）。正是从这个角度说，个人可以成为对外贸易经营者。但个人从事对外贸易要承担无限责任，风险比较大，最好具备一定的条件，比如精通外贸业务，或者有稳定的订单等等。如果只是偶尔进出口，不如找一家外贸公司代理。

二、对外贸易经营者应遵守对外贸易相关法律法规

外贸经营权的放开，并不意味着对外贸经营活动没有了任何限制，法律底限仍然是不能够突破的。作为对外贸易经营者，必须严格遵守《对外贸易法》及其配套法规、规章；遵守与进出口贸易相关的海关、外汇、税务、检验检疫、环保、知识产权等中华人民共和国其他法律、法规、规章；遵守中华人民共和国关于核、生物、化学、导弹等各类敏感物项和技术出口管制的法律法规以及其他相关法律、法规、规章，不从事任何危害国家安全和社会公共利益的活动。

第二节　办理外贸经营权的流程

申请办理外贸经营权，有两种情况，一种是新办企业申请外贸经营权，另一种是已成立内贸企业增加外贸经营权。两种情况手续略有不同。

需要指出的是，近年来，国家为了优化营商环境，不断简化办事手续，目前注册公司，统一实行"一照一码"新式营业执照，已实现了企业登记的"五证合一"（图1-2）。不再单独颁发营业执照、组织机构代码证、税务登记证、社保登记证、统计登记证。这为我们创业者省下不少宝贵时间，也省却了不少的成本和麻烦。

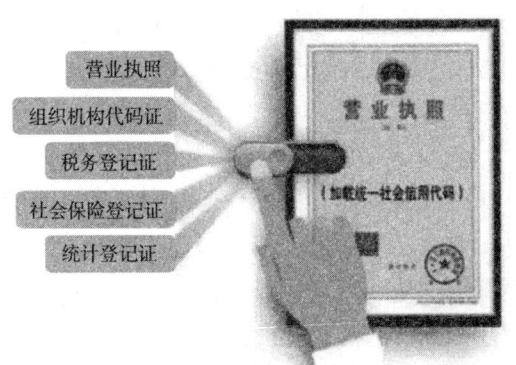

图1-2　营业执照"五证合一"

办理外贸经营权主要包括工商登记（市场主体登记）、备案登记及其他相关手续三个步骤。下面我们主要以新办公司为例，介绍一下申请外贸经营权具体的流程和手续。设立外贸企业的一般流程如图1-3所示。

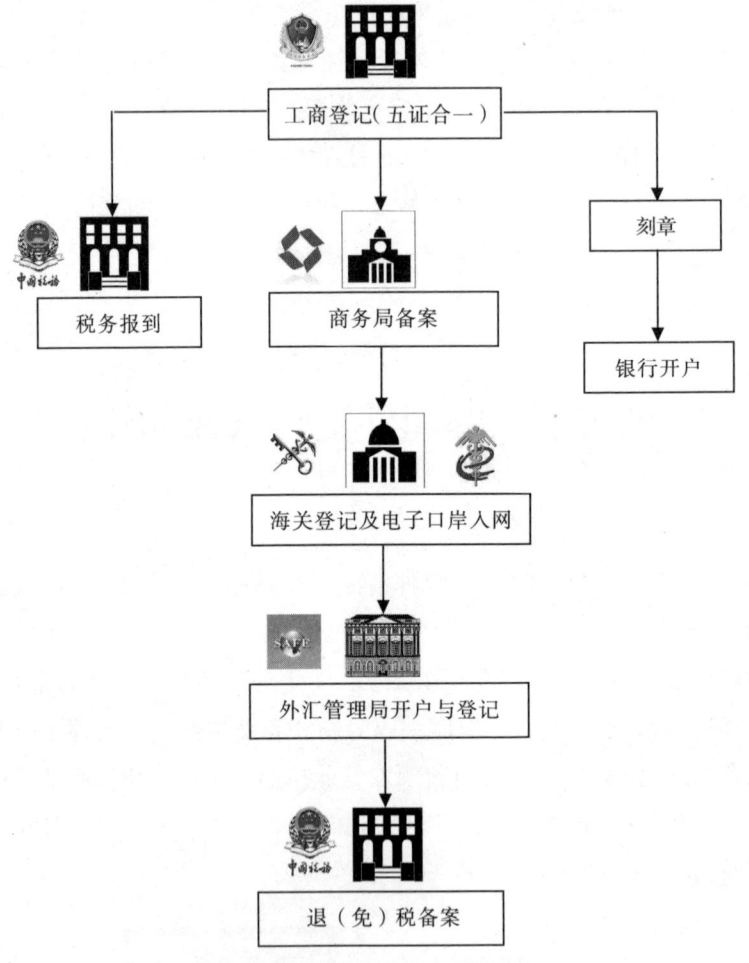

图1-3　设立外贸企业一般流程

一、企业注册——工商登记手续

注册有进出口权的外贸企业，先期登记办理程序以及所需材料与注册普通企业相同。只是注意在注册时，经营范围需加入"技术进出口、货物进出口"。当然，对于一些特殊的行业产业，在企业注册前可能还需要相关主管部门的批准。

(一)企业形式与注册资金的选择

企业形式可以选择注册成个人独资企业、合伙企业、公司(三者特征比较见表1-1)或个体工商户等等。普通贸易公司的形式一般选择有限责任公司,股东为50人以下。法律没有最低注册资本要求,可根据自身情况决定,比如10万元、50万元或100万元等。一般来说,注册资金越大越好,因为给人的感觉比较放心,金额太小会影响公司门面。当然,注册资金的多少还得考虑自身的筹资能力、从事的业务性质和经营的商品种类等实际情况。不过,若企业名称中有"进出口"字样的话,则注册资金最好不少于100万元。《公司法》规定,允许1个股东注册有限责任公司,又称"一人有限公司"(执照上会注明"自然人独资")。

表1-1 独资企业、合伙企业和公司的特征比较

企业类型	法律地位	出资人数	财产归属	经营管理	投资人责任	设立程序及税负
独资企业	非法人企业	1人	投资人所有	投资人有完全的控制支配权	无限责任	简单,只缴纳个人所得税
合伙企业	非法人企业	2人以上	全体合伙人所有	全体合伙人根据合伙协议共同管理	无限连带责任	简单,只缴纳个人所得税
公司	法人企业	1人以上	公司所有	建立法人治理结构,各机关分权制衡	有限责任	相对复杂,缴纳个人和企业双重所得税

小贴士

新注册的公司是否能直接申请为一般纳税人

新成立的企业都是小规模纳税人,但是如果会计核算健全,能够提供准确税务资料的,可以向主管税务机关办理一般纳税人登记。现在,公司的注册资金与一般纳税人已无关系。

企业成立后,年应税销售额超过财政部、国家税务总局规定的小规模纳税人标准的(2018年5月1日起已统一为500万元),一般情况下应当向主管税务机关办理一般纳税人登记。

小规模纳税人不能退税只免税,企业只有成为一般纳税人,才能享受出口退税政策优惠(出口退税相关内容见本书第八步)。

（二）注册公司所需的资料

在注册公司之前，还要注意事先准备好以下资料：

（1）由公司法定代表人签署的设立登记申请书。

（2）全体股东指定代表或者共同委托代理人的证明。

（3）公司章程。

（4）股东首次出资是非货币财产的，提交已办理其财产转移手续的证明文件。

（5）股东的主体资格证明或自然人的身份证明。

（6）载明公司董事、监事、经理的姓名、住所的文件以及有关委派、选举或者聘用的证明。

（7）公司法定代表人任职文件和身份证明。

（8）企业名称预先登记核准通知书。

（9）公司住所证明。

（10）国家工商总局（现国家市场监督管理总局）规定提交的其他文件。

（三）公司注册的步骤。

公司注册一般流程如图 1-4 所示。

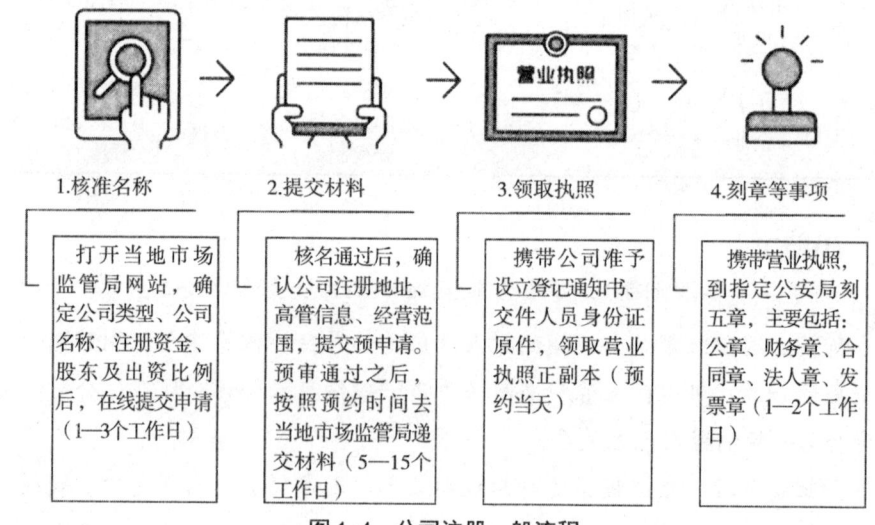

图 1-4　公司注册一般流程

1. 企业名称核准

确定公司类型、名称、注册资本、股东及出资比例后，去市场监管局（即过去的工商局）现场或线上提交核名申请。公司名称组成一般依次是行政区划+字号+行业特点+组织形式，名字想好5个备用。核名大概需要1—3个工作日。

2. 开设临时账户

带齐法人、股东身份证原件、"企业名称预先核准通知书"、股东章、法人章去各大银行以公司名义开一个临时账户，股东可以将股本投入其中，且由于认缴制所以无须再找事务所验资。

3. 提交材料

核名通过后，确认地址信息、投资人信息、经营范围，在线提交预申请。在线预审通过之后，按照预约时间去市场监管局递交申请材料。大概需要5—15个工作日。

4. 领取执照

携带准予设立登记通知书、办理人身份证原件，到市场监管局领取营业执照正副本。大概需要1个工作日（预约当天）。

5. 刻制公章

凭营业执照，到公安局指定的刻章社刻制公司公章、财务章、合同章、法人代表章、发票章（连备案3个工作日）。

6. 临时户转基本户

带齐全部办理完毕的证件，营业执照正副本（五证合一），以及法人代表身份证原件、公章、法人章、财务章，到开户行办理基本户（5个工作日领取）。

7. 税务报到

多证合一指的是税局和社保局可以从市监局获取工商登记信息，但是你的公司能不能登上电子税局办税，那就不一定了。在领到营业执照时，会有一张"新设立纳税人申报须知"的材料给到你，上面有电子税局的账号密码，可能给你的密码查询不到或者登录不了，而且，公司的税种也需要核定，领取税控设备等等，所以还是要到税局去报到一下。

注册外贸公司的费用明细：

➢ 核名：免费。

➢ 工商执照：免费。

➢ 刻章：600—900元不等（不同材质价格不同）。

> 税务报到：免费。
> 开基本户：800—1500元（每个银行收费不一样）。

以上为新办公司的注册程序，对于已成立的内贸公司，在正式申请进出口经营权之前，须先到公司所在区县市场监管局办理经营范围的变更手续。

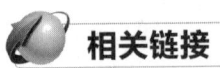相关链接

工商变更的手续

营业执照上经营范围没有注明进出口业务的，须到企业注册地市场监督管理局办理经营范围的变更。提交以下资料：

（1）企业公章。

（2）营业执照原件、复印件。

（3）经办人身份证及复印件。

在营业执照的经营范围上增加一句"自营和代理各类货物及技术的进出口业务（但国家限定公司经营或禁止进出口的商品及技术除外）"。

二、到商务局办理外贸经营者备案登记

在公司注册完毕后，首先要办理对外贸易经营者备案登记，其次才是其他后续程序。办理对外贸易经营者备案登记的具体程序如下：

（一）网上申报

申请备案的对外贸易经营者首先通过网上进行申报，使用IE9以上浏览器登录 https://ecomp.mofcom.gov.cn（商务部业务系统统一平台），点击页面下方的"对外经营者备案"（图1-5），注册登记信息，并按"登记表"（样本1-1）要求认真填写所有事项的信息，确保所填写内容是完整、准确和真实的，中英文名称必须保持一致；同时认真阅读并遵守"登记表"背面的条款。

办理变更备案、"登记表"遗失补办时，进入"备案管理"栏填报。

（二）准备提交的材料

对外贸易经营者应向备案主管部门提交如下备案登记材料：

（1）按要求填报并打印的"登记表"，正反面填写，由企业法定代表人或个体工商负责人签字、盖单位印章。

第一步 开启外贸之门——取得外贸经营权

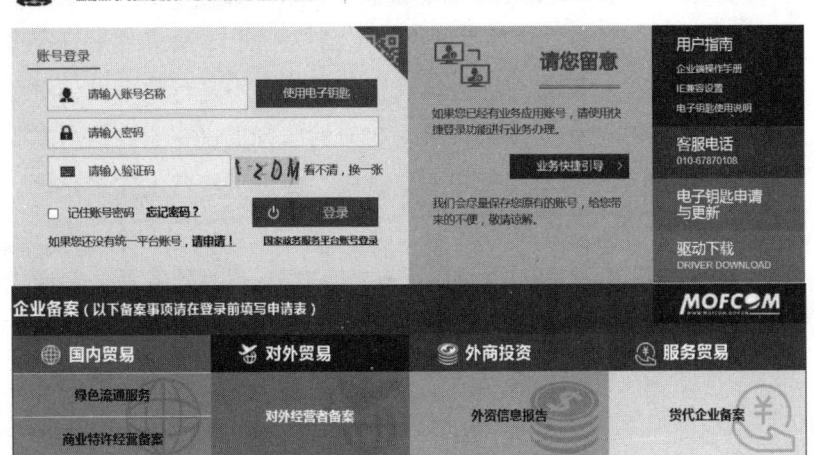

图1-5 商务部业务系统统一平台

（2）"营业执照"副本复印件（五证合一）。

（3）企业法人身份证正反面复印件。

（4）对外贸易经营者为依法设定的外商投资企业，在已批准的经营范围基础上要求增加其他进出口贸易业务的，需按规定办理企业营业执照的增项变更，还应提交外商投资企业备案回执复印件。

上述报送材料各一份（复印件需携带原件），用A4纸格式，均加盖单位公章。

需要指出的是，原来依法办理工商登记的个体工商户（独资经营者），须提交合法公证机构出具的财产公证证明；依法办理工商登记的外国（地区）企业，须提交经合法公证机构出具的资金信用证明文件。但根据商务部2019年3月商贸函（2019）626号文的规定，财产公证证明、资金信用证明文件不再提交。这是商务部减证便民、优化服务的重要举措。

（三）申请备案

对外贸易经营者在进行网上申报后，可以回到商务部业务系统统一平台，查看企业状态，显示为"上传"即表示已经递交，等工作人员审批。显示为"已备案，可变更"证明已经办好，可以去所在区（市）备案主管部门领原件，一般会有办理成功的短信或电话通知。去之前，最好先打电话确认上班时间和所需材料（上述（二）材料中的（1）、（2）、（3）、（4），以免白跑。

《对外贸易经营者备案登记办法》没有对对外贸易经营者办理备案登记设定任何资格条件（与从事国内贸易的个体工商户相同），此备案登记完全是程序性的。这种备案登记制是一种自动登记的方式，不是行政审批，对经营者取得外贸经营权不构成任何障碍，只为政府的监管提供一定的信息基础。与审批制相比，备案登记制不仅放开了经营权，促进了经营主体多元化，又可保证对外贸秩序的有效监管和维护。

《对外贸易经营者备案登记办法》第8条规定："对外贸易经营者应凭加盖备案登记印章的"登记表"在30日内到当地海关、检验检疫、外汇、税务等部门办理开展对外贸易业务所需的有关手续。逾期未办理的，"登记表"自动失效。"在30天之内只要到上述一个部门办理了手续，表格就视为有效。不到海关注册登记备案，获得报关报检双重资质，进出口货物就不能办理检验检疫，特别是经营法定检验的货物，更不能报关；不到外汇管理部门办理"名录登记"，就不能在商业银行开户办理外汇业务；新设立的企业与个体工商户不到税务机关办理税务登记证书，就无法依法纳税，也不能办理出口退税。

样本1-1　对外贸易经营者备案登记表

正面：

对外贸易经营者备案登记表

备案登记表编号：　　　　　　　　　　　　　　　　进出口企业代码：

经营者中文名称	北京天路国际贸易有限公司		
经营者英文名称	Beijing Tian Lu International Trade Co., Ltd.		
经营者类型	有限责任公司	是否生产型企业	否
住所	北京市海淀区海淀路1号海淀大厦101室		
经营场所（中文）	北京市海淀区海淀路1号海淀大厦101室		
经营场所（英文）	Rm.101, Haidian Tower, No.1 Haidian Rd. Haidian Dist., Beijing		
联系电话	65000000	联系传真	65000000
邮政编码	100000	电子邮箱	111@163.com
工商登记注册日期	2020-09-25	统一社会信用代码	91110108××××××××××

依法办理工商登记的企业还须填写以下内容：

企业法定代表人姓名	张三	有效证件号	110101195001010000
注册资金	伍佰万元		（折美元）

依法办理工商登记的外国（地区）企业或个体工商户（独资经营者）还须填写以下内容：

企业法定代表人/ 个体工商负责人姓名		有效证件号	
企业资产/个人财产			（折美元）

备注：	

填表前请认真阅读背面的条款，并由企业法定代表人或个体工商负责人签字、盖章。

备案登记机关
签章
年　月　日

背面：

本对外贸易经营者作如下保证：

一、遵守《中华人民共和国对外贸易法》及其配套法规、规章。

二、遵守与进出口贸易相关的海关、外汇、税务、检验检疫、环保、知识产权等中华人民共和国其他法律、法规、规章。

三、遵守中华人民共和国关于核、生物、化学、导弹等各类敏感物项和技术出口管制法规以及其他相关法律、法规、规章，不从事任何危害国家安全和社会公共利益的活动。

四、不伪造、变造、涂改、出租、出借、转让、出卖"对外贸易经营者备案登记表"。

五、在备案登记表中所填写的信息是完整的、准确的、真实的；所提交的所有材料是完整的、准确的、合法的。

六、"对外贸易经营者备案登记表"上填写的任何事项发生变化之日起，30日内到原备案登记机关办理"对外贸易经营者备案登记表"的变更手续。

以上如有违反，将承担一切法律责任。

对外贸易经营者签字、盖章
年　月　日

注：

（1）备案登记表中"组织机构代码"一栏，由企业、组织和取得组织机构代码的个体工商户填写。

（2）依法办理工商登记的外国（地区）企业，在经营活动中，承担有限/无限责任。依法办理工商登记的个体工商户（独资经营者），在经营活动中，承担无限责任。

（3）工商登记营业执照中，如经营范围不包括进口商品的分销业务，备案登记机关应在备注栏中注明"无进口商品分销业务"。

说明：

（1）以上范本为内资法人企业填写格式。

（2）三资企业还需填写注册资金折美元一栏。

（3）若为个体工商户（独资经营者），则无须填写"依法办理工商登记的企业还须填写以下内容"项下内容，而应填写"依法办理工商登记的外国（地区）企业或个体工商户（独资经营者）还须填写以下内容"项下内容。

 相关链接

北京实现外贸领域的"多证合一"

从2017年12月28日起北京市全面实行外贸领域"多证合一"改革。将市商务委"对外贸易经营者备案登记""国际货运代理企业备案登记"、市公安局"外商驻京机构、三资企业备案登记"、北京海关"进出口货物收发货人备案""出入境检验检疫报检企业备案登记""原产地证书注册备案登记"纳入"多证合一"范围。从事进出口贸易、国际货运代理、国际物流等行业的内外资企业即可通过"多证合一"模式办理相关业务。此外为了让更多的企业享受改革的红利，该市还整合了市公安局"企业刻制印章备案"、北京住房公积金管理中心"住房公积金单位登记"。新设立企业在办理工商登记环节，根据经营活动需要，可以通过工商网上登记平台一并填报相关事项申报信息。登记部门核发加载统一社会信用代码营业执照的同时将采集的信息推送至备案部门，备案部门通过各自的网上审批系统确认完成备案。

依托"北京工商网上登记申请服务平台"一网采集涉及"多证合一"的相关登记信息。企业办理设立登记时，后续需要办理"多证合一"事项的，可以通过工商网上登记平台一并填报相关事项申报信息。登记部门核发加载

统一社会信用代码营业执照的同时将采集的信息推送至备案部门，备案部门通过各自的网上审批系统确认完成备案。办理"国际货运代理企业备案登记""外商驻京机构、三资企业备案登记""进出口收发货人备案""出入境检验检疫报检企业备案登记""原产地证书注册备案登记""住房公积金单位登记"均不需要企业再额外填报提交任何材料，不需要企业再到相关部门现场办理。办理"对外贸易经营者备案登记"和刻制印章，企业最快只需到商务部门窗口和印章刻制机构一次即可办理完成。

"多证合一"并非强制，这项改革是为企业办理相关备案登记开辟的捷径。企业根据自身业务需要，涉及相关外贸领域办理事项的，可以通过"多证合一"模式办理。企业也可按原有方式到相关部门办理。

三、海关注册登记

为进一步优化营商环境，2019年，海关总署和市场监督管理总局把"报关单位注册登记证书"（进出口货物收发货人）纳入"多证合一"改革。企业在办理工商注册登记时，可同时通过"多证合一"方式申请办理进出口货物收发货人备案登记，海关确认接收到企业工商注册信息和商务备案信息后即完成企业备案，无须再到海关办理备案登记手续。

（一）"多证合一"备案办理方式

首次办理工商注册的企业，可以通过"多证合一"方式同时提出进出口货物收发货人备案登记申请，在办理工商注册登记时，需要同步办理"报关单位注册登记证书"（进出口货物收发货人）的，应按照要求勾选进出口货物收发货人的备案登记，并补充填写相关备案信息。市场监管部门按照"多证合一"流程完成登记，并在总局层面完成与海关总署的数据交换。海关确认接收到企业工商注册信息和商务备案信息后即完成企业备案，企业无须再到海关办理备案登记手续。

同步备案录入步骤如下：

（1）登录"市场监督管理局网上登记系统"，进行新用户注册（图1-6）。

图1-6 同步备案录入步骤1

（2）选择"我已阅读，并同意"（图1-7）。

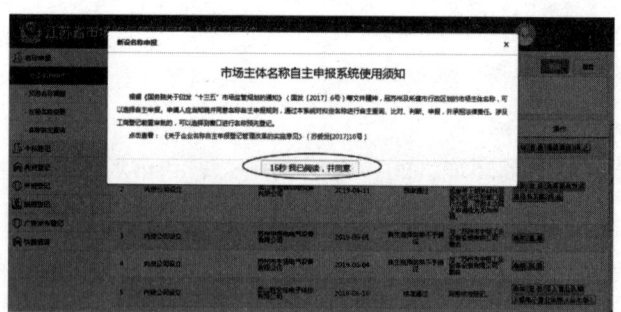

图1-7 同步备案录入步骤2

（3）在信息录入界面，选择"经营范围行业分类"，并选择具体经营范围（图1-8）。

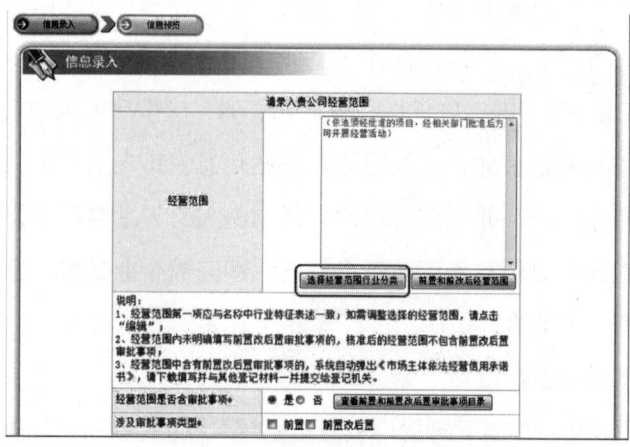

图1-8 同步备案录入步骤3

（4）如经营范围中包含"进出口"或"对外贸易"字样，系统会跳出提示框，选择"确定"，勾选"海关进出口货物收发人备案"，并点击录入备案信息（图1-9）。

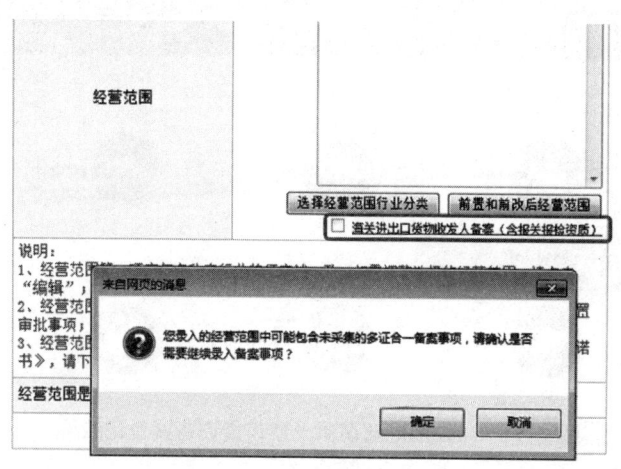

图1-9　同步备案录入步骤4

（5）录入企业备案信息（图1-10）。

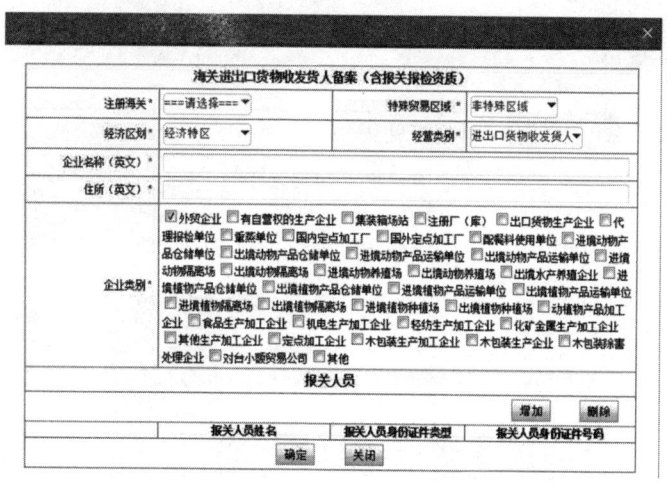

图1-10　同步备案录入步骤5

（二）"多证合一"备案登记结果查询方式

企业可以通过中国国际贸易单一窗口标准版（以下简称"单一窗口"，网址：http://www.singlewindow.cn/）"企业资质"子系统（图1-11）或互联网+海关（网址：http://online.customs.gov.cn/）"企业管理"子系统（图1-12）查询海关进出口货物收发货人的备案。

图1-11 中国国际贸易单一窗口查询备案登记结果

图1-12 互联网+海关查询备案登记结果

（三）其他相关业务事项

（1）目前，海关不再核发"报关单位注册登记证书"（进出口货物收发人）。进出口货物收发货人需要获取书面备案登记信息的，可以通过"单一窗口"在线打印备案登记回执，并到所在地海关加盖海关印章（样本1-2）。

样本1-2 海关进出口货物收发货人备案回执

企业名称	深圳市一新实业集团有限公司
统一社会信用代码	91440300MA5G1B25XB
海关备案日期	2020-03-30
海关编码	4403960PR7
检验检疫备案号	4777103772
有效期	长期

自然人、法人或者非法人组织可通过"中国海关企业进出口信用信息公示平台"（http://credit.customs.gov.cn）或者"互联网+海关"（http://online.customs.gov.cn）查询海关公示的企业信息。

（2）"多证合一"改革实施后，企业未选择"多证合一"方式提交申请的，仍可通过"单一窗口"或"互联网+海关"提交进出口货物收发货人备案登记申请。

（3）"多证合一"改革备案登记事项暂不包括进出口货物收发货人变更、注销等事项。

相关链接

"单一窗口"或"互联网+海关"备案登记申请

为落实"简政放权、放管结合、优化服务"工作要求，2018年海关总署发布了关于推进关检融合优化报关单位注册登记有关事项的第143号公告，进一步简化和优化报关单位注册登记。

一、关于提交报关单位注册登记申请

可以通过中国国际贸易单一窗口标准版（以下简称"单一窗口"，网址：http://www.singlewindow.cn/）"企业资质"子系统或互联网＋海关（网址：http://online.customs.gov.cn/）"企业管理"子系统填写相关信息，并向海关提交申请。申请提交成功后，企业需到所在地海关企业管理窗口提交申请材料。

二、关于"报关单位情况登记表"

企业办理报关单位注册登记时应当提交加盖企业印章的"报关单位情况登记表"（样本1-3）。

三、关于报关单位注册登记证书发放

自2018年10月29日起，对完成注册登记的报关单位，海关向其核发的"海关报关单位注册登记证书"自动体现企业报关、报检两项资质，原"出入境检验检疫报检企业备案表""出入境检验检疫报检人员备案表"不再核发。

四、关于信息查询

企业可以通过"单一窗口"或"互联网＋海关"查询本企业在海关的注册登记信息。

样本1-3　报关单位情况登记表

报关单位情况登记表

统一社会信用代码					
经营类别		行政区划		注册海关	
中文名称					
英文名称					
工商注册地址				邮政编码	
英文地址					
其他经营地址					
经济区划				特殊贸易区域	
组织机构类型		经济类型		行业种类	
企业类别		是否为快件运营企业		快递业务经营许可证号	
法定代表人（负责人）		法定代表人（负责人）移动电话		法定代表人（负责人）固定电话	

续表

法定代表人（负责人）身份证件类型		身证份件号码		法定代表人（负责人）电子邮箱	
海关业务联系人		海关业务联系人移动电话		海关业务联系人固定电话	
上级单位统一社会信用代码		与上级单位关系		海关业务联系人电子邮箱	
上级单位名称					
经营范围					
序号	出资者名称		出资国别	出资金额（万）	出资金额币制
1					
2					
3					
我单位承诺对向海关所提交的申请材料以及本表所填报的注册登记信息内容的真实性负责并承担相应的法律责任。 （单位公章） 年　月　日					

报关单位情况登记表
（所属报关人员）

所属报关单位统一社会信用代码						
序号	姓名	身份证件类型	身份证件号码	业务种类		
1				□备案	□变更	□注销
2				□备案	□变更	□注销
3				□备案	□变更	□注销
4				□备案	□变更	□注销
5				□备案	□变更	□注销
6				□备案	□变更	□注销
我单位承诺对本表所填报备案信息内容的真实性和所属报关人员的报关行为负责并承担相应的法律责任。 （单位公章） 年　月　日						

四、外汇开户及贸易外汇收支企业名录登记

（一）开立经常项目外汇账户

进出口企业做贸易项下收付汇，需要在银行开立经常项目外汇账户。外

汇账户的账户性质不同于人民币账户。人民币账户，对公客户常用的是基本户和一般户。而外汇业务的账户不是以这样的标准来区分的。外汇账户分为两大类：经常项目账户和资本项目账户。货物贸易项下和服务贸易项下交易都需要开立经常项目账户。需先到外汇局办理基本信息备案，再到银行申请开立外币账户。银行和外汇局是联网的，如果银行审批看到网上没有在外汇局备案的记录，是不会给开户的。

向外汇局基本信息备案的申请资料一般包括：

（1）书面申请。

（2）营业执照。

（3）对外贸易经营者备案表（也就是你在商务局备案后证实你有进出口权的资料）等。

（二）贸易外汇收支企业名录登记

在国家外汇管理局数字外管平台（链接：http://zwfw.safe.gov.cn/asone/WelcomeServlet?code=90000&flag=false），做"货物贸易外汇收支企业名录登记"，全程网办，许可结果线上发布，费用0元，法定办结20个工作日。

（1）登录外汇管理局数字外管平台，注册个人信息。

（2）登录平台后，在左侧，"行政许可"下找到"行政许可办理"，然后在右侧搜索框中搜索"名录"，选择"出口单位名录登记新办"这一项。

（3）选择"网上办理"，不用跑去外汇管理局。要用到"货物贸易外汇收支企业名录登记申请书"（样本1-4）、"货物贸易外汇收支业务办理确认书""企业法人营业执照"和"对外贸易经营者备案登记表"，还有海关注册号。

（4）填写递交即可。回到窗口左侧，"行政许可"下的"我的行政许可"，点击进去，就会看见刚递交的"出口单位名录登记新办"。状态显示"已受理"，可点右侧的"通知书"查看具体情况。办结的时候，一般有信息提醒。

样本1-4 货物贸易外汇收支企业名录登记申请书

附1：

货物贸易外汇收支企业名录登记申请书

国家外汇管理局广西壮族自治区分局：

本公司因业务需要，申请加入"货物贸易外汇收支企业名录"。现根据《货物贸易外汇管理指引》及实施细则要求填写相关信息并提交以下资料，请予以登记，本公司保证所提供的信息和资料真实无讹。

□ "企业法人营业执照"或"企业营业执照"副本

□ "中华人民共和国组织机构代码证"

□ "对外贸易经营者备案登记表"/"中华人民共和国外商投资企业批准证书"/"中华人民共和国台、港、澳投资企业批准证书"

（注：以上资料均需提供原件及加盖企业公章的复印件。）

企业代码		企业名称	
经济类型代码及名称		行业类型代码及名称	
是否保税监管区域企业	是　　否	保税监管区域类型	
法定代表人姓名及手机号码		法定代表人身份证/护照号码	
海关注册号		工商注册号	
外币注册币种		外币注册资金	
人民币注册资金		最初设立日期	
经营范围			
企业地址			
邮编		电话	
传真		电子邮箱	
企业联系人		联系人移动电话	

法定代表人签字：　　　　　　　　单位公章：

　　　　　　　　　　　　　　　　申请日期：　　年　　月　　日

五、出口退（免）税备案

根据《国家税务总局关于部分税务行政审批事项取消后有关管理问题的公告》（国家税务总局公告2015年第56号），已将出口退（免）税认定改为备案。出口企业或其他单位应于首次申报出口退（免）税时，向主管国税机关提供以下资料，办理出口退（免）税备案手续，申报退（免）税。

（1）内容填写真实、完整的"出口退（免）税备案表"（样本1-5）。企业填报由以前的46项内容变为了21项，非常简单。其中"退税开户银行账号"须从税务登记的银行账号中选择一个填报。

（2）加盖备案登记专用章的"对外贸易经营者备案登记表"或"中华人民共和国外商投资企业批准证书"。

（3）"中华人民共和国海关报关单位注册登记证书"。

（4）未办理备案登记发生委托出口业务的生产企业提供委托代理出口协议，不需提供第2目、第3目资料。

（5）主管国税机关要求提供的其他资料。

在软件里如何录入数据呢？

（1）打开出口退税申报软件备案向导第1步（图1-13）。

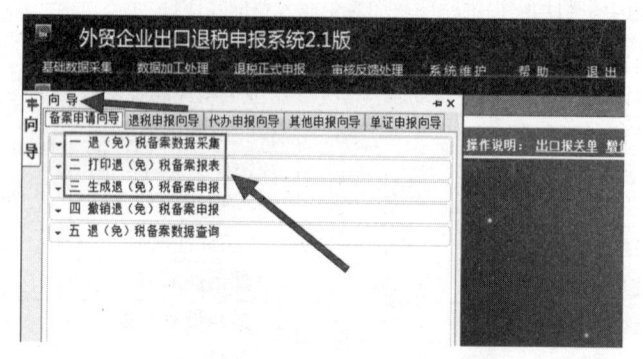

图1-13　出口退（免）税备案步骤1

（2）点备案再点增加（图1-14）。

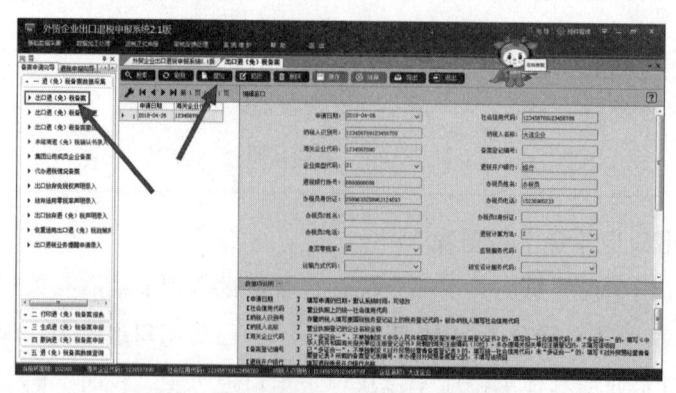

图1-14　出口退（免）税备案步骤2

（3）把下图中方框框起来的部分填一下就可以了，然后点保存（图1-15）。

图1-15　出口退（免）税备案步骤3

（4）接着到备案向导第2步里打印数据（图1-16）。

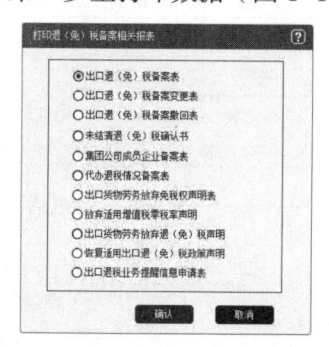

图1-16　出口退（免）税备案步骤4

（5）再到备案向导第3步里，生成申报数据（图1-17）。2021年出口退税系统进行了升级，升级后，由先打印报表再生成数据调整为先生成数据再打印报表，操作上更符合使用习惯。关于新系统的具体介绍参见本书第八步出口退税相关内容。

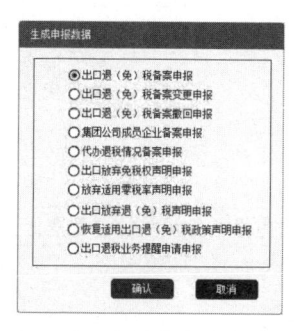

图1-17　出口退（免）税备案步骤5

这样带着报表和电子数据到税务机关进行备案即可。

样本 1-5　出口退（免）税备案表

出口退（免）税备案表

以下信息由备案企业填写				
统一社会信用代码/纳税人识别号	9135×××××××××××××（18位）			
纳税人名称	厦门市×××有限公司（企业全称）			
海关企业代码	3502×××××（海关注册编码10位）			
对外贸易经营者备案登记表编号	02898×××（登记表左上角8位）			
企业类型	内资生产企业（　）　　外商投资企业（　） 外贸企业（√）　　其他单位（　）			
退税开户银行	中国建设银行股份有限公司厦门××支行（银行全称）			
退税开户银行账号	351015××××××××			
办理退（免）税人员	姓名	张三	电话	138×××××××
	身份证号	3502××××××× ×××××××		
	姓名		电话	
	身份证号			
退（免）税计算方法	免抵退税（　）免退税（√）免税（　）其他			
是否提供零税率应税服务	是（　）否（√）	提供零税率应税服务代码		
享受增值税优惠政策	先征后退（√）即征即退（　）超税负返还（　）其他			
出口退（免）税管理类型	WZHQY（无纸化企业）			
附送资料				
本表是根据国家税收法律法规及相关规定填报的，我单位确定它是真实的、可靠的、完整的。 　　　　　　　　　　　　　经办人：张三 　　　　　　　　　　　　　财务负责人：李四 　　　　　　　　　　　　　法定代表人：王五 　　　　　　　　　　　　　　　　（印章） 　　　　　　　　　　　　　20××年××月××日				
以下信息由主管税务机关从税务登记信息中提取				

续表

工商登记	证照号码		法定代表人（个体工商户负责人）		姓名	
	开业（设立）日期				身份证号	
	营业期限止					
	注册资本				电话	
注册地址						
生产经营地址						
联系电话						
纳税人类型		增值税一般纳税人（ ）增值税小规模纳税人（ ）其他（ ）				
登记注册类型				行业		
纳税信用级别				纳税人状态		
以下信息由主管税务机关填写						
主管税务机关代码				主管税务机关名称		
退税机关代码				退税机关名称		
企业分组				分类管理类别		
备案状态						
撤回标识				撤回时间		
其他扩展信息						

六、电子口岸入网

中国电子口岸是国家进出口统一信息平台，是国务院有关部委将分别掌管的进出口业务信息流、资金流、货物流电子底账数据集中存放的口岸公共数据中心，为各行政管理部门提供跨部门、跨行业的行政执法数据联网核查，并为企业提供与行政管理部门及中介服务机构联网办理进出口业务的门户网站。而企业入网资格审查是一项中国电子口岸企业身份认证业务，是进出口企业在电子口岸和国际贸易"单一窗口"网上办理报关、出口退税、结售汇核销等业务的前置手续。

小知识

电子口岸究竟是啥东东

电子口岸是网络时代的产物。1999年提出建立跨部委公共数据库的构想，2000年国务院正式批准该项目，先在北京地区试点，之后逐步扩大到全国。

为什么要实施电子口岸？我们先看几个实例：

1998年国家外汇大检查，一下子查出了13000多票假报关单，这意味着高达110亿美元的外汇被骗走。原因就是国家执法部门间的单证都由企业传递，给不法分子留下了可乘之机。为了打击骗汇活动，海关投入大量资金使用了防伪印油、激光防伪标签等，但无法遏制造假活动的升级。这时候，神奇的网络开始进入人们的视野。1999年海关与原外经贸部（现商务部）实现部分单证的联网核查，结果"三假"案件迅速减少，到2000年则基本绝迹。同样的奇迹也发生在外汇管理部门。1999年进口报关单联网核查后，截死了骗汇渠道，贸易性结付汇立即趋于正常。不法分子拿不到外汇，遏制了走私活动。1998年海关税收879亿元，1999年就迅速增加到1591亿元，2000年进一步达到2242亿元。

电子口岸的神奇还在于它能轻轻松松地破除无处不在的"关系网"和"人情网"。因为网络只认数据不认关系。网络还是一个开放的平台，部门之间、企业之间随时都可以相互监督，困扰社会的口岸执法腐败将会大大减少。

电子口岸给企业带来什么？电子口岸大大提高了通关速度。过去企业做一笔出口业务，需要跑四次海关、两次银行、两次税务、两次商务主管部门，繁多的手续提高了出口成本。现在不一样了，各部门在共同的数据库中进行审批，企业只需在家里轻点鼠标（图1-18）。时间节省了，效率提高了，成本也就降低了。

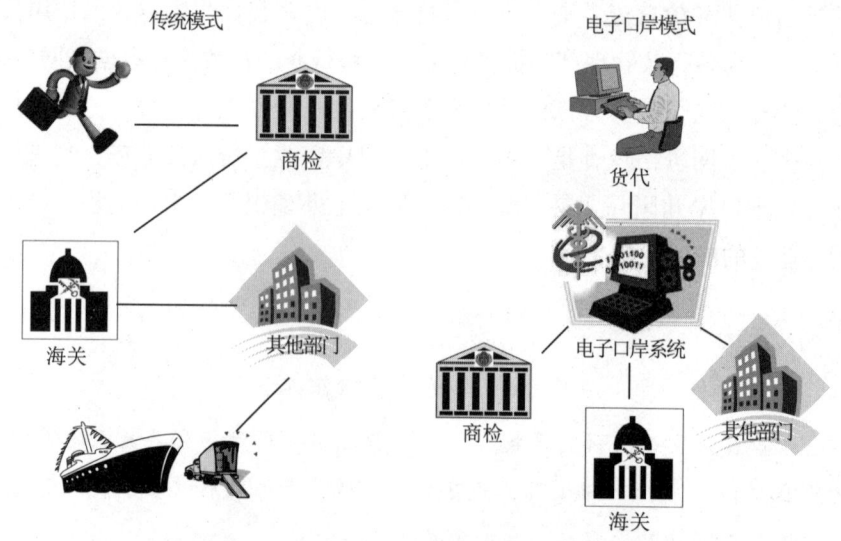

图1-18　电子口岸模式与传统模式对比

中国电子口岸数据中心全新上线"电子口岸企业入网无纸化系统"。进出口企业可通过新上线的"电子口岸企业入网无纸化系统"网上自助办理电子口岸入网以及增卡、换卡业务，实现企业入网无纸化。

只要完成以下6步，便可足不出户，办理业务：

登录→企业备案→企业海关备案申请→企业操作员预录入→业务办理状态查询→快递寄送上门。

下面，以北京为例，具体介绍一下企业无纸化办理流程：

（一）第一步：登录"电子口岸企业入网无纸化系统"

网址：web.chinaport.gov.cn/rasucent（建议优选火狐浏览器登录）。已注册过单一窗口账号的企业，使用单一窗口用户名及密码进行登录。未注册过单一窗口账号的企业，点击［注册新用户］—［企业用户］—［无卡用户］进行注册。

具体参照图1-19所示。

图1-19 中国电子口岸登录界面

（二）第二步：企业备案

［企业备案］—［三证合一信息管理］—核对确认部分返填信息，同时录入黄色必填项—上传所需原件证件（工商营业执照原件正面、经办人身份证正反面、加盖企业公章的授权书、法人身份证正反面）—暂存—申报。

具体操作及注意事项参照图 1-20、图 1-21、图 1-22、图 1-23、图 1-24。

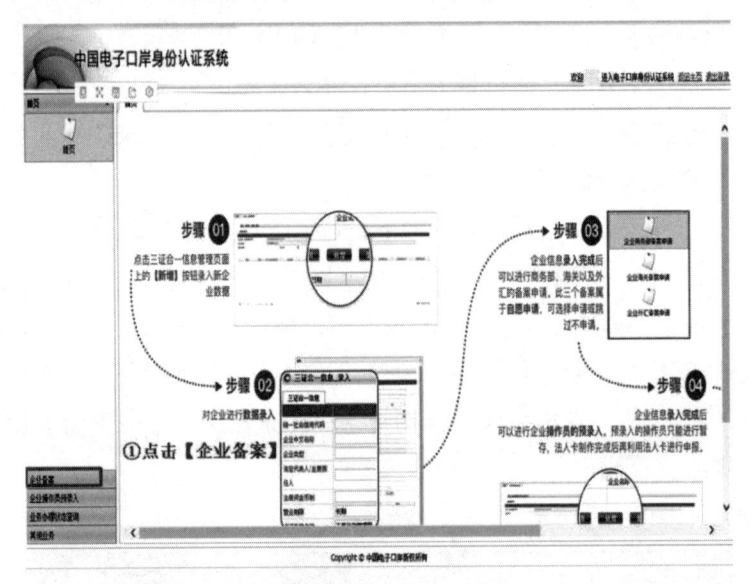

图 1-20　中国电子口岸企业备案步骤 1

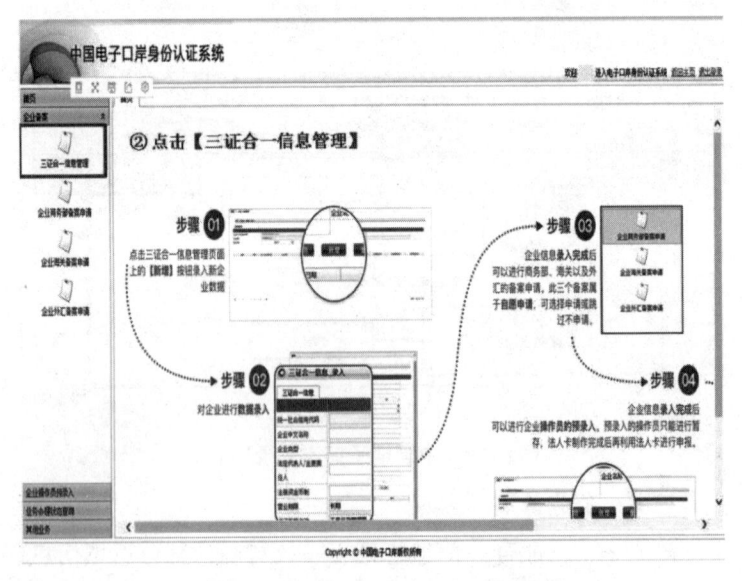

图 1-21　中国电子口岸企业备案步骤2

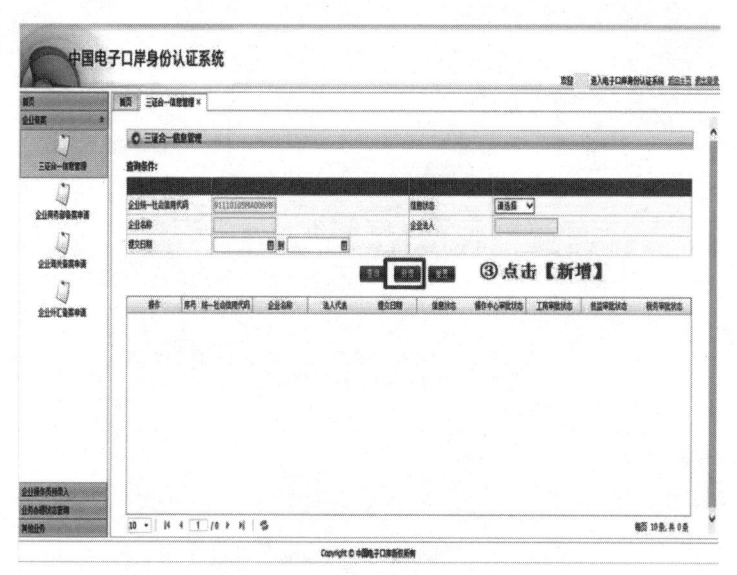

图1-22　中国电子口岸企业备案步骤3

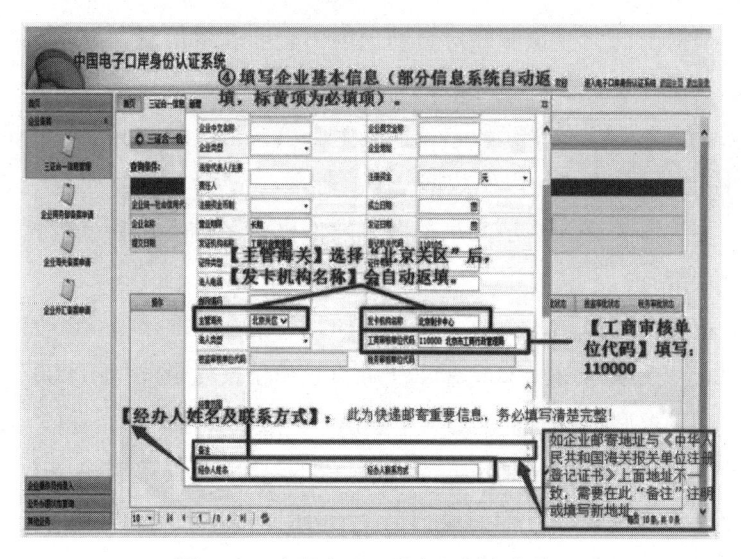

图1-23　中国电子口岸企业备案步骤4

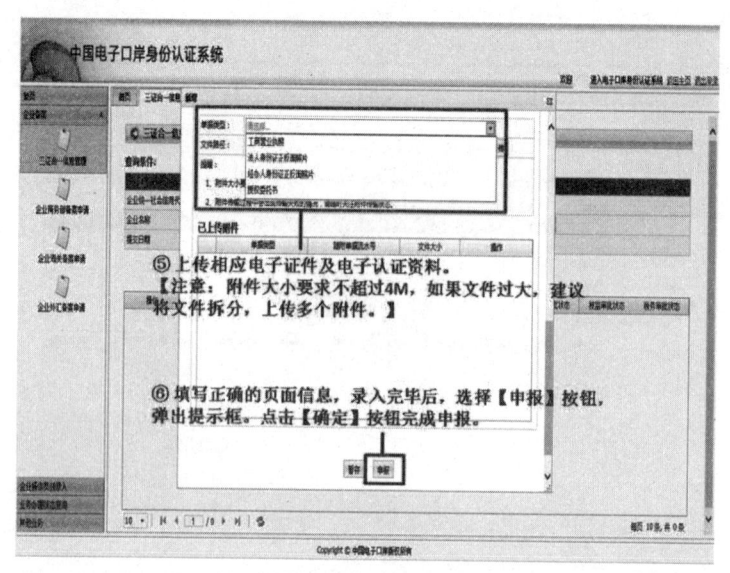

图1-24 中国电子口岸企业备案步骤5

注意事项：

（1）根据工商营业执照核对自动返填的企业基本信息，补填必填项如注册币制、发证日期、法人身份证证件、身份证号码等。

（2）经营范围下一个字段"备注"为必填栏目，信息必填：卡的收件地址、收件人及联系方式，以便数据分中心邮寄。

（3）主管海关必须选填北京关区，发卡机构名称会自动返填北京制卡中心。不能录错。

（4）主管工商局录入企业18位代码的第3456位再补填00，如北京地区的91110005××××××××××工商审核单位代码录入：110000。

（5）法人类型：根据企业的类型选择，一般选择进出口企业。

（6）企业三证合一信息录入完成后，按照要求根据单据类型上传电子证件（所有证件必须要原件拍照或扫描）。每张照片不能超过4M，超过需压缩后再上传。

（三）第三步：企业海关备案申请

［企业备案］—［企业海关备案申请］—录入部分海关信息（企业报关类型等）—上传海关证书正面—申报。

具体操作及注意事项参照图1-25所示。

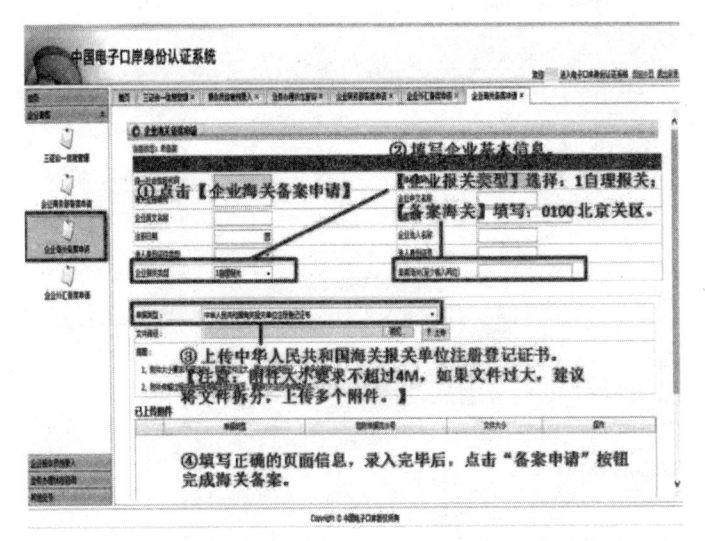

图 1-25　中国电子口岸企业海关备案申请

注意事项：核对确认企业主管海关和备案海关，选择企业报关类型，确认后进行申报。海关备案申报后系统会进行自动审核。

（四）第四步：企业操作员预录入

［企业操作员预录入］—［操作员信息预录入］—上传操作员身份证正反面—暂存所录入操作员信息。

具体操作及注意事项参照图 1-26、图 1-27 所示。

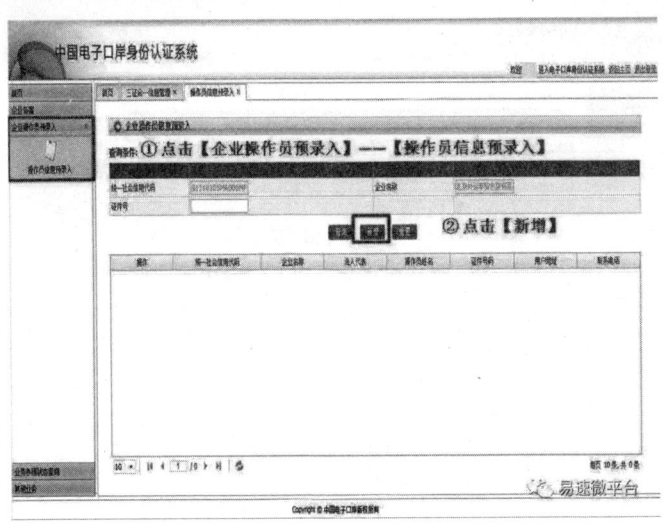

图 1-26　中国电子口岸企业操作员预录入步骤 1

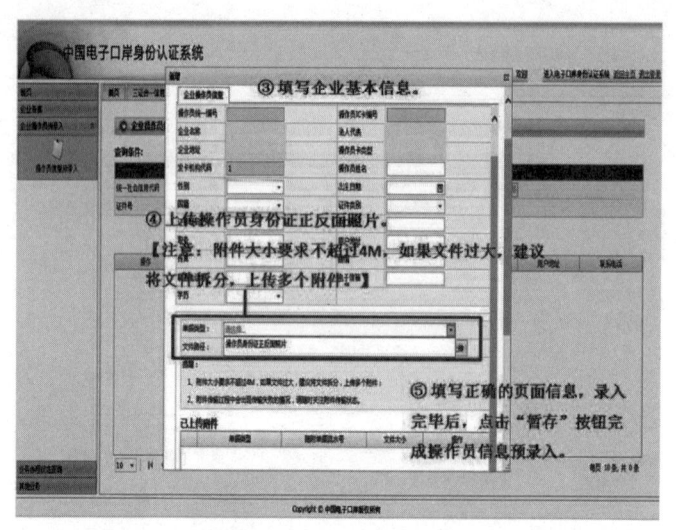

图 1-27　中国电子口岸企业操作员预录入步骤 2

注意事项：

（1）必须录入操作员姓名、性别、身份证号码、手机号码、国籍等，并上传证件(操作员身份证正反面照片)。

（2）企业可以申请多张操作员卡，但一张身份证只能办一张卡。

（五）第五步：业务办理状态查询

查询办理状态如图 1-28 所示。

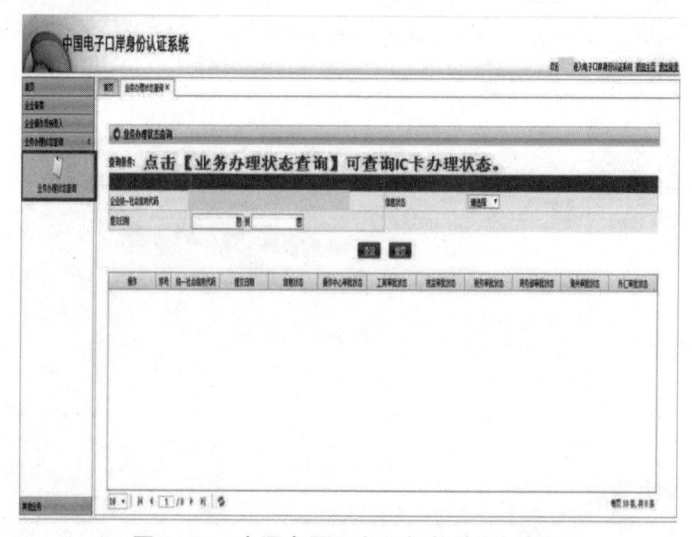

图 1-28　中国电子口岸业务办理状态查询

（六）第六步：快递寄送上门

新办企业可免费得到客户端安全产品一套。包括：法人IKEY卡1张、操作员IKEY卡1张。

在填写经办人、经办人联系方式等信息时，要确保信息的准确、真实及完整，以免造成快递无法投递的情况。邮寄地址原则上需同"中华人民共和国海关报关单位注册登记证书"上的地址一致。如地址不一致，请在备注中写明。

✦ 小贴士

获得外贸权后，是不是什么商品都能经营

外贸经营者办理备案后不是什么进出口业务都能做，其范围一般与在工商部门登记的经营范围相同。原则上来说，生产型企业只能经营自己生产的营业执照范围内商品的进出口。贸易公司则范围就宽泛了，但是也不代表就可以进出口所有商品。因为进出口商品大致可分为允许类、限制类、禁止类。限制类是有门槛的，需要取得某些经营资质或批准证书。比如原油是必须经过审批的。

第三节　招兵买马——打造自己的外贸团队

外贸是一个专业性较强的行业，一个企业如果缺乏具备过硬专业素质的人员和团队，想把业务做起来很难，做好更是难上加难。因此，外贸公司成立后，一个重要的任务就是"招兵买马"，组建外贸团队。当然，对于新成立的中小型企业，创业初期，可能业务并没有完全开展起来，不一定需要招很多的人或马上配齐所有岗位的人员。但是，从长远考虑，组建团队是必须要未雨绸缪、慎重考虑的一项重要任务。

案例

"外贸当然就是招销售啦"

对外贸老板来说，除了提升公司销售额以外，如何用人和管人可以算是企业主们最为关注的一个问题了。但是，在谈论起用人和管人的问题时，很多企业连自己需要什么样的人都不清楚。以下就是一段发生在一家新做外贸的老总与CSM（客户成功经理）间的一段真实对话：

李总："小王啊，我们这边刚开始做外贸，需要开始招人了，你们这边有经验，能不能帮我出谋划策一下？"

CSM："好啊，李总。您现在外贸团队都有哪些人，需要招聘哪些岗位？"

李总："外贸当然就是招销售啦，我现在就有一个外贸员，想招一些更有经验的销售，一个好销售顶三个臭皮匠啊。"

CSM："嗯，确实是这样。那咱们其他岗位的人呢，比如市场角色？"

李总："其他人有没有都无所谓啦……"

其实，这就是咱们大多数外贸老板的一个普遍误区。不错，对外贸成功来说，一个好销售十分重要，但是，除了好销售以外，还有一些角色也是做好外贸不可缺少的。

资料来源：知乎，https://www.zhihu.com/question/65583418/answer/738629158

一、外贸公司的一般岗位设置

也许，没有一个行业像外贸这么特殊，其岗位之多，令人咋舌：外贸业务员、跟单员、单证员、报关员、报检员、国际货代、外贸助理、进出口操作、进口采购、外贸会计、SOHO个人外贸，还有一些外企办事处人员、驻海外代表、外贸经理、银行信用证审单人员、船公司职员、翻译人员等等。一个外贸公司需要设置什么样的岗位，一般要根据具体情况来分析。如果打算自营出口，业务量也比较大，那么需要设置的岗位就比较多；如果创业初期业务量比较少，岗位设置就可以相应从简。如果打算通过代理方式出口，那么有业务员一般也就够了。外贸公司通常设置岗位见表1-2。

表1-2 外贸公司通常岗位、技能及职责

岗位	工作内容	所需知识及技能	小企业对应岗位
关务经理	关务策划管理	国际贸易惯例与规则、外贸政策法规、物流仓储、会计等	外贸经理或老板
外贸客服	在线交互，及时处理及回复客户的订单需求及问题	办公软件、英文商务信函写作、沟通技巧	业务员或跟单员
外贸销售	外贸销售	进出口实务、销售技巧	
外贸跟单	协助销售，争取订单，跟踪订单完成情况，协调	进出口实务、沟通技巧	
船务	船务物流	进出口实务、船务及物流工作流程	
外贸单证	进出口业务单证的制作、整理及归档	进出口实务、外贸单证操作、外贸英语函电、国际结算	报关员
报关员	报检与报关	报检与报关实务	
外汇核销员	收汇及申报	财会及外汇规定	财务人员
退税员	出口退税	财会及税务规定	

中国的大学生普遍热衷于考证，外贸行业曾经有很多的证书，需要考试，比如：报关员、报检员、外销员、国际商务师、国际货运代理员、国际商务单证员、国际贸易业务员、外贸会计、外贸英语、国际商务会展员、全国外贸跟单员、全国国际商务英语、全国外贸业务员、全国商务文员、全国国际商务秘书、全国外贸物流员等，现在以上这些证书的考试及资格认证都已成为明日黄花，其中大部分都是在2015年前后取消的。国家此举主要是为了降低从业条件，缓解就业压力。因为现实中存在一种"有证的不干活儿，干活儿的都没证"的奇怪现象。证书只是一张纸，代表不了真实能力，实战经验往往比证书更重要；你可以说它们是敲门砖，这没问题，但是真正入职以后看的还是真实能力。没入职，没工作，哪里来的经验，哪里来的能力？经验是可以自己在网上学习总结的，比如各种行业网站、各种外贸公众号、各种外贸论坛等等。所以，不必沉迷各种证书的加持，要专注于真实的能力发展。如何专注？多学多练，无须用证书证明自己，真正面试了，你与其拿出一张纸，不如亮出嗓子，亮出文笔；不知道大家有没有发现，现在很多公司面试

的时候都会出很多考题（实际订单谈判问题），让被面试的人用英文邮件去写答案，厉害点儿的面试官还会跟被面试者来上一段英文对话。为什么？因为证书现在已经信不过了；如果真的要考，建议考个CDCS（跟单信用证专家）和BEC（剑桥商务英语）吧，都是国际认证的，至于英语四、六级，就不用说了，肯定要在大学尽量考下来的。

相关链接

外贸人必去的论坛与网站

一、外贸论坛

1. 福步外贸论坛：http://bbs.fobshanghai.com/

福步初建于2000年，创办早，积累了丰富且全面的外贸知识，管理也较为严格，是外贸人之间进行行业交流、发布心得体会的平台。

2. Alibaba外贸圈：https://waimaoquan.alibaba.com/

背靠平台，用户大多是做阿里巴巴国际站的，活跃度高，交流经验方面是强项。

3. 精英外贸论坛：http://bbs.fob6.com/

信息较为集中，分类清晰，内容相应齐全，不仅有关于广交会的介绍，还设有eBay的外贸专区。

4. 敦煌网论坛：http://bbs.dhgate.com/

推荐使用敦煌网的伙伴们关注，论坛主旨是打造一个外贸经验、出口信息的交流社区，卖家可以在线交流在敦煌网的知识和经验。

5. 宜选外贸论坛：http://bbs.ecer.com/

宜选之前名为环球广贸，论坛板块不多，帖子参与度一般，干货内容参差不齐。论坛常会有话题活动，有一些资深外贸人的经验分享。

6. 环球外贸论坛：https://bbs.fob5.com/

环球外贸论坛定位更像是外贸资讯、推广和导航网站的集合，发帖数量不多，但帖子质量还不错，很多专业的帖子。

7. 外贸精英论坛：http://bbs.jying.cn/

外贸精英论坛创于2003年，此论坛更多的是提供实用的贸易资料和贸易网站，更像是一个外贸资讯站。

8. 九九外贸论坛：http://bbs.99fob.com/

九九外贸论坛板块种类较多，发帖的数量不多，但用户参与度还不错，活跃度高。

9. 米问外贸论坛：https://ask.imiker.com

米问论坛是米课旗下论坛，米课是外贸行业大神 Mr.hua、毅冰、料神等共同创办的在线学习网站，干货较多，内容较为丰富，具有实践意义。

10. 外贸吧：http://tieba.baidu.com/f?kw=外贸

贴吧也是社区，但是和传统的论坛有区别，其用户群体多为年轻群体。外贸吧关注人数已经超过50万，发帖数超过80万帖，因为这里无法区分板块，所以内容很杂，找到比较优质的内容很难。灌水的帖子比较多。

二、外贸网站

1. 雨果网：https://www.cifnews.com/

雨果网不单是提供外贸信息，还有跨境电商知识、国际市场的新闻报道，是目前国内跨境电商行业中较为有影响力的新媒体，干货较多。

2. 邦阅网：https://yue.52wmb.com/

外贸邦：https://www.52wmb.com/

邦阅网发展时间不长，但管理较为严格，整体帖子质量高，外贸知识种类多，内容全面且丰富。还有衍生出来的外贸邦提供专业的外贸数据，为业务员从事外贸客户开发、市场分析、调研提供贸易数据支撑。

3. 亿邦动力：http://www.ebrun.com/

亿邦是电子商务门户网站，业务范围广泛，但更侧重于零售电商，是学习零售电商知识的不二网站。

4. 鹰熊汇：http://www.ikjds.com/

鹰熊汇属于电商资讯类，是跨境电商社群，专注跨境电商行业资讯分享，以及亚马逊（Amazon）、Wish 等跨境电商平台干货分享。

5. 派代网：http://www.paidai.com/

派代定位为学习交流社区，对用户的核心价值就是帮助用户更好地学东西，里面有很多电商大神的经验贴、学习资料，专业度极高。

6. 跨境知道：https://www.ikjzd.com/

跨境知道帮助跨境卖家最快掌握跨境行业动态，了解最全、最新的实操经验。

7. 亿恩网：http://www.ennews.com/

亿恩网聚焦跨境电商运营、营销、优化推广、行业热点，提供最新、最全跨境电子商务行业知识与资讯。

8. 电商报：http://www.dsb.cn/

与亿邦动力类似的电商资讯网站。

二、打造自己的外贸团队

外贸企业从成立之初到拥有自己的核心团队，少则三年多则五载，多半是个曲折的过程，因此，需要我们"谋定而后动"，结果也许就是事半功倍。

（一）创业者普遍容易犯的几个禁忌

1. 禁忌一：忽视选将，盲目开业

很多新手外贸老板，急于成立外贸部，但招聘外贸负责人很难，就想着要不先干着，慢慢再吸引外贸负责人，殊不知这种做法是完全错误的。因为外贸负责人不到位，一个小白因为缺乏管理和带领，将很快离职，此时老板也无法挽回，毕竟很多外贸新老板自己不懂外贸，英语底子也很差。所以，先招聘外贸大将坐镇为上策，因为大将本身能养活自己，还能稳定地出单，而且前期需要大量的基础工作，如网站、画册、账号、图片处理。这样经过半年的沉淀，基础工作已经搞定了，则可以启动招聘人才计划了，这样新人到岗后，很多培训资料、书面的、电子的都有了，新人此时将不会流失。

很多外贸新老板心气很高，对外贸一腔热血，匆匆开启外贸事业。没有详细的规划，迅速租赁办公室、迅速开账号，但结果却不尽如人意。外贸是系统工程，要想以后少走弯路，必须对外贸整体进行设计，必须出具完整的外贸规划方案，详细的薪酬体系、激励体系。否则，不要招兵买马，因为没有准备的事情，很难成功。不要边学边干，代价很大，很多新的外贸企业成立很快，但死亡更快。

2. 禁忌二：招人太多，追求速成

在前期刚刚开始开设创业公司的时候，急于招人，一下子分那么细把摊子铺得太大，导致人浮于事。尤其是有一定经济基础的创业者往往认为不差钱，一开始红红火火招了一些人，如果没有细致的规划，大多数情况下是一

年下来又回到原点。创业初期都有一个摸索期，各个方面，各个环节，甚至办公地点以后都可能会变，而且组织一个外贸团队前，首先要有团队运作的流程：询盘分几类、每类的回复思路和模板、成交一个客户的周期、几个关键环节、每个关键环节的要点、产品的资料等，这些是需要时间积累和沉淀的。当这些还没梳理出来前，一下子把人招上来，就会出现窝工的情况，大家一团乱，每月还要发很多工资。当然，如果你之前在一个行业做外贸有一段时间了，上面说的这些是有方案的了，那另当别论。这里的建议是前期自己尽量多做一些事，不到万不得已，先不招人，招人也要慢慢招。

3. 禁忌三：拷贝招聘，模板雷同

很多企业都是传统的智联招聘、前程无忧、58同城、赶集网在操作，与其说大家都在招聘不如说大家都在拷贝彼此的招聘，为什么这么说呢？大家看看如下几个单位的招聘，如出一辙，几乎都是清一色的模板，没有任何创新。招聘内容依次为：岗位职责、任职条件、地址，简单地留下自己的联系方式。好一点的企业还有作息时间表述、工作地点、周围环境的简介。内容没有经过提炼，抄袭痕迹明显。而企业优势部分，都是传统的招聘叠加，无法吸引高质量的求职者关注。另外，企业发展空间、个人空间不确定，内容里几乎找不到。

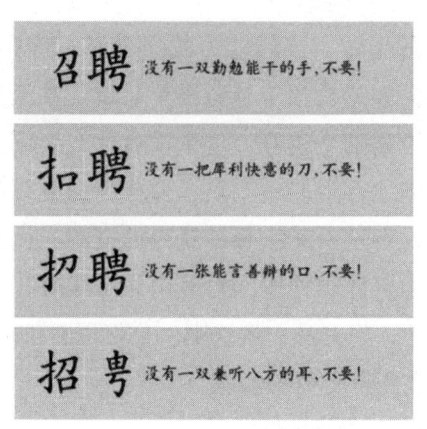

召聘 没有一双勤勉能干的手，不要！

扣聘 没有一把犀利快意的刀，不要！

护聘 没有一张能言善辩的口，不要！

招粤 没有一双兼听八方的耳，不要！

外贸招聘不能简单地叠加，也需要关键词、曝光、点击的考核。对待招聘，要用销售的思维去对待。要学会用销售的思维去招聘和面试。

4. 禁忌四：只重能力，忽略品行

选人真的是能力越强越好吗？不见得，有时候可能是定时炸弹。我们不

是嫉贤妒能，是就容易出现的选人盲区提醒创业者：招人切忌只重能力，忽略品行。

📖 案例

外贸版"无间道"

某业务员K，在一家生产家居用品的A工厂工作了五年多，觉得积累了很多经验和资源，准备自己出来创业。在创业之前他干了一件事，他找了一家专门做家居用品的外贸公司B去面试。当时这家外贸公司B正在招聘外贸业务主管。B公司的外贸业务经理面试了K，感觉K能力很强，是个非常好的主管人选，于是很快将其聘为业务主管。但这家B公司管理比较松懈，业务经理对客户资料的管理疏于防范，公司里的业务员和跟单员都能轻易地看到每个人的客户信息和订单信息。潜伏了一年多以后，K辞职，开始创业，之前外贸公司B的客户，被K用价格战术挖走了不少。K抢去的客户和订单，又放到他之前长期工作过的A工厂生产。等后来外贸公司发现的时候，K已经把自己和原来A工厂的老板拴得紧紧的。

资料来源：知乎，https://www.zhihu.com/question/21915099

如果是不同职能的岗位，当然能力越强越好，这样具有很强的互补性。比如你是业务比较强，如果要招个外贸跟单、单证甚至外贸会计，那么肯定是越负责、越细心、经验越足越好，这个没有什么疑问。对于一些同质性的岗位，你会考虑去接纳比你经验更丰富，业务能力更强的人吗？这是一个很实际的问题。如果你具有别人无法轻易获得的资源，比如产品是你的，研发掌握在手，或者供应商资源很稳固，行业内人脉很好，那么心态放宽点，没有问题，万一出现问题，想办法去解决吧。你可以自信但是不能完全不设防。既要有开放的心态，也要有防范的意识。

5. 禁忌五：分工错乱，忽视协作

经常有业务员抱怨，好不容易获得的客户资源，经历了千辛万苦和客户谈到了订单，因为团队各部门协作不当，做一单，毁一单。业务员的工作应该是开发客户，完成业绩，很多公司让业务员去做运营的工作。一个人专注于一件事才能养成最适合做这件事的思维，运营和销售的思维完全是两码

事。订单下来了，质量交期能保证吗？单证经验足吗？能很好控制风险和费用吗？高效的团队协作，需要机制来推动。业务部门有足够的动力冲刺业绩，而协作部门知道自己的力量要往哪里使。

（二）企业招聘注意事项

1. 要招聘有经验的外贸人员

招聘都要有两三年工作经验的，原因只有一个：时间。招聘一个有外贸经验的人员显然节省的是时间成本，避免了很多基本的培训消耗和犯错成本。没工作经验，投入产出比会小很多，谈订单成功率也低，而经验的积累显然是需要时间的。现在的商场如战场，时间就是金钱，对于一些其他行业，如IT和科技公司来讲，时间甚至就是生命。如果产品晚出现两年，比如美团网、滴滴打车，那么将会面对数十倍数量级的竞争者之间的激烈竞争。所以不只是外贸企业，任何行业的企业招有一定工作经验的员工显然是最基本的功课。

那么应届毕业生就没有招聘的必要了吗？也不是。在以有一定外贸工作经验的员工为主的基础上，对于一些潜质不错，综合素质比较好的应届毕业生，也考虑录用。应届毕业生，可以从这几个方面考虑：

（1）专业背景。有时候跨专业的选择可能比纯科班更好，知识面跨度比较宽，逻辑思维比较清晰。

（2）学习能力。当今时代，外贸知识更新速度很快，所以学习能力相当重要。

（3）应变能力。可以考虑多抛出一些开放式的问题来观察。这个环节可以看出不少面试者的优点和缺点，如情商、沟通能力、创造力。

（4）综合素质。什么是综合素质？简单来讲，就是面试者给你的整体感觉，包括三观、谈吐、沟通能力、修养、气质等形成的综合印象。

相关链接

如何应对外贸公司面试

一、面试前准备

（1）简历：简单美观，内容要丰富，突出展示你与面试岗位的契合面。

（2）着装：正装，或者大方得体、看着精神的服装。女生可以化个淡妆。总之，良好的精神面貌是一个重要的加分项。

（3）自我介绍：时间控制在一分钟左右，不宜太短，也不宜太长。应届生可介绍自己的性格，爱好，在学校参加过的社团和社会实践活动，以及自己对未来生活和工作的规划。可着重介绍自己过往的工作经验以及对未来工作的期许。

（4）了解面试公司：公司成立多久，主营产品，主营市场，行业排名等。

二、外贸公司招聘时会问的问题

HR倾向于应聘者的社会需求方面，业务主管更注重职业需求方面。

（1）HR的问题：

①家庭情况。

②婚姻状况。

③是否喜欢现在工作的城市。

④对未来生活和职业的规划。

⑤前公司的薪资水平。

⑥对新工作的薪资期许。

⑦对新公司的期望与要求。

（2）业务主管的问题：

①应聘者如果是应届生：

a. 自我介绍。

b. 在学校主要参加过的活动。

c. 大学里做过最让自己有成就感的事情，遇到过最大的挫折及面对方式（可用英文回答）。

d. 设计一个场景，要求给出解决方案：场景会贴合外贸业务员的工作内容。

e. 对外贸行业的了解和看法。

f. 五年内职业规划。

②应聘者如果是有经验的业务员：

a. 上一份工作的工作内容，成交过多少新客户？业绩做到多少？

b. 上一份工作最大客户的成交经历，遇到的最大问题是什么？怎么解决的？

c. 离职原因。

d. 对下一份工作的期许（公司、薪酬等）。

e. 对外贸行业的现状和前景的看法与期许。

f. 职业规划。

2. 要注意做好人才储备

不知大家注意过没有，有些外贸企业一年到头都在招聘。一般出现这种长期招人情形的原因是：

（1）为了增加企业的曝光度，体现企业实力。

（2）公司人员流动性大，企业可能留不住人。

（3）发展速度太快。

（4）人才储备的需要，为了等待和物色适合的人才。

出于人才储备需要持续招人的企业是相当有远见的，因为好的员工不可能通过填鸭式的培训和一味地思维轰炸训练出来。一定是本身具有的优秀特质，并融入成熟团队中，相得益彰，发挥长处，持续高产出。

3. 要善于利用不同的招聘渠道

（1）要学会在不同渠道发布不同风格的招聘内容，切记不要图省事使用一个模板。因为不同的网站人才能力不同，如智联和前程作为主流招聘综合网站，人才水平整体很好，要重点突出企业的实力、文化、发展规划、个人空间等内容；前程无忧则重点体现待遇、技术、行业优势；58同城则属于配合网站，不图能招聘到多少人，只是有个媒体储备，让别人知道你招聘就够了；赶集网也是如此安排，简单表述，因为58同城、赶集网年轻用户居多，低端职位可以上，高端职位不建议在58同城及赶集网上发布。

（2）充分利用好各种社交圈和社交平台。本地专业外贸QQ群、专业人才贴吧、微信、微博、企业公众号都是非常好的资源，请利用好自己的阵地。

➢ 本地外贸QQ群

尤其是人气比较好的外贸QQ群，要学会发布信息，不要刷屏，否则将被踢出，效果也不好，不建议做文字版，最好图文并茂，方便传播。

➢ 专业外贸贴吧

贴吧作为百度的看家社交圈，自然作用不可小视，因此，HR要重视这个阵地，很多外贸人就喜欢留言，喜欢晒自己，不少外贸人才都是在贴吧里认识和相识，好的企业不要放弃去发布招聘信息。

> 微信、微博

微信作为社交平台要充分利用好，要充分发挥自己的人脉圈子，时刻发布有关的信息，让更多人关注和看到，这是十分必要的，但不是恶意发布，要讲求美学与艺术的完美组合，让看了的人能记住，能给予传播，这需要文字功底和图片搭配技巧。微博作为流量口很大的载体，千万不要放弃，因为可以吸引更多外地人才，因此要学会经营好、维护好。

> 企业各类公众号（含订阅号）

当下公众号铺天盖地，但如何用好也是学问。很多企业都把这块专业化了，可以外包给第三方，让其给你代写，既有文字也有视频、图片，让你的企业形象瞬间高大上，让更多人关注，后期就可以开发有价值的粉丝。因为关注度取决于你的原创和高质量的文章，因此要充分认识和重视好自己的公众号。

（三）外贸企业团队构建

外贸企业或是企业的一个外贸团队通常由业务员（接单员）、跟单员及单证员组成，一般来说可以参照图1-29来组建外贸部或是外贸团队。

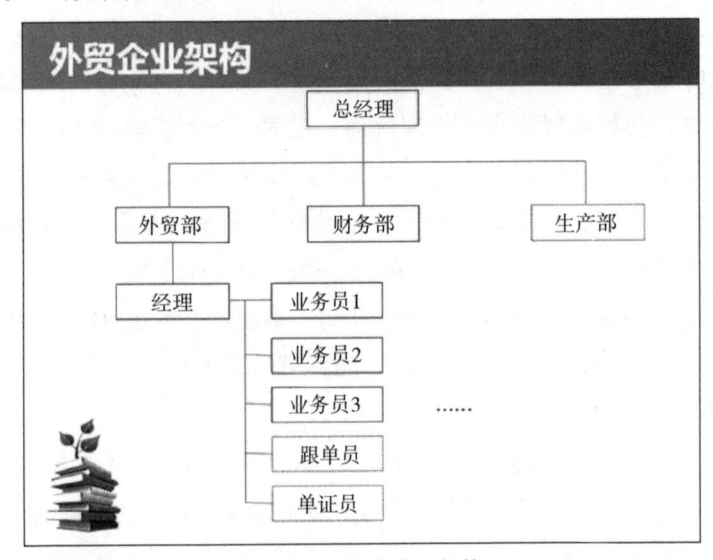

图1-29 外贸企业架构

一种企业业务员一单到底，自己接单，自己安排生产/采购，自己跟单，自己做单证，自己安排出货以及收款；另一种企业业务员只负责接单，采购或是生产由专门跟单员/采购员负责，单证及运输由单证或是船务/单证人员负责。在第一种企业中可能就不存在上图中的跟单员或单证员，在第二种企业中分工相对明确。同时，如果是贸易型企业，就没有生产部。规模小的企业可能外贸部就一个团队，规模大的企业可以参照上面的架构组建多个外贸团队，在多个外贸团队下可以在经理（外贸部经理）之上增加外贸部长（外贸总监）职位。明确外贸部或是外贸团队的组成对于企业的所有者或是管理者都非常重要，有条件的企业可以在外贸部成立之初就按照一个标准架构组建并运营。下面简单介绍一下团队的一般组成人员：

（1）总经理——"望远镜"：定目标、盯结果。能够全面看待市场，要有前瞻性；追求结果的同时，注重培育业务员良好的操作习惯。最好是有过外贸公司外贸经理经验的人，资深。熟悉外贸流程的各个环节，尤其是对外拓展客户方面有特长，再就是熟悉一些外贸财务和政策。

（2）外贸经理——"平面镜"：盯目标、抓过程、勤汇报。帮助业务员做好工作，真实看待，时刻检查工作，及时向老板汇报操作进展。他们主要擅长外贸拓展业务，有谈判经验，有一定的国外客户和国内货源工厂。外语要好。最好以前是国有外贸公司的资深业务员。

俗话说"兵怂怂一个，将怂怂一窝"。外贸经理就是公司的先锋大将、主心骨、领头羊，如果找一个不靠谱的，那就是这个公司的悲剧。很多人在这个上面有个误区，觉得从业年限代表一个人的能力，这个是大错特错的，思维不好的人，再给他20年，也还是老样子，所以你应该去通过问答谈话体会这个人到底有没有能力，可以找做外贸的朋友把把关。

（3）外贸业务员——"显微镜"：做过程、强有力地正确执行、勤汇报。做好过程，把事情做细，从小处入手，精细地做好每一件事情！遇到解决不了的问题，及时反馈，寻求解决，不要拖延。每个部门可配备若干外贸业务员。

（4）外贸业务员助手：有三种：一是跟单员，帮助外贸经理进行日常订单操作，和国外客户联系订单的细节，以及和国内工厂进行交流。二是验货员，负责和到工厂去检验进度和质量，以及验货，如果是小型公司，跟单员可以兼任。三是制单员，负责订单单据的制作，可以由内勤人员兼任或由跟单员兼任。

（5）外贸会计和出纳：负责议付货款，支付工厂货款，以及内部业务开销的支出等，尤其是核销退税方面的业务。

（6）报关员：可以找报关行处理，每笔支付一定费用就行，不贵。

（7）内勤：需要一个人招待客人，公司内部杂务的处理，比如收发快递等等。

第二步　寻找客户

客户是企业的生命之源，没有客户就没有外贸。做外贸出口的首要功课就是寻找客户，可以通过传统的展会形式（比如闻名中外的一年两次的广交会，上海的华交会等），也可以借助互联网。参加展会效果来得比较快，跟外商面对面谈生意，信息也比较准确，但费用不菲，去一次展会动辄五万、八万的。相对而言，互联网比较经济实惠，而且随时随地都可以开工干活。

第一节 通过参加展会寻找客户

传统外贸中寻找客户最直接的方法是参加交易会，比如闻名全球的中国进出口商品交易会——广交会。尽管现在网上外贸的比重越来越大，但传统的展会由于客户集中，方便快捷，仍然是寻找客户的基本途径，效果也更为突出。目前，国内外每年定期举办的展会有很多，这些展会无疑为出口企业尤其是那些外贸新手们提供了发掘客户的好机会。由于参加展会能同时面对很多客户，而且会期一般较短，费用相对较低，出口企业如果根据自己产品的特点，选择那些历史悠久、信誉卓著、客商云集的展会来参加，效果肯定不错。

案例

通过参加各类展会，走出一条通往国际市场的康庄大道
——华鸿控股集团经验谈

通过参加各类展会，走出一条通往国际市场的康庄大道，这样的经验在义乌比比皆是，华鸿、王斌相框、浪莎、梦娜等，都是通过出国参展改变了以往苦寻国际市场不得要领的被动局面。华鸿控股集团公司从1998年成立至今，发展成以相框镜框业为主，涉足工艺时钟、工艺玻璃、塑胶、纸业等相关领域的大型综合性现代化企业集团，是中国最具规模的工艺品生产基地和出口基地之一。营销网络遍布全球各地，在美国、欧洲、韩国、中东、中国香港及阿联酋等地拥有众多稳固的客户群。集团副总裁王爱香谈了三点经验体会：

一、参展不要计较订单

很多企业都知道参展的好处，但有人会算，我一年销售满打满算才一两百万元，利润更是少得可怜，几万元的展位费对大公司来说可能算不了什么，但对小企业来说可要反复掂量，谁会去做赔本生意？对于国际展会更是有心无力。一些企业好不容易下决心参加一次展会，却没接到订单，感觉很受打击。

企业刚开始参展不应该斤斤计较于能接到多少订单，而是去看展会。没有实力参加展会的企业，建议至少要走出去看看，只有看过、体验过，才能找到适销的产品开发路子。1998年华鸿第一次参加广交会时根本不知道如何做外贸，也没有正规展位，只是通过广州的朋友去试试看。说实话效果并不理想，但是我们搜集到丰富的信息，掌握了不少客户信息，也学到了人家的经验。

二、展会定位要明确

相框属于工艺品，但第一次参展时因为我们不了解，将自己放错了位置，结果被归入陶瓷品工艺类。不少客户走过来就问相框是陶瓷制造的吗？所以那时候虽然接到单子，但教训也很深刻。企业选择展会及投入参展商品的定位一定要准确。

后来我们逐渐发现广交会并不能满足拓展国际市场的要求，于是通过义乌市国际商会或者自己找路子参加国际知名展会，奔走于中国香港、意大利、美国等地，赶各种专业性展会的场子。参加各类展会后我们发现，名称相同或相仿的展会在不同国家和地区都有不同的定位。比如礼品展有意大利的马契夫礼品展、德国的法兰克福国际礼品展和消费品展，这三个展会的不同之处在于：马契夫礼品展与法兰克福消费品展主要是家居消费的礼品，而法兰克福国际礼品展主要是圣诞节消费礼品。再如美国和欧洲的工艺品展，在风格、文化上的区域性特点非常明显，如果企业只是按照自己的审美观来开发产品，将全军覆没。像欧洲人偏好抽象油画，你把中国的山水画工艺品拿到那里，哪怕你自我感觉再好，不适合市场需求还是没用的。当时华鸿就是到了欧洲的展会，看到欧洲人的偏好，回来才整合开发出适销欧洲市场的工艺品。

另外，出国参展才知道，日本的市场准入规则与欧洲差别很大。前者企业很少在展会上下单，而是通过贸易商社间接订货。后者没有中间环节，成交价格也比较好。了解到以上区别，就可以制定不同的应对之策。

三、参展归来服务最关键

有些企业刚开始参加展会时，有陶瓷、玻璃和中国结等，像个杂货铺，这样做的结果往往是产品乏人问津。我们在参展中也发现这样的现象，品种大而全的展位眼巴巴看着客户走掉，而相邻的一个展位只展示某一类产品，订单反而纷至沓来。

我们刚开始参加展会时，跟多数企业一样，希望多接单子，什么单子先接下来再说，其实对后期服务极为不利。相对于展会上的承诺，参展后的服务才是留住客户的关键。展会毕竟只有两三天时间，你收集来的一大堆名片能否真正成为你的客户，还要靠展后的沟通、服务。

客户凭什么相信你？我觉得有以下三点：一是你能否替客户保密。在这点上，华鸿针对不同的客户，会给他们提供单独的样品展示室，客户的样品绝不会在其他样品室出现。二是你能否替客户节约成本。英国的工艺品市场不讲量，而讲究创新设计，在他们国家设计费用非常高，华鸿通过与客户沟通交流，不断满足对方的设计理念，帮客户以相对低的设计费用设计出适销的产品，从而获得稳定的客户群。三是产品质量，这个是最直观的影响。具备以上因素，价格高低就是其次了。

资料来源：www.alibaba.com.cn

一、展会类型的选择

展会主要分两大类，一类是国内展会，另一类是国际展会。而这两类展会又可进一步分为专业性的展会和综合性的展会。我们做外贸的应根据自身的情况，选择参加不同类型的展会。

（一）国内展会

国内展会中规模和影响最大的是广交会，即中国进出口商品交易会，创办于1957年，每年春秋两季在广州举办，迄今已有50多年历史，是中国目前历史最长、层次最高、规模最大、商品种类最全、到会客商最多、成交效果最好的综合性国际贸易盛会，有"中国第一展会"的美誉。一年分春季和秋季两届，每届分前后两期。详情请登录广交会网站：http://www.cantonfair.org.cn/。其他影响比较大的国内展会如自1991年以来每年3月1日在上海举办的华交会，即中国华东进出口商品交易会，反响也很好。

小知识

中国十大著名展会排行榜

1. 中国进出口商品交易会

又称广交会，创办于1957年春，每年春秋两季在广州举办，由商务部和广东省政府联合主办，中国对外贸易中心承办，是中国目前历史最长、规模最大、商品种类最全、到会采购商最多且分布国别地区最广、成交效果最好、信誉最佳的综合性国际贸易盛会。

2. 中国国际服务贸易交易会

经国务院批准，由商务部、北京市政府主办，2012年起每年5月28日在北京举行，获得了世界贸易组织、联合国贸发会议、经合组织三大国际组织的永久支持，是目前全球涵盖服务贸易12大领域的综合型服务贸易交易会。

3. 华东进出口商品交易会

由商务部支持，上海市、江苏省、浙江省、安徽省、福建省、江西省、山东省、南京市、宁波市等9省市联合主办，是中国规模大、客商多、辐射面广、成交额高的区域性国际经贸盛会，每年3月在上海举行。

4. 中国西部国际博览会

创于2000年5月，由国家发改委、商务部、外交部等16个部委、西部12省（区、市）和新疆生产建设兵团、博鳌亚洲论坛共同主办或支持，四川省政府承办，已成为西部地区对外开放的重要窗口和最佳平台，是国家在西部地区重要的投资促进、贸易合作和外交服务平台，是西部地区实现西部合作、东西合作、中外合作的重要载体。

5. 中国国际投资贸易洽谈会

通过国际展览业协会（UFI）认证的全球规模最大的投资性展览会，经国务院批准于每年9月8日至11日在厦门举办。投洽会以"引进来"和"走出去"为主题，以"突出全国性和国际性，突出投资洽谈和投资政策宣传，突出国家区域经济协调发展,突出对台经贸交流"为主要特色,以促进双向投资为目的。

6. 中国(上海)国际技术进出口交易会

又称上交会,是经国务院批准,由商务部、科技部、国家知识产权局和上海市政府共同主办的专门为技术贸易设立的国家级、国际性的专业展会。国内首个专为技术贸易设立的国家级综合性展会,以促进技术贸易、保护知识产权为宗旨,成为技术供需对接、资本与技术对接的重要平台。

7. 中国国际高新技术成果交易会

又称高交会,由商务部、科技部、工信部、国家发改委、农业部、国家知识产权局、中国科学院、中国工程院等部委和深圳市政府共同举办,每年11月在深圳举行,是目前中国规模大、影响力强的科技类展会,有"中国科技第一展"之称。

8. 中国—东盟博览会

由中国和东盟10国经贸主管部门及东盟秘书处共同主办,广西壮族自治区人民政府承办的国家级、国际性经贸交流盛会,每年在广西南宁举办,以"促进中国—东盟自由贸易区建设、共享合作与发展机遇"为宗旨,涵盖商品贸易、投资合作和服务贸易三大内容,是中国与东盟扩大商贸合作的新平台。

9. 中国(深圳)国际文化产业博览交易会

深圳文博会是中国的一个国家级、国际化、综合性的文化产业博览交易会,以博览和交易为核心,全力打造中国文化产品与项目交易平台,促进和拉动中国文化产业发展,积极推动中国文化产品走向世界,被誉为"中国文化产业第一展"。

10. 北京国际汽车展览会

北京国际车展(Auto China)自1990年创办以来,每逢双年在北京举行,成为当今具有广泛国际影响力的汽车大展,是国际汽车业界具有品牌价值的、全球著名的汽车展示、发布及贸易平台之一,是中外汽车业界在中国每两年一次的重要展事活动。

资料来源:买购网 https://www.maigoo.com/citiao/list_4940.html

其实,国内展会中比较多的都是按照行业来分类的专业性展会,如金属五金展、运动器材展等,像广交会这样的大杂烩的综合性展会不多。专业性展会、一般都指针对小门类的展会或者针对性比较强的展会,一般展会期都会有相关的行业内报告会、研讨会,甚至交流会等活动举行,如果是定期专业性展会,你去过几次就能发现很多老面孔。

(二)国外展会

世界上有很多国家或城市以举办展会多而闻名,如美国的纽约,法国的巴黎,德国的科隆、杜塞尔多夫和意大利的米兰等。这些展会由于来的国外客户集中,参展商水平高,因此含金量较大。在经济条件允许的前提下,建议出口企业多参加一些这样的展会。如每年2月、8月在德国杜塞尔多夫举行的杜塞尔多夫国际服装服饰、面料博览会和每年1—2月份在美国拉斯维加斯举办的国际体育用品展览会等。

小贴士

参加国外展会可以申请补贴

越来越多的企业愿意走出国门,开拓海外市场。然而高昂的展位费经常会超出预算。你知道吗,出国参展是有补贴的!这是国家为推行"走出去"战略计划而面向中小企业实施的一项优惠政策,旨在促使更多中小企业积极赴外参加展会,拓展国际市场。

补贴申报条件:

(1)具备企业法人资格以及拥有进出口经营权或对外经济合作经营资格,且上年度海关统计出口额在6500万美元以下的企业(部分省市在4500万美元以下,具体以当地商务局通知文件为准)。

(2)近两年在外经贸业务管理、财税管理、外汇管理以及海关管理等方面未出现违法行为的企业。

(3)具有开拓国际市场的专业人员,并且对开拓国际市场有明确的工作安排与计划的企业。

(4)在中小企业国际市场开拓资金申报网注册并公示。

补贴资质申报审核程序可登录"外经贸发展专项资金网络管理系统"(网址:http://zxkt.mofcom.gov.cn/),主要包括在线注册、获得用户代码、在线申报、打印"中小企业或项目组织单位登记表"、提交资质审查所需文件和材料、审核结果网站公示。

小知识

国际十大知名展会，你听说过几个

国际上知名的展会非常多，由于行业不同、区域不同，其实很难做出排名来，以下列出活跃度较高的国际十大展会供参考：

➤ 德国国际农业机械展览会（AGRITECHNICA）

始办于1986年，每两年举办一次，是全世界最大的国际农业机械展览会，是经过国际展览联盟UFI认证的权威展会之一。

➤ 科隆国际五金工具博览会（INTERNATIONALE EISENWARENMESSE）

国际五金DIY行业规模最大、最有影响力的盛会，代表着国际化的发展和顶级品质。

➤ 德国慕尼黑国际工程机械博览会

世界上规模最大、国际影响力最强的工程机械、建材机械、矿山机械以及建筑和工程车辆及设备的专业展览会，每三年定期在德国慕尼黑举办。

➤ 巴黎国际工程机械展（INTERMAT）

创办于1988年，已举办了九届，是全球工程机械行业第二大展会，每三年一届，2015年巴黎国际工程机械展是世界三大展之一。

➤ 拉斯维加斯工程机械展（CONEXPO-CON/AGG）

由美国设备制造商协会、美国预制混凝土协会、美国沙石协会主办，每三年一届，迄今有近百年历史。展会规模宏大，客商众多，集中了世界知名品牌，是业内展示最新技术、设备和展品的重要平台。

➤ 法兰克福春季国际消费品博览会（Ambiente）

目前世界上最大规模、最具影响力的高品质消费品类贸易博览会。该展不仅是各国参展商产品信息交流的中心，同时也是广大参展商结识新客户的理想场所，更是品牌产品出口欧洲乃至走向世界的重要平台。

➤ 意大利米兰供暖、空调、制冷、再生能源及太阳能展（MCE）

MCE是专注于"人性化科技"的国际双年展，始创于1960年（意大利首个专业展会），40多年来一直紧贴市场发展，不断为业者创造着会面、比较及开展技术、文化与政策交流的最佳平台，始终保持行业领先。

➢ 法兰克福国际汽车零配件及售后服务展（Automechanika）

当今世界上最负盛名的汽车配件展之一，是汽配行业全球领先的展览会。由法兰克福展览公司主办，两年一届，定期在法兰克福展览中心举行。

➢ 汉诺威工业博览会（HANNOVERMESSE）

始创于1947年8月，经过半个多世纪的不断发展与完善，已成为当今规模最大的国际工业盛会，被认为是联系全世界技术领域和商业领域的重要国际活动。

➢ 欧洲机床展览会（EMO）

始创于1975年，是由欧洲机床工业合作委员会（CECIMO）支持举办的机床制造行业专业展览会，每两年举办一届。该展览会堪称世界机床与制造技术行业最权威、最专业的盛会之一，充分展示了当今世界制造设备和技术领域的科研和创新，在国际金属加工领域具有举足轻重的主导地位。

资料来源：搜狐会议全能秘书

出口企业可根据自身的特点，有针对性地参加相关展会，以达到发掘客户的目的。比如新成立的企业或小企业在开始做外贸时可以先参加一些国内展会探探路，逐步积累经验。等到机会成熟，还可以进一步参加一些国外展会，以达到进一步拓展国际市场的目的。需要指出的是，在决定出国参展前最好做足功课，千万不要贸然前往，务必要注意收集信息，考察评估这个展会和企业的契合度，否则参展效果很有可能大打折扣，达不到预期效果。

案例

我国某电子产品制造商为了拓展海外市场，报名参加了美国久负盛名的国际消费类电子产品展 CES（International Consumer Electronics Show）。由于第一次到国外参展缺乏经验，听从会展代理的建议选择了所谓专门为中国展商划定的区域。到了现场才发现这个区域不仅是两个展馆当中规模比较小的那一个，而且不属于主要展示区。作为扩充出来的展区，这里的主题不明确，集聚了许多中低端产品的生产厂商和销售商，更像一个小商贩市场，和CES所代表的世界最先进消费电子潮流的形象相去甚远。因此这个区域吸引的主要也是追求低价的买家，该企业的创新技术很难遇到识货的客户，没有达到预期的参展效果。

事实上，CES实行积分制，按积分阶梯选位；而积分来自之前参加这个展会的年资，参展时间越长分数越高。因此常年参展的大公司才有可能拿到好的展位。此外，CES还会审查展商的网站以限制疑似代工（OEM）的企业进入主会场。尽管CES在中国有限定的招展代理，但是为了顺利售出展位，这些代理也未必会告知所有细节，有些信息需要企业自己通过更多的渠道去了解。做足功课才能正确判断是否值得参加这个展以及如何使自己的展位和展品在众多的参展单位中脱颖而出。

资料来源：参考网 http://www.fx361.com/page/2017/0719/2076285.shtml

另外，也不要忽视自己行业对口的小门类专业性展会，这样的展会针对性强，客户指向性也强。作为中小型企业，我们的产品所具有的竞争力也就是在价格乃至品质上。比方说如果我们的企业是做塑料制品的，如纽扣等，那么首先建议参加一些专业的服装或者箱包展。参加这类展会的效果远比广交会这类综合性的展会要好。因为我们的产品是属于小门类的产品，也就是我们的产品只会应用在服装或者箱包上，其他地方应用性很小，那么我们首先对客户群的定位就应该是这个行业内的客户群。如果是参加大门类的展会，或者多门类的展会，客户专门指向性就不会很好。

二、做好展前、展中与展后工作

参展工作大致分为展前准备、展中行销与展后跟进三个阶段（图2-1）。

（一）展前准备

每个展会的申请都有一定的要求，大家看完介绍按照要求照做就是了，参展准备是非常重要的，也是最难的。

1. 样品准备

去参展自然要准备样品，要准备什么样的样品大家需要好好考虑，第一是可公布产品，这些产品可以直接摆在展台上，让大家看，也不存在商业秘密等等。这些样品比较好准备，肯定需要专门打样，包装，然后记录，安排装箱等。还有一类是不可公布样品。每种样品一般要准备2—3份，行业不同大家准备的量也不同，像做纽扣的，你总不能每样只做两三个吧。样品可以选择托运公司先托运去，然后选择自己提货，要么就自己带去。

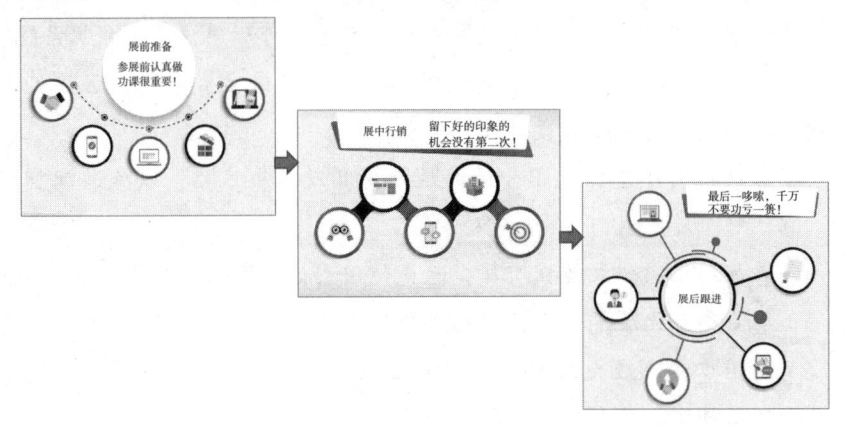

图 2-1 参展工作流程

2. 展台的安排

一般展会的标准展位是 3 米 ×3 米，你申请后，由组委会安排展台位置并发函告知，你只要看清楚展台类型就行了。如果抽签决定，而你抽到主路旁边或转角的展位你就赚了。因为转角的展台一般是两面都敞开的，不像中间的摊位只有一个门面。展台的布置，一是可以选择专业性的展台装潢公司，这样的公司可根据你的预算为你提供几个设计方案，经双方商定后再进行全套制作和装修，并保证在展会开幕前几天提早布置好展台。二是就用简易摊位，什么都别准备了，一般的标准展台都会配备一张桌子、两张椅子和一个电源插座（展会不同略有不同）。或者到了布展期，那边自然有众多的人围着问你是否需要装修展台，跟他们谈一下价格，租几张桌椅就搞定了。

3. 携带物品与资料

首先当然是携带样品了，这个我们上边讲过。其次是一些大家容易忽略掉的东西。我们把它们分为两大类，一类属于常规物品与资料，其中包括样品。另一类是根据参展企业具体情况可供选择的物品。

✦ 小贴士

小展位如何吸引别人的注意

选择合适的展位是参展计划中重要的一部分。那么，对于小展位来说，怎样做才能引人注目呢？

（1）采用照明系统。根据调查，照明可将展品认知度提高30%—50%。大部分展览中心会提供厂商天花板聚光灯，不然也可租用携带式照明系统。

（2）成立主题式展览摊位。大企业通常采用传统方式展览，且依赖大规模场地，故小企业可以创新设计以显突出。

（3）依展位大小选择大小合适的展示用品及参展产品，以免过度拥挤或空洞。

（4）善加利用组合式展览用具，避免使用看似低廉的桌布覆盖桌子。

（5）尽量整齐化展览，展示单项或两项产品。

（6）选用少量且较大的图片，创造出强烈的视觉效果。太过密集或太小的图片皆不易读取，同时限制文字的使用。

（7）将图片置放在视线以上，图片应自壁板36英寸高以上的地方开始放置。

（8）展位要使用大胆且抢眼的颜色，从远距离即可突现出来，避免易融入背景的中性色彩。成立完整服务式的展位。

资料来源：http://zmay.cn/

相关链接

参加展会必备物品及资料

一、常规物品与资料

（1）样品。样品必须经过全面检验，外观、元器件完好无损，功能正常。搭配合适的插头电源线。

（2）样本（300本左右），彩页（500份左右）。

（3）名片：每人200张，上面打上摊位号以方便客户回头找到我们。把展会名称、标志、参展时间等资料打在名片上，方便客户回想起跟我们接触的时间地点。另外，还可以印一个云盘的二维码，扫一扫所有的产品信息都在里面。

备好名片夹及中英对照"请赐名片"的字版，不仅正规、有档次，还体现了对客户的尊重，同时也省却了索要名片的环节。

（4）办公用品：

① 计算器、稿纸、笔、胶带、订书机。

② 录音笔、照相机、笔记本电脑。

（5）文件资料：合同、客户资料调查表、海运价格表等。

二、可选物品

（1）小礼物：

①有公司及产品介绍的U盘，带有公司标志与网址的笔，客户使用时会想起我们公司。

②体现公司及产品特征的纸袋。设计得好，会成为一个流动的广告。

③有中国特色的小礼物。

（2）食品：

①好品质的咖啡、茶叶。

②小甜点。

③糖果。

（3）药品：备些常规感冒药、肠胃药、创可贴等药物，以防生病受伤。

（4）精致的邀请函。

（5）统一服装与胸牌：提升公司形象，给客户留下深刻印象。

案例

参展准备不足的两个典型案例

案例1：美国进口商在展会上看到一个摊位的电扇，不仅款式多，样式也好，马上来了兴趣，了解了详细参数，拍了照片，问了价格，都比较满意。临走时，突然想试试相中的几款电扇，结果插上电源后竟然一无例外纹丝不动！业务员很尴尬，拍了又拍依然不见丝毫动静，只好解释说可能是走得急，准备匆忙，里面的线路没有接好。最终美商拂袖而去。

案例2：我国某小玩具生产厂商首次到日本参展，意外受到日本某株氏会社社长的拜访。对方对展位上的一个新产品十分满意并索要产品资料。这家玩具厂照搬之前在国内参展的习惯，只准备了一张宣传页而且是自行用工厂的打印机打印的。日本社长看到简陋的文件没有接手，直接扬长而去。

4. 必备人员

翻译需要1名，如果各位英语够好，这一人员可以免去。外贸接待人员

1—2人，摊位大也可以选择2—4人；采购人员1人，产品开发人员1人。

5. 展前功课

外贸接待人员要把自己的产品资料全部记熟，而且要熟记一些区域国家人员的习惯。采购人员要把自己产品经常采购的配件等资料记熟，也不妨带一些过去。产品开发人员要勤动脑，别多话。

还有一项特别值得注意的事项是知识产权问题，近年来我国不少小企业由于缺乏知识产权意识，在境外参展时屡屡吃亏。建议参展企业在参展前，可就参展产品和材料的知识产权问题进行检索审查，排除侵犯他人知识产权的可能性。尤其要注意相关知识产权在参展地的申请注册情况，因为在中国享有知识产权并不意味着在参展地必然也享有相应的知识产权（关于知识产权的问题在本书第四步"准备货物"第一节中有详细介绍）。

案例

出国参展，第一天就被查封了展位

2016年1月，拉斯维加斯的美国国际消费者电子产品博览会(CES)上，常州某独轮自平衡滑板车企业的摊位在展会第一天，就遭遇了美国联邦法警的突击搜查，他们以涉嫌侵犯别家专利权为由没收了展台内的独轮自平衡滑板车样品、标语和宣传材料等物品。查抄人员带着小拖车来到现场，并向该企业参展人员出具了一叠非常厚实的文件和取证材料。现场参展人员说："查抄时让我们在文件上签字，我们也看不懂，哪里敢签。"受此事件影响，该企业同类上百款类型产品在B2B网上的销售被强制下架，网上结算被中止，生产也被迫停止，企业几乎陷于瘫痪，成为当年外贸行业的重要新闻事件。

统计结果显示，13%的企业在境外参展过程中曾遇到过知识产权纠纷。

资料来源：雨果网，焦点视界 https://www.cifnews.com/article/55226

（二）展中行销

外贸接待人员要始终如一地守好自己的摊位，有能力的应尽力想想怎么来吸引外商的目光。用具有中国特色的方式吸引客户就是一招行之有效的方法。比如曾经有一个公司专门举行茶道表演来吸引客户。2004年上海国际自行车展的时候,有位做自行车头盔生意的美女老板穿着旗袍,带着自行车头盔,结果老外全往她的摊位跑。其实展会这潭水很深,八仙过海,各显神通,当然严禁喧哗吵闹。如果你是做自行车的,就骑上你最好的产品,带上目录册出去溜达吧。

✦ 小贴士

展会接待外商的12"不要"

(1)不要坐着。否则,给人留下的印象是:你不想被人打扰。

(2)不要读书看报。通常你只有两到三秒钟的时间引起参观者的注意,吸引他停下来。如果你在看报纸或杂志,是不会引起别人注意的。

(3)不要在展会上吃喝。那样会显得粗俗、邋遢和漠不关心,而且你吃东西时潜在顾客不会打扰你。

(4)不要打电话。每多用一分钟打电话,就会同潜在顾客少谈一分钟。

(5)不要见人就发资料。这种粗鲁的做法或许会令人讨厌,而且费用不菲。如果发现潜在客户,可以寄给他。

(6)不要与其他展位的人交谈。看到你在和别人说话,参观者不会前来打扰你。尽量少和参展同伴或临近展位的员工交谈。你应该找潜在顾客谈。

(7)不要以貌取人。展览会上唯一要注重仪表的是参展单位的工作人员,顾客都会按自己的意愿尽量穿着随便些。

(8)不要聚群。如果你与两个或更多参展伙伴或其他非潜在顾客一起谈论,那就是聚群。在参观者眼中,走近一群陌生人总令人心里发虚。在你的展位上创造一个温馨、开放、吸引人的氛围。

(9)不要不耐烦。如果你一副不耐烦的样子,就会变得讨人嫌。热情洋溢无坚不摧,十分有感染力。在参观者看来,你代表着你的企业。你的言谈举止和神情都会对参观者认识你的企业产生极大的影响。

(10)不要忽略潜在顾客的名字。努力记住潜在顾客的名字,在谈话中不时提到,会让他感到自己很重要。大胆些,直接看着参观者胸前的名牌,大声念出他的名字来。遇到难读的名字就问。如果是个极不寻常的名字,也许就是你同潜在顾客建立关系最得手的敲门砖。

(11)不要忽视接待媒体。媒体也许会到你的展位找新闻,一定要安排专人作为你的企业与媒体的联系人，这样就可确保对自己企业的宣传始终保持一致口径。

（12）不要忘记佩戴好名牌。在展会上，你肯定不想让参观者叫不出你的名字。如果将名牌戴在左胸，你就会犯这种错误。应把名牌戴在身体的右侧靠近脸的地方，这样与人握手时，你的名牌就会更靠近对方。

采购人员和产品开发人员参展的主要目的就是了解同行的情况，所以一开始就不要待在自己的展位上，务必要把主要精力放在参观同行的展位上，多了解一些对方产品的情况，尤其是留意他们的配件，如果他们过来跟你介绍，那就再好不过了。如果可能的话，最后还要向他们要本目录册，知己知彼，方能百战不殆嘛。产品开发人员须带上相机，尽量拍摄一些对你有用的资料。

另外，如果碰到有客户来看样品，先向他们要名片，顺便递上一张你们的名片，那是礼貌，有些人是专门来收集名片或者目录的，我个人认为可以给他们，可以发掘潜在客户。把客户的名片订到软面抄上，然后写上你的评价，你现场跟客户洽谈的事情也可以记录在名片下面，这样你回去后联系客户就会有针对性。如果你主动出击，多方联络，一个展会下来最少收到两三百张名片，这对你今后开展工作十分有利。

公开展示的样品，是可以让大家直接查看的；而不可公布的样品，也就是代表你们公司高端设计乃至顶尖的产品可以放在酒店里，然后约客户去酒店洽谈，这样一则表示保密，二则表示重视。你也可以在展会前邀请一些你们的老客户来观展，并顺便请他们到酒店里洽谈。

（三）展后跟进

交易会上能当场拿到订单合同固然很好，但更多的工作则要靠后期跟进。在参展后要加紧与客户的联系，尽量做到趁热打铁，才能起到事半功倍的效果。因此，交易会结束回来以后，应当及时整理资料，根据客户的不同情况，有针对性地采取不同的处理方法。具体而言，有以下五种情况：

1. 已签合同的客户

对于已签合同的客户，参展回来后一般都须按照他的要求给他详细的资料，接着便要求他开证，或汇订金过来。不过这些跟你签过合同的客户也并不表示就一定会给你下单，现在这种情况已经很普遍，有些客户跟你签过合同了，但过后他在其他的供应商那里有了更好的价格或更中意的货品，便会把单下给别人；或者回去后市场发生变化，决定发生改变而取消订单等等。对他们来说，合同完全没有约束作用，合同只相当于 P/I（形式发票），只是一种形式。所以对于此种客户，需要小心沟通，一旦出现他迟不开证或不汇订金的情况，立即加紧联系，及时向对方了解情况，看是否出现了什么问题，采取相应的措施，说不定就能挽回一个订单，一个客户。

2. 有下单意向的客户

对于有下单意向的客户，采用的方法有点像在网上询价，即从你与他们的沟通中判断出此客户的潜力。一般情况下，产品问得越详细，条款谈得越仔细，成功的机会就越多。对于这些客户，参展回来后便及时联系，把所有的资料及所有涉及的问题标示清楚后给他发过去，同时马上落实打样（一般这些客户都会要求打样）。对于这些客户，经常会出现寄了样品就没了消息的情况，最常见的原因便是他们在收到所有样品（包括别人的样品）后没有选取你们的产品下单，或者市场发生了变化等等，那也不要放弃，继续保持联系，一有新的产品就及时向他推荐，以后还是有合作的机会。

3. 对某个条款或价格谈不来的客户

对某个条款或价格谈不来的客户，参展回来后，即使你们决定能按他的要求来做，也不要马上妥协，先发个邮件或打个电话（还是坚持你们先前的决定）看看情况再做决定。如果客户已有一定的松动或让步，那你们就成功了，如果他仍然坚持自己的决定，此时再向他妥协也不晚。

4. 要求发资料的客户

对于要求发资料的客户，按他所说的要求尽可能把详细的资料发给他。

5. 随便看看、问问的客户

在展会上，有些人只是去你们的展位上随便看看、问问，这些客户说不定是在探行情。对此类客户可就得凭他的名片来联系了，如果名片有他们的网址那是最好了，先参观参观他们的网站，查清他们的底细，看他们主要经营什么样的产品，再按照不同的情况向他发不同的资料。说不定你们此次参展没带去的产品正是他们的主营产品。同时还要根据他在你们展位上看的那种产品发资料，看是否有合作的机会。

我们都知道，沟通中最常见的难题就是向客户发 EMAIL 后客户没了消息。对于这种情况，电话联系是最好的沟通方法，打个电话过去，跟他沟通沟通，看看是怎么一回事，怎样的一种情况，是否可以采取措施加以妥善解决。当然对某些情况不紧急的客户，则可耐心等待一段时间，隔几天再发邮件，因为有些客户回去后可能会休假，有些客户在展会结束后可能并未马上回去。对于等待了一段时间还没回信的客户，打一个电话过去询问情况还是很有必要的。

总之，展前、展中、展后的各种工作一定要做细、做好，才能找到更多客户。

三、参加展会时应注意的事项

通过以上分析，我们可以总结出以下几方面参加展会时应注意的事项：

（1）不要选错了展会。不能只依据参观者的多少来选择展会。

（2）展品要有自己的特色，不得摆放假冒伪劣商品，不得侵犯他人知识产权等。如果属于特许经营的商品，一定注意带上相关的证明文件等。

（3）布展要突出自身的优势，以便吸引更多的客人注意，无论语言还是文字性的宣传材料一定要准确、生动。

（4）参展人员素质一定要过硬，不能光强调语言熟练，更重要的是一定要对自家产品了如指掌，对国际市场心中有数。

（5）注意参展前和参展后的相关工作要做细：参展前要充分准备好样品，提前定好行程，安排好食宿；参展后要加紧与客户的联系，务必做好后期跟进，避免功亏一篑。

小贴士

新人如何应对展会

老业务员往往对从展会上拉到什么大客户不抱啥希望，而那些小客户，似乎又不感兴趣。但对于刚进入外贸领域的新人，有机会参加这种展会必须好好把握住。

（1）出发前准备好所有该准备的材料，比如你的名片，并且最好将你的名片钉在公司的宣传册上，以便在展会上分发。

（2）你必须穿着得体点，好歹要像个商务人士。

（3）一般来说，展会上布展和收摊都是新人必须学会的，所以你得做好干体力活的准备，当然这也能让你做事更有条理性，因为哪些样品需要摆在哪儿，哪些样品需要重点推荐，这些和展会上摆放的地方有很大的关系。

（4）新人见到外商，也许有的不敢开口，其实大可不必，见到有人来，你完全可以很轻松地走上去面带微笑地对那些潜在客户说一句：What can I do for you, sir？这样，那些真正对你的产品感兴趣的人就会问你一些比较专业的问题，而那些看热闹的人则会说：Oh, thanks！当然你必须时刻注意另外一种人，也就是传说中的同行"探子"。如何区分"探子"和客户呢？我个人觉得"探子"会问得非常专业，而且问的都是公司比较重要的和不便透露的信息。对这些人，你完全可以毫不留情地拒绝他。

（5）在展会上，如果有了客户的名片，你必须在第一时间把这些名片装订在事先准备的面抄上，并将他们感兴趣的产品分别对应好每个人，写在名片旁边，以便在展会结束回公司后，有针对性地逐个向每人发产品说明书及报价单等。

（6）还有一点在展会上必须重视，那就是你必须对你的产品性能、报价等比较熟悉，要不你都不知道怎么接待客户。

第二节 搭建自己的外贸网站吸引客户

在当今时代，互联网改变了一切，当然也包括外贸。无论对于想发展壮大的小公司，还是一个已进入成熟稳定期的大公司，建立一个专属于自己并独具特色的外贸网站都是明智之选。

一、为什么要搭建自己的外贸网站

现在越来越多的小伙伴选择自建外贸网站了。不过也有不少小伙伴有疑问：为什么做外贸需要自建网站？

✦ 小贴士

做外贸该依靠平台还是自建网站

自从互联网普及起来之后，以Alibaba为代表的B2B平台就成了很多外贸人的选择。但近年来平台内部的竞争愈发激烈，对平台的投入越来越多，而效果只能说是"如人饮水冷暖自知"。那么对于平台和自建网站，究竟应该如何选择？

平台本身有影响力，有买家关注，可以省去你自己去推广的成本和精力。但是背靠大树真的好乘凉吗？如果树底下的人太多了呢，还有你的阴凉吗？而现实情况正是如此。以 Alibaba 国际站为例，随便搜一个产品都会有大量的供应商出来，而买家数量却没有相应的增加，这就带来了询盘质量下降、价格厮杀……对外贸企业来说，就需要靠购买内部排名等方式增加投入。当然，并不是说平台就不能做了。平台可以让你快速上手，有客户可谈。

做自己的独立站，然后做优化、推广。这可以让你跳出平台，搭建属于自己的营销体系，同时网站、营销渠道也都变成了你的资产。独立站获得 Google 排名可以让你跳出平台。不过，自建站这条路有一定的技术门槛，需要外包或者组建自己的团队。通过独立站带来的询盘数量不会有 B2B 平台那么多，但是询盘质量会高出很多。让客户对你有更深入的了解，留下更深的印象，有利于维护客户忠诚度。

（一）能更好地展示公司产品

自建外贸网站可以使公司在互联网上拥有自己的展示渠道，可以自定义地去宣传自己的企业文化和产品，可以更好、更直观地向客户展示公司内容。

（二）缩短产品投向市场的周期

新产品投放市场需要成本和时间。而线下需要昂贵的广告费，等待和分析足够的反馈，时间需要比较久。通过自建外贸网站，用户可以全面地了解新产品，尽述其优点和特色。

（三）减少网站内容相似度

重复内容对于网站还是有点不利的，Google 发展网站有过多的重复内容并不会有什么惩罚，但是印象分会降低，与此同时你的曝光率也就会降低。

（四）可以积累资源

外贸自建站可以对访客的信息进行记录，而且还可以留下联系方式，因此就有进行二次销售机会。而且所有的运营方式和营销都可以自己来控制，各类客户信息容易整理并形成自己的一套数据库，为后期社交媒体、邮件、信息等推广带来相当多的便利。

（五）可以与客户建立最直接的交流机制

自建外贸网站，是公司打开的一条通道。可以有机会与客户直接交流、直接沟通，这是开拓市场最有效的方法。

二、外贸网站该如何吸引客户注意

任何一个外贸企业都不希望看到这样的情况：用户刚刚登录你的网站界面，然后秒退，这是一个很让人尴尬的场景，因为你根本不知道问题出在哪里。由于时间和信息的碎片化，人们一般不愿意花费太长时间来阅读没有营养的内容。研究显示，当用户进入网站时，大约有8秒钟的时间可以吸引其注意力，如果没有值得关注的内容，用户就会选择离开。用户一次次这样的行为，在外贸网站建设数据分析上，就是大量的跳出率，跳出率高意味着用户黏合度很低，同时，我们注意到，大多数用户在访问一个陌生的外贸网站时，八成以上是访问该外贸网站建设的首页，如果用户太快离开，说明这个企业外贸网站建设的首页做得有问题，亟待改进。

传统的企业外贸网站建设，似乎陷入一个模式中，尤其是一些产业网站，往往套用一个模板。这样千篇一律的版式，用户极易审美疲劳。当然也不乏这样的网站：一味求新求怪，追求眼球效应，但是，物极必反，看似很奇特，反而遭人反感，让人不忍直视，其实，一个直击用户体验的外贸网站建设首页设计，并非是空想出来的，而是站在用户的角度去考虑问题，同时，还要遵循这样几个原则：

（一）原则一：注意用户的浏览阅读习惯

理想的外贸网站应该是用户进入网站后，可以一下子找到需要的内容，而有的外贸网站，过于注重"艺术"，而放弃了这个基本的原则。

通常人们阅读行业网站遵循古登堡规律，即Z模式浏览（图2-2）。读者首先浏览页面顶部的一条横线，不论是因为菜单栏，还是出于在顶部从左至右浏览一遍的习惯。当视线到达尽头，它会飞速向左下移动（这也是出于阅读习惯），在页面下方部分重复水平方向上的搜寻。

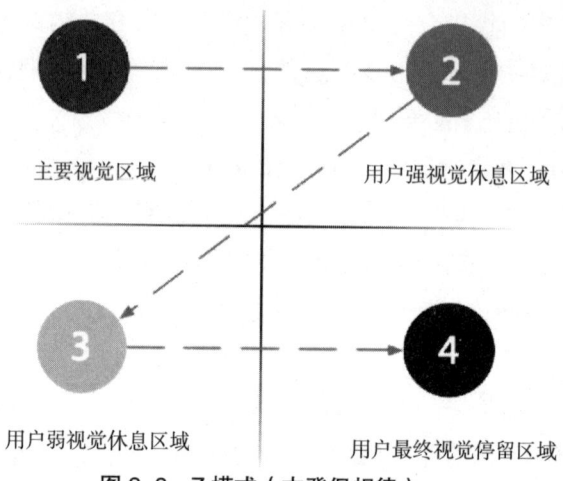

图 2-2　Z 模式（古登堡规律）

主要视觉区域　用户强视觉休息区域
用户弱视觉休息区域　用户最终视觉停留区域

Z 模式对于简洁至上、核心是行动号召的界面效果最佳。在一个内容复杂的网站中强行使用 Z 模式，或许不如 F 模式来得奏效，但 Z 模式有助于带来一些秩序，导致布局的简化（还有转化率的上升）。

另据调查研究，一般人是不阅读但是会扫描类型地查看内容。据了解，一个文章内容只有 28% 的文字是被用户真正阅读了的。所以为什么现在的外贸电商网站或者其他一些网站都会 F 状展示网站的目录和导航（图 2-3）。

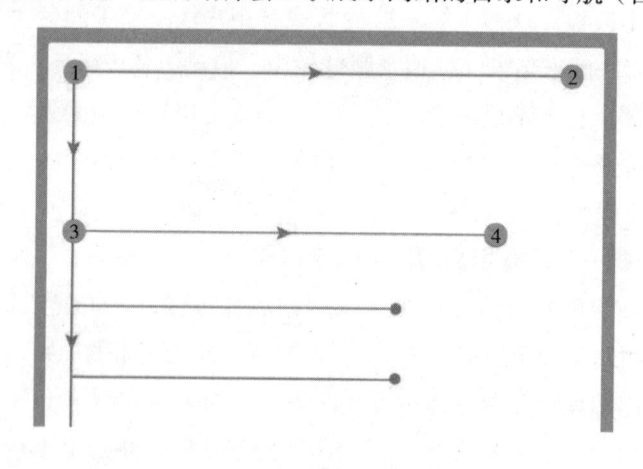

图 2-3　F 状浏览模式

预测用户的视线如何移动能带来巨大的优势。在页面上排布元素之前，通过优先级找出最重要和最无关紧要的元素。一旦你知道要给用户看什么，将它们置于各种模式的"热点区",创造正确的交互,简直易如反掌。

(二)原则二:突出重点

外贸网站建设首页设计,要把重要的因素突出出来,除了强烈的对比之外,那就是在首页多加点用户感兴趣的内容,也是企业外贸网站的核心要素,如此,才能最大限度地吸引用户继续留下来。当然,这里的突出也需要掌握一个度,过犹不及,喧宾夺主,影响到整体视觉感官,就容易产生相反的效果。

(三)原则三:注意视觉营销

一部惊心动魄的小说,需要一个紧张悬疑的情节铺设,而一个让人长时间欣赏的画面,要有很强的对比性。外贸网站首页主要由文字和图片构成,其中banner图最为醒目,能够给人最直接的视觉冲击,因此需要去重点关注。整体设计的协调性,文字的识别度都是我们要重视的细节,给客户以好的第一印象是实现转化的第一步。

总之,企业外贸网站建设首页设计要避免陷入俗套,同时在设计上多站在用户的角度上去思考,用户每停留多一秒钟,对网站运营和优化来说,都是一件好事,我们未必或者一定要求每个访问网站的访客都成为我们的用户,但是,外贸网站建设访客停留的时间越长,转化为用户的概率就会越大,这几乎是肯定的。

三、如何一步步搭建自己的外贸网站

每个外贸企业都需要有一个自己的外贸网站,很多老板觉得建外贸网站很难,其实建站并没有那么难,下面就教大家如何一步步搭建自己的外贸网站。

(一)外贸建站第一步:确定网站类型

首先确定网站类型,一般不同的网站类型选择的开源程序不同,如企业网站推荐使用米拓,功能全面,seo功能完善。

(二)外贸建站第二步:购买域名、服务器或主机

买东西大家一定会购买,就算不会,你在哪个平台买可以直接咨询相应平台的客服就可以,这里就不多说了,只是有两点需要注意一下:

(1)如果网站不准备备案,一定要买中国香港或者海外的主机,国内主机不备案网站无法上线。

（2）一般中小型企业选择主机就够用了，而且价格相对便宜一点，当然如果您是土豪也可以直接购买服务器。

（三）外贸网站第三步：选择合适的开源程序

常见的开源程序有帝国、织梦、wordpress、phpcms 以及 discuz 等等，大家按需要选择合适的就行。

如果想仿站，帝国就比较适合，但帝国手机站支持并不好。

如果想做资讯类站点，织梦就比较方便，搭建快，后台支持采集功能，缺点就是不安全，据说很多企业因为资讯选择织梦程序导致服务器被入侵。

如果想做博客，可以用 wordpress，比较适合做博客网站。

大家根据自己的需求选择就好，这里就不再一一举例了。

（四）外贸建站第四步：上传程序源码到空间

大家找到需要的开源程序后去相应的网站下载安装文件，然后利用 ftp 上传到空间根目录。

（五）外贸建站第五步：安装网站

安装网站每个开源程序基本都差不多，一般是会要填数据库名与密码，设置管理员账号密码，大多数直接下一步、下一步，按提示填写信息就可以了。

（六）外贸建站第六步：后台设置

后台设置一般包括网站名称、关键词、图片修改、栏目搭建等。

（七）外贸建站第七步：内容填充

内容填充包括网站简介、产品介绍、联系方式、资讯等。这里需要注意的是，建议一定要用文字或文字+图片来填充，很多网站为了方便，公司简介就是一张图片来介绍，文字全在图片上，甚至有些连产品介绍也是直接全部用图片，这样非常不利于搜索引擎的爬取与收录。

这样，一个外贸网站就算搭建完成了。当然，外贸网站搭建完成并非终点，后期网站的运营工作绝对不能忽视。

第三节　利用网络平台与工具寻找客户

凭借一台可以上网的电脑，你几乎可以获取所需的一切知识和信息，处理与外贸相关的绝大部分工作。毫不夸张地说，"一台电脑打天下"已经成为外贸的主流，因此也诞生了新的名词"外贸网商"。通过网站来展示产品，发布广告，寻找客户，通过电子邮件以及WhatsApp、WeChat、QQ和Skype一类的社交软件来洽谈生意，无论客户身处世界的哪个角落，都可以"面对面"交流，仿佛大家坐在一张会客桌前一般。

案例

不懂外语和外贸的60多岁老总如何做外贸

已经60多岁的石伟孝先生在1997年创办了南京卡曼防雨制品有限公司，主攻国内市场，但一直以来，石总都有一个让产品走出国门的心愿。于是他通过给外贸公司贴牌生产的方式，积累出口经验。"但是因为我不懂外语，产品不熟悉，国际市场不熟悉，我感到一下子走，可能会走弯路，就积累经验，给外贸打工，一边打工，一边请教他们，拼命地搜集样品。"为了实现心愿，石总给自己定下了个任务，每年研发5个新产品。他用了五六年时间，开发出了军事战备的全部，这为卡曼的出口之路铺平了道路，到了2004年，石总在朋友的介绍下做起了网络贸易，尽管不懂外语，外贸经验也不足，但石总并没有放弃尝试电子商务的决心，为此，他组建了一支非常年轻的外贸团队。王华就是公司的业务骨干。要知道两年前，她还是一个刚刚走出校门的外贸新人。"如果没有阿里巴巴这个平台，可能我觉得自己更像一个没头的苍蝇，不知道往哪里去。"阿里巴巴为会员企业提供的上门回访业务培训以及客户专员与VIP服务人员的一对一辅导，让卡曼的业务员很快就掌握了网络贸易的技巧。在对外贸人员的管理方面，石总也有着自己的独到之处，因为他深知，电子商务平台对外贸人员的重要性。"我们在这个阿里巴巴平台，所有的业务员都可以在网站上把客人的信息询盘收下来。如果谁在这个网站上操作时间长，得到信息多，谁的商机就多。"一方面石总大胆地为外贸人员构建了网络空间，供他们施展才华；另一方面，阿里巴巴的服务让这些外贸人员的成长更加迅速。有了平台和人才，石总的出口心愿一步步成为现实。"我58岁的时候，正式开拓国际贸易，正式走向国际舞台，通过阿里巴巴。从那一年开始，我每年是50%—70%的速度往上发展。我们的新客户绝大部分是通过阿里巴巴这个网络寻找到询盘寻来的。"电子商务为卡曼带来了世界各地的买家，韩国、巴西，甚至南美洲的多巴哥、非洲的博茨瓦纳等国家都向卡曼伸出了橄榄枝。比如几十万人口的小国多巴哥已经与其做警察雨衣的生意4年了。后来，来自网络的订单在卡曼的出口业务中占到60%—70%的比例，出口额突破了一个亿。通过不断开发新产品，大胆尝试电子商务，60多岁不懂外语和外贸的石总就这样打开了海外市场的大门，未来还有更多的精彩值得期待。

资料来源：阿里巴巴客户访谈

一、在B2B平台发布供应信息广告

互联网上找客户的第一种方式就是发广告，也就是大声吆喝让大伙都知道你，让买家自己来找你。但是，在发广告之前首先要做好准备工作。

（一）做好准备工作

1. 给自己起个英文名字，方便让外商称呼你

英文不好的朋友，不要用自己名字的汉语拼音做英文名，因为外国人念拼音跟咱们不一样，最好是一个欧美风格的名字，叫什么随便起了。但是，一定要朗朗上口，也不要太过复杂和古怪。否则，闹笑话是小，影响生意麻烦就大了。

2. 注册一个电子邮件信箱，方便外商跟你联系

注册一个电子邮件信箱，以方便外商跟你联系。建议使用自己的企业邮箱，这样客户感觉比较正规。

小贴士

做外贸用什么邮箱比较好

做外贸需要开发海外客户，同国外联系，比如写开发信确定产品及合同细节等，对邮箱安全性及国际化有一定的要求，比如有的国内邮箱发出的邮件国外收不到，或收不到客户的邮件，进入垃圾箱等等。那么外贸公司用什么邮箱好呢？

外贸公司使用的邮箱一般分为两类：

1. 免费个人邮箱

一般为了节省资金，小外贸公司会使用个人邮箱。但免费个人邮箱不适合公司使用，邮件功能、服务器稳定性和群发等都会有限制，还很容易被判定为垃圾邮件。而且这类邮箱非常中国化，邮箱界面及字体选择都非常不商务，偏娱乐，不够正式。

个人邮箱显得不规范、不专业，与客户的联系不容易建立信任，因此不推荐使用。

2. 付费企业邮箱

刚起步的小公司可选择免费的企业邮箱，目前国内专门做企业邮箱的比如腾讯、网易等，腾讯还有免费的企业邮箱。国外企业邮箱可以选择Gmail，比较好用，也是要付费的。用企业邮箱有一个好处，是以公司域名为后缀的邮箱，给人的感觉会更正规，增加可信度，且功能、邮件收发稳定性、安全方面都会更有保障。

外贸邮箱是同国外客户沟通非常重要的工具，不仅要求安全可靠，还要尽量国际化，企业邮箱代表了公司的形象，有条件的话尽量选择付费的邮箱，服务有保障。

3. 写一封广告信

无论是到处撒广告还是挨个推销，都得先准备好一小篇英文的广告信，想找国外客户，当然得用英文。只要说清楚你卖的是啥，你工厂/公司名称、地址与联系方式就可以了。当然，加上几句诸如"可以常年供应""物美价廉"也没什么不好。根据经验，如果强调一下你是中国的工厂/公司，效果会不错。中国货品种多、档次全、价格低，外国人都挺喜欢。以下是一则最简单的广告信：

> **例示**
>
> We are AOT Co., Ltd in China. We supply apple with good quality and low price.（我们是中国的AOT公司，我们卖苹果，质量不错还很便宜。）
> Please contact us to know details.（请与我们联系以了解详情。）
> Contact: Mr.Octopus
> Tel: 86-021-88888888
> Fax: 86-021-66666666
> E-mail: 8@888.com

如果你不喜欢用"特便宜"这个词，觉得跌份儿，就改用文雅些的"竞争性价格"（competitive price），都是一个意思。不过根据经验，还是用"low price"比较吸引人，不过也不要因此就豁出去用"low low price"，外商有可能会很反感。如果你英文还不错，那么就加多些内容，自己掂量着办。如果英文不好又想多加些内容，可以在网上找一些现成的例句。怎么找例句？随便在搜索引擎中输入"外贸英语"，就会看到相关的例句有很多很多，有空慢慢找吧。

那么，是不是广告信越长、越详细就越好呢？不是。咱写广告信的目的是什么？不是参加作文比赛，而是"引鱼上钩"。写得太详细、太直白，客户一懒也就不理睬了。最好是有实有虚，引起客户兴趣，让他联系你来了解详情，他一回复，你就获得了他的电子邮件等联系方式，这就是宝贵的客户资料。就算一次生意做不成，资料在手就可以继续保持联系，将来说不准就有戏。

（二）发布供应信息广告

那么，到什么地方发广告？当然是在生意人聚集的地方发效果会比较好。

生意人在网上聚集的地方叫作贸易平台网站。比如阿里巴巴网站就是一个典型的贸易平台。在这里你可以免费登记你公司的信息（免费会员注册），并且发布供应信息。如果肯花点钱，就可以成为付费注册会员，获得更多的信息和服务。不过，阿里巴巴虽然是国内最好的贸易平台网站，但你也不能守在这里等。类似的贸易平台网站还有很多（图2-4），他们的特点就是存储有大量的供求信息，因此，在搜索引擎中输入"供求信息"，能找到很多同类网站。虽然良莠不齐，但闲着也是闲着，"宁可错杀一千，不可放过一个"。通常这类网站都会提供有限的免费信息发布和公司登记服务，只要是免费的，尽情去发布吧。

图2-4 常见的B2B贸易平台

此外，类似于贸易论坛这样的地方，趁版主不注意也可以去骚扰一下。你看平时老是有人发广告帖子，受尽"网管"欺凌也风雨无阻，为啥？还不是因为有效么！不过一味地发广告帖子也不好，得想办法。做外贸的人脑子得灵呵，比如广告做得委婉一点、优美一点，或者努力博个三星级好设计签名档，反正跟广告信一样，只要留个产品名称和联系邮箱就成。

这样做了一轮之后，可能就会有人来找你了。但你很快会发现，找你的全是国内外贸公司（当然，国内外贸公司也是买主，也要伺候好，但立志做外贸的人，还是得多找外商）。为什么？很简单，这些都是中文网站，外商很少光顾。

看来，还得走出去，到外国的贸易平台网站上打天下。但是，先在这些中文的贸易平台网站上下点儿工夫也很有必要。因为全世界的贸易平台网站，模样都差不多，功能也近似。先在中文网站上，把公司信息登记、供求信息发布等等练熟了，以后到全英文的网站上去就不会犯晕，即使有单词不认识，看格局也能连蒙带猜搞懂七八分。估摸着自己功夫差不离了，就可以出去闯了。

怎么闯呢？老路子，先去找贸易平台网站。"供求信息"在英文中叫作"Trade Lead"，输入搜索引擎一找——哇！太棒了！此外，加上你的产品英文名一起搜索，效果更精确。除了"Trade Lead"以外，"B2B"也很常用，意思是"批发商和批发商谈生意"，不妨用它搜索看看。到了外国贸易平台网站，别露怯，中文网站你咋做，国外网站就咋做，反正不要钱。对了，英文中表示"不要钱"叫作"FREE"，在网上见到"FREE"字样的千万别客气。此外，登记叫作"Join Now"，初次免费登记叫作"Free Registration"，发布供求信息叫作"Post Trade Lead"，注意，如果你要卖东西，就要发布"供应/Supply"，想看买家信息，就找"买/Buying"。

相关链接

20个全球知名B2B外贸平台足够你推广用了

1. 阿里巴巴 Alibaba.com

1999年正式上线，主要针对全球进出口贸易。国内无人不知的外贸平台，随着在美国上市越来越多的欧美买家也经常到阿里巴巴上找供应商。

2. 环球资源网 Globalsources.com

公司主要以全球展会、杂志、光盘，以及网上推广相结合为主，帮助供应商拓展全球市场。优势行业：电子，礼品，五金，家居产品。一家老牌的国际贸易电子商务服务公司，从台湾开始发展，业内备受关注，也得到部分供应商的认同。

3. 敦煌网 DHgate.com

来自世界各地的进口商能以批发价格购买小批量中国商品，包括电子产品、服装、装饰物品和运动配件等。在全球227个国家销售超过3000万种产品。拥有超过 500 万客户，目前是互联网上访问量最高的 2100 个网页之一。

4. 中国制造网 Made-In-China.com

域名较有特色，机械电子行业为主，主要靠展会及地推模式盈利。

5. EC21.com

拥有 43 万的网上产品库，客户群体以韩国、东南亚为主。

6. TradeKey.com

开发专门国际贸易的搜索引擎，注册买家遍及全球 182 个国家。优势行业：皮具，服装，鞋。

7. ECVV.com

国内领先的综合型第三方 B2B 电子商务服务平台，旗下拥有供应链一体的服务平台，且 ECVV 客户群主要是机械行业，以中东市场为主。免费会员也偶尔能获得询盘。

8. GlobalSpec.com

来自美国，是一个很受欢迎的工业部件、机器和相关服务的平台。直接为北美和亚洲市场工作。

9. ThomasNet.com

著名的北美 B2B 网站，每月有近 180 万的买家。托马斯曾被称为"美国制造商的 Thomas 登记册"，为工业和制造业的买卖双方提供了会面和交换商品及服务的途径。

10. BloomBiz.com

作为主要面向欧洲市场的领先 B2B 市场，在比利时、法国、西班牙、意大利、荷兰等地设有办事处，拥有 60 万注册用户，网站上有超过 10 万种产品。

11. Commerce.tw

1995 年中国台湾成立的电子商务网站，连续六年亚太最佳（Best of Asia Pacific）的商业网站，买家分布：中国台湾，美国。

12. 中国香港贸发局官方网站 Hktdc.com

贸发局从展览会、贸发网以及产品杂志 3 个方面全力帮助企业向外推广。每年共出版 14 种杂志，包括电子、玩具、时装、家具、珠宝、礼品等 13 个不同类别，总发行量 200 万册。买家群体集中在欧洲和亚洲地区。

13. 亚洲产品网 Asianproducts.com

源自德国，52年外贸杂志发行积累买家资源，活跃买家45万，欧美占61%，每年近50场国际性展会的宣传。近期韩国、美国买家关注较多。

14. 印度最大的贸易商务网站 Tradeindia.com

创办于1996年，致力于提供各种贸易商务信息，拥有来自全球上万个供应商及采购商的庞大数据库以及每日更新的供求信息。其中包括1264种不同产品目录。买家群体主要集中在美国和东南亚国家。

15. Allproducts.com

创立于1996年，供应商主要来自中国地区，买家以欧美居多，付费为Golden List服务，用户群体：美国，印度，韩国，印度尼西亚。

16. Wholesalecentral.com

美国最大的批发商门户网站，成立于1996年，覆盖全美53个州近300万卖场、大型批发商、贸易商、超市。适用于拓展美国二级市场，发展品牌代理，承接OEM订单。

17. Tejari.com

由阿联酋政府创立，中东地区领先的B2B网站，是阿联酋的独家皇家采购平台，迪拜卫生服务局、迪拜民航局及迪拜道路交通局在内的各大政府机构在对外采购中都将其作为首选采购平台。电子、机械、建材、纺织行业占Tejari网站采购的50%，其他热门行业：农副产品，医疗器械，工艺品，小商品，易耗品，瓷器。

18. 英国工业B2B网站 Applegate.co.uk

涵盖英国和爱尔兰地区，以工业、制造业、科技公司居多。优势行业：化学，电子，工程，橡胶，塑料。

19. 工业B2B网站 Directindustry.com

英语、德语、法语、西班牙语、意大利语5种语言版本。350万访问者每月采购超过4.4万个工业产品。分类详细，25类工业细分产品。浏览者分布：美国，印度，英国，印度尼西亚，德国，南非。

20. 北美专业采购平台 Macraesbluebook.com

始建于1893年，五十万家北美工业公司和超过200万的产品买家地区分布：美国，加拿大，印度，英国，墨西哥。

不过，这样满世界找贸易平台网站比较累。不要紧，在论坛上——比如咱们的阿里论坛，常常会有一些"热心公益事业"的人发布帖子，告诉你国外的贸易网站，挨个去逛逛，呵呵，我们向他们致敬。

（三）客观看待网上广告

现在做外贸，我们可以借助互联网发布广告来推销产品。但是，对待网上广告，应该持一种客观的态度，这样，我们才能用好这种形式。

1. 不要对发广告抱太大期望

发广告产生的效果往往不是很明显。在 10 个贸易平台网站上发广告，一般只有一两个会产生效果，而且通常在发布两三个月以后。由于贸易网站信息更新很快，你最好隔三岔五去逛逛，只要该网站允许，不断重新发布你的信息（只是信息，无须再注册），重新发布的信息，最好内容上能有所更新，哪怕是换换词句。

2. 不要小看发广告的作用

由于互联网上的信息是流动共享的，你在一个地方发布的供求信息，会被不断引用转载。坚持发广告一段时间以后，往往会有惊喜。只要联系方式不变，一两年以后，不知名的客户在不知名的地方见到你的信息而主动找你，一点也不奇怪。

与发广告相比，利用搜索引擎主动搜寻买家信息和联系方式，并且发电子邮件挨个推销，则更直接、更有效。

二、利用搜索引擎直接搜索客户

在 B2B 网站上发布供求信息，属于撒网式的做法。这样做了一段时间以后，你就会发现其效率不高。你的广告常常会淹没在大量的同类产品竞争者的广告之中乏人问津。满天撒网当然不如有针对性地钓鱼。如果能够直接找到你的客户，专门去做促销，成功的概率会大大提高。但是，传统外贸中寻找客户最直接的方法——参加交易会存在很大的局限性，比如广交会一年只有两次，而且门槛很高、费用昂贵，一次参加的费用动辄数万甚至十几万，规模大些的集团企业花费百万以上亦不足为奇，但对于广大小企业而言显然难以企及。

因此，在网上直接找到客户，是日常工作的首选目标，而灵活使用搜索引擎，是制胜的关键。作为搜索引擎的老大，Google 的使用是外贸网商的

"必杀技"。外贸中 Google 最常用的功能是网页搜索和图片搜索，前者可以直接看到相关内容，后者可以通过相关内容的图片，进一步找到相关内容的网站。使用的诀窍则是关键词（Keyword）的选择与组合。中国各种搜索引擎的使用量如图 2-5 所示。常用搜索引擎见表 2-1、表 2-2、表 2-3。

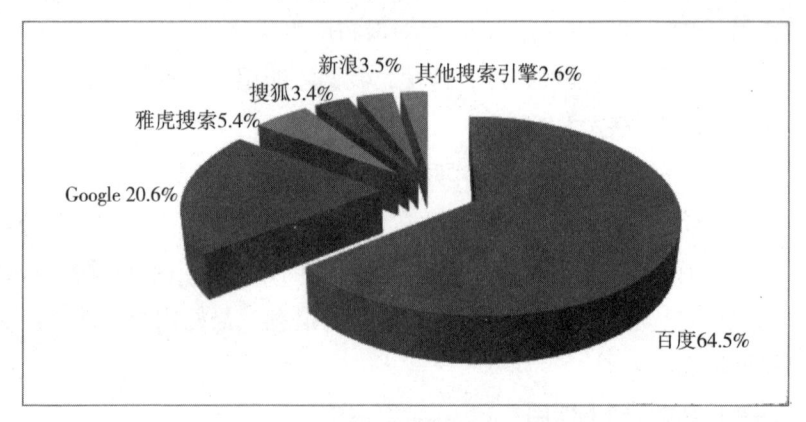

图 2-5　中国各种搜索引擎的使用量

表2-1　常用综合搜索引擎

www.google.com	www.looksmart.com
www.yahoo.com	www.accoona.com
www.bing.com	www.kellysearch.com
www.aol.com	www.webcrawler.com
www.lycos.com	www.buscapique.com
www.altavista.com	www.slider.com
www.excite.com	www.asiaguide.com

表2-2　各国常用本地搜索引擎（一）

欧洲（一）	欧洲（二）	欧洲（三）
奥地利：www.abacho.at	葡萄牙：http://pesquisa.sapoNaN/?barra=directorio	丹麦：http://www.jubii.dk/
www.lycos.at	西班牙：www.hispavista.com	http://www.voila.fr/
法国：www.lycos.fr	http://es.dir.alego.com/	http://www.sol.dk/
德国：www.fireball.de	意大利：http://www.excite.it/	芬兰：http://www.eniro.se/

续表

欧洲（一）	欧洲（二）	欧洲（三）
www.bellnet.de	http://search.tiscali.it/	http://www.02.fi/haku
www.acoon.de	斯洛文尼亚：http://www.najdi.si/	http://www.walhello.com
英国：http://uk.ask.com/	马耳他：http://www.maltanetworkresources.com/	挪威：http://www.sunsteam.com/
http://www.splut.com/	阿尔巴尼亚：http://www.albafind.com/	http://www.search.no/
http://www.abacho.co.uk/	匈牙利：http://www.megaport.hu/	http://www.gogreece.com/
瑞士：http://www.search.ch/	克罗地亚：http://www.ikenya.com/	瑞典：http://www.eniro.se/
http://www.abacho.ch/	马耳他：http://www.maltanetworkresources.com/	俄罗斯：http://www.yandex.ru/
http://www.sharelook.ch/	保加利亚：http://www.gbg.bg/	白俄罗斯：http://www.all.by/
爱尔兰：http://www.niceone.com/	http://www.search.bg/	http://www.akavita.by/
卢森堡：http://www.rtl.lu/home/	摩尔多瓦：http://www.zoznam.sk/	立陶宛：http://www.search.lt/
http://www.luxweb.com/info.html	http://www.atlas.sk/	爱沙尼亚：http://www.neti.ee/
http://www.gogreece.com/	http://www.best.sk/	

表2-3　各国常用本地搜索引擎（二）

美洲	亚洲（一）	亚洲（二）	非洲
美国：http://www.dogpile.com/	韩国：http://kr.altavista.com/	斯里兰卡：http://www.search.lk/	埃及：http://www.egyptsearch.com/
http://www.webcrawler.com/	http://www.naver.com/	印度：http://www.khoj.com/	加纳：http://www.ghanaforum.com/search/search.pl
加拿大：http://www.categories.ca/	日本：http://www.dokoda.com/	马尔代夫：http://www.themaldives.net/	苏丹：http://www.sudaneseonline.com/links/
http://www.canadiancontent.net/	http://www.searchdesk.com/	黎巴嫩：http://search.infospace.com/ispace/ws/index	突尼斯：http://www.marweb.net/tunisia/

续表

美洲	亚洲（一）	亚洲（二）	非洲
http://www.blackseek.com/	http://www.infoseek.co.jp/	塞浦路斯：http://www.kypros.org/	摩洛哥：http://www.marweb.net/morocco/
墨西哥：http://www.mexicoweb.com.mx/	中国香港：http://www.timway.com/	http://www.1stcyprus.com/	南非：http://www.aardvark.co.za/search/
阿根廷：http://www.buscapique.com/	菲律宾：http://www.yehey.com/	沙特：http://www.aiwagulf.com/	http://www.ananzi.co.za/
秘鲁：http://www.peru-info.com/	马来西亚：http://mforum2.cari.com.my/	http://www.saudi-pages.com/	毛里塔尼亚：http://www.marweb.net/mauritania/
乌拉圭：http://www.reduy.com/	http://www.sajasearch.com/	土耳其：http://tr.abacho.com/	http://www.4arabs.com/links/Countries/Mauritania
巴西：http://www.aonde.com/	泰国：http://webindex.sanook.com/	http://www.list2000.com/ing/index.asp	毛里求斯：http://www.servihoo.com/
http://www.aonde.com/	越南：http://www.vietgate.net/	叙利亚：http://www.kacmac.com/	阿尔及利亚：http://www.marweb.com/algerie/
洪都拉斯：http://www.in-honduras.com/	文莱：http://www.kgayer.com/	约旦：http://www.arabianlist.com/	塞内加尔：http://www.seneweb.com/
http://www.caribseek.com/	尼泊尔：http://www.explorenepal.com/	以色列：http://www.iguide.co.il/	

  首先要牢记一点，所谓"关键词"，不是你要达到的"目的"，而是寻找与这个"目的"相关的信息网页。以销售签字笔的外贸为例，你的目的是销售签字笔，可如果你以这个目的"销售签字笔"为关键词，得到的大多数不是求购信息而是跟你一样的销售信息。实际上你需要的是找那些购买签字笔的人，也就是包含求购信息的网页，所以你不能用"销售"而应该反过来以"求购"为关键词，这样才能得到所需信息。现在让我们在Google中尝试输入"求购签字笔"……看，你得到了。"反过来"是搜索引擎使用的重要概念。根据这一思路，当你想搜寻信息的时候，首先应该"反过来"，以信息发布者的角度去考虑你会使用什么词来发布这个消息，这个词才是你关键词的首选。

  明白了这个道理以后，我们就能用以直接寻找客户了。

(一)第一招——关键词法

1. 用法一：选择适当的关键词，直接查找潜在客户发布的求购信息

由于中文词汇丰富，因此选择关键词的时候，不妨用同义词或近义词。此外，涉及到行业的，还要注意英文中的行业术语，以及对这一产品最喜欢的表达方式。比如水果菠萝，一般用 pineapple，但也有不少外国商人喜欢用 ananas。多了解一些相关的行业英文，有助于收集信息。

判断几个同义词中哪一个更受国际喜爱、更为常用有个小窍门，就是分别去 Google 搜索，看哪一个得到的网页（特别是专业网站的网页）数量更多。这不但可以为以后搜索信息作参考，同时也可以成为日后与外商交流时用词的参考。

直接用关键词去寻找供求信息，自然比通过 B2B 网站去寻找得到的信息更多、更专业，也更详细。Google 通过关键词搜索客户小技巧见表2-4。

表2-4　Google搜索客户小技巧

技巧	举例	作用
关键词上加引号	"bag importer"	保障在搜索出来的网页中我们输入的关键词是连接在一起的，这样搜索结果虽然数量上大大降低，但准确性必然大大提高
产品名称+distributor	bag distributor	用来查找分销商信息
产品名称+其他客户类型	bag+buyer,company,wholesaler,retailer,supplier,vendor及复数形式	搜索结果会包含比较丰富的客户信息和其他市场信息，比如行业状况、竞争对手信息和技术资料等
Price+产品名称	Price+bag	搜索结果会包含网上销售产品的零售商和经销商，还有一部分搜索结果是市场报告和谈论产品行情的文章
buy+产品信息	buy bag	能筛选出一些求购信息
bag+著名买家	bag+walmart	这种方法不太能直接找到大买家的名字，但可以帮助我们找到行业市场的情况，并能在相关的网站中找到其他买家的名字

2. 用法二：对B2B网站中获取的信息做"深加工"

B2B 网站里免费看到的求购信息通常没有联系方式，但不少会显示公司名称，以这个公司名称作为关键字去搜索，就有可能找到这个公司的网站，自然就可以获得其联系方式了。甚至，还可以根据求购信息的只言片语去搜索。我们知道，互联网世界的信息是交织沟通的，客户很可能会用同样的信息去不同的地方发布，通过这些"只言片语"，就可能找到其他公布了联系方式的相同信息。

关键词法，可以在一定程度上避开B2B网站对联系方式的限制，让你抓住客户。

（二）第二招——逆向法

在国际贸易商中，无论是批发商还是零售商，他们既需要购买进货，也需要销售出货。这是逆向法的关键。寻找那些在网站上适于你销售的商家，虽然他们没有发布求购信息，但既然他们销售，就肯定需要货源。当然，他们肯定已经有了现成的货源渠道，但并不意味着你没有机会——事实上机会比你想象的要大，因为即使有了货源渠道，多数买家并不介意多寻找合作的供货商，以降低风险，择优比较或讨价还价。更何况，很多产品类别一样而款式不同，你完全可以向他们推荐你的多款产品。显然，寻找这些在自己的网站或其他网站上销售产品的客户，比寻找求购者要容易得多。

唯一的障碍就是这些客户在互联网上公布的，自然多数是客户负责销售的部门联系方式。如何在与客户销售部门电话或电子邮件联系的时候，争取帮助你转到采购部门，这就需要各自为人处世的技巧了。

反过来向销售产品的客户推销，争取成为其货源，这种逆向法成功的机会比想象的要大得多。

（三）第三招——横向法

除了专业性很强的产品，很多产品特别是工艺品和家居日常消费品类，其潜在客户面是相当广的。当我们获知一个客户信息的时候，即使他采购的产品并不是你生产的东西，但只要类别接近，不管是产品功效接近还是材质接近，都不妨一试。比如，向求购木相框的客户推介金属相框，向玻璃杯的买家推销彩绘玻璃碟等。横向地开拓产品外延，争取交易机会。

特别需要注意的是，对于横向法找到的客户，促销方式不宜急切。因客户已有预计的采购项目，急切反而引起反感。最好是比较平和地提供建议和资讯的方式，只做介绍，不急于成交，争取客户主动提出进一步了解的要求，事情就成功一半了。

横向法和逆向法结合使用,有助于扩大寻找买家的范围。

此外,对某些产品,横向法还可以直接用于消费客户。比如销售钥匙扣或文具,除了专业买家以外,还可以横向思维寻找可能的用户。比如大型企业或品牌商家,他们常常会需要一些纪念品或者促销品,类似签字笔、钥匙扣、名片夹等小产品都是很好的选择。而这些消费大户多半不会在互联网上发布什么求购信息。只要你想到了,直接与他们联系,提供一些样品,就有机会。而这些潜在的用户,通常都会在他们的网站上公布详细的分公司以及部门联系方式,便于查找。

(四)第四招——纵向法

纵向法多用于原材料和半成品的销售。即了解你的产品的最终用途或深加工用途,除了专门的原料采购商以外,寻找那些在网上发布了这些下游产品销售信息的商家,与之联系。通常,销售信息比购买信息要容易查找,联系方式等也更开放。

关键词法、逆向法、横向法和纵向法,相辅相成,结合在一起用效果更好。尤其是有机会参加传统交易会,收集了大量名片以后,再通过这几个方法拓展,可以极大地拓展贸易空间。

三、开发信——学会"见人下菜碟"

得到潜在客户的联系方式以后,接下来当然是主动出击,吸引客户,争取贸易机会了。写给客户的第一封信很重要,外贸上称为开发信。

(一)开发信的写法

开发信习惯的格式,首先是说明获得客户联系方式的途径,以免唐突,比如"有幸在广交会上得到您的名片""经同行介绍""在××网站上看到您的求购信息"等等。接下来,简要介绍一下自己的情况,包括公司规模、成立时间(国际贸易商青睐成立时间较久的企业,觉得信用度较高)、产品(特别是主打产品的简介)、对双方合作的诚意以及联系方式等。

需要注意的是,开发信应言之有物,凸显公司与产品的优势,提高吸引力。但也不宜太过详细,长篇大论。须知开发信不是作文比赛,其目的是引起客户的注意和兴趣,促使客户回复并继续联系。因此,有收有放,有所保留,"欲知情况如何请联系详谈"才是上招。

以下是一封开发信的例子：

> **例示**
>
> Dear Mr. Steven Hans,
>
> We get your name and email address from your trade lead on www.tradelead.com that you are in the market for roller pen. We would like to introduce our company and products, hope that we may build business cooperation in the future.
>
> We are factory specializing in the manufacture and export of roller pen for more than six years. We have profuse designs with series quality grade, and expressly, our price is very competitive because we are manufactory, we are the source. You are welcome to visit our website http://www.aaa.com which includes our company profiles, history and something latest designs.
>
> Should any of these items be of interest to you, please let us know. We will be happy to give you details.
>
> As a very active manufactures, we develop new designs nearly every month, If you have interest in it, it's my pleasure to offer news to you regular.
>
> Best regards,
> Dafu Wong
>
>
> （亲爱的史蒂文·汉斯先生：
>
> 我们通过 www.tradelead.com 上的贸易指南知道您的大名与电子信箱，并获悉您正欲采购签字笔。我们很愿意向您介绍我们的公司及产品，并希望将来能与您建立业务合作关系。
>
> 我们是一家专门从事签字笔生产的工厂，出口签字笔已逾六年。我们的产品质量等级齐全、品种繁多。而且坦率地讲，我们的价格极具竞争性，因为我们是生产厂家，是供货来源。欢迎您访问我们的网站 http://www.aaa.com，上面展示了我们公司的形象、历史与最新的产品款式。
>
> 如果您对我们的产品感兴趣，请赐告。我们将很乐意为您提供详情。
>
> 作为一家富有活力的制造商，我们几乎每个月都会开发出新款式，如果您有兴趣，为您定期提供信息将是我的荣幸。
>
> 此致
> 王大福）

请注意这封开发信的写法。作为初次联系的信件，它简洁明了，鲜明地展示了自己的特点：工厂、款式多、价格有竞争力，并暗示客户绕开中间商直接跟厂家合作。因为不知道客户的详情，特别强调有多种品质，这样无论对方是精品路线还是廉价路线，都有洽谈的空间。此外，并没有谈论太深，而是引导客户去访问自己的网站。最后再抛出诱饵，以不断提供新款设计信息为由吸引客户回复，而客户一旦回复，你就极可能确认了应该联系的人——要知道，你原先获得的名称和地址很可能只是个打字员的。这样的开发信，再随附一张展现琳琅满目款式的产品照片，效果会很不错的。

当然，开发信要自己写，而不要抄书或者用网上那种固定的范文。古板雷同的文字只会让客户反感。况且产品种类不同，写法也不一样。如果销售的是工艺品、日用消费品、时尚产品等，语言不妨轻松活泼一些，而如果你卖的是阀门，那么行文还是严谨专业些比较好。此外，开发信不同于 Trade Lead（供求信息），为表示诚意，不宜千篇一律，应该根据客户的规模、国籍不同略作调整，在信件中适合的地方自然地点一下客户的公司名字，暗示这封开发信是专门诚意写给该客户的，而不是草率地广告。这些小技巧虽然不起眼，但颇能给客户以好感。记住，能吸引客户回复的开发信，才是成功的开发信。

开发信，可以用传真的形式，但目前更多采用电子邮件方式。

（二）"电子邮件战"

电子邮件目前是外贸中最基本的联系方式。没有电子邮箱，外贸寸步难行。

如前所述，建议使用企业邮箱，这样不仅安全也比较正规。当然，如果你建立了网站，通常就会同时拥有一个网站下的电子邮箱。这是外贸的首选，因为这样的电子邮箱会以你的网站名字作为后缀名，给人一种正规、有实力的感觉。

利用好电子邮件，令其发挥出远远超过"联系方式"这一简单的功效。首先因为电子邮件通讯成本很低，在市场开发阶段不像传统的电话或传真容易引起客户反感。其次，电子邮件的格式和措辞比较轻松，比古板的公司传真更容易拉近与陌生客户间的距离。适当用一些缩略语或网络常见符号，能轻松气氛，沟通感情。比如用 Hi 代替古板的 Dear，用 ":-)" 表示微笑等。但这一定要在建立联系，通过几次信以后再用，否则容易适得其反。而且，电子邮箱本身也能提供信息。假如你收到一封客户邮件，其邮箱为 a@aa.com，那么，aa.com 可能是某个提供免费电子邮箱服务网站，但更可能是客户自己的网站。如果是后者，直接访问 http://www.aa.com，你就能直接查看客户的背景信息了。反过来，除了 aa.com 这个后缀名之外，国外贸易商很喜欢用 info、buy、sales 等作前缀名，因此，当你看到一个客户的网站 aa.com，上面并没有提供具体联系邮件（只有在线留言这种很不可靠的方式）的话，不妨尝试发邮件给 info@aa.com、buy@aa.com 等，猜中的概率不低——反正电子邮件不花钱，乐于一试。

电子邮件中，最常见的问题就是客户不回信了，开发信发出后犹如石沉大海。如果运气好，有时还能收到"系统退信"的回信。如何应付？

1. 排除技术故障

首先，要排除技术故障，弄清楚是否客户收到了你的邮件。最简单的方法，是在发送邮件的时候，请求阅读回执。在 Outlook 和 Foxmail 软件发送邮件的时候，工具菜单中都有"请求阅读回执"一项。如果收到了客户的回执邮件，说明发送成功，否则就有可能是故障了。此外，如果用的是网站邮箱，不妨给你自己的 Gmail 邮箱发一封信，看看是否能顺利收到，如果还是收不到，最大的可能就是你被反垃圾邮件系统拦截了！

什么样的邮件会被判定为垃圾邮件呢？根据国际电子邮件协会的判定规则：

（1）未经收件人允许的在一段时间内，发送频率过快，内容重复度过高。

（2）对方未订阅但发件人发送附件的。

（3）邮件中含有 SPAM 高频词。

一封邮件，从发送到最后收到，必然要经过以下路径：甲方邮件客户端，甲方邮件服务器，乙方邮件服务器，乙方邮件客户端。其中，如果甲使用的是企业邮箱，那么甲的邮件由企业邮箱服务器发送给乙；如果甲使用的是公共邮箱，如网易，那么甲的邮件由网易邮箱服务器发送给乙。而乙方邮件服务器则会对来信的每一个 IP 的每一个邮件服务器进行评级，过审的邮件才会被投递到乙的邮件客户端，乙才能看到。

因此，我们写开发信时，一定要注意以下几点：

（1）尽量使用企业邮箱。

（2）发信给同一邮件服务器和同一类型邮箱账号的频率不要过高，收件人列表一定要混杂不同邮件服务商，比如 Outlook 跟 Gmail 等混杂到一起，顺序打乱。

（3）别用烂大街的模板。

（4）邮件的主题和内容要尽可能快地切换，在一篇邮件的内容里，同一个关键词也尽量不要重复。

（5）别用附件、别用图片、别带超链接(网址)和联系方式。

（6）别碰违禁词。

（7）内容要简洁明了。

小知识

与销售有关的SPAM高频词

根据国外网络服务商 Godaddy 的统计，与销售有关的 SPAM 高频词通常有：Free, Discount, Opportunity, Win, Winner, Cheap, Deal, Debt, Income, Insurance, Loan, Money, Mortgage, Price, Rate, Profit, Save, Merchant, Stock, Act Now, All New, Call Now, Subscribe Now, Million, Dollars, Opportunity, Compare, Check, Cash, Bonus, Credit, Buy, Direct, Get Paid, Order Now, Specializing, Specialized, Offer, Please Read, Don't Delete, Special Promotion, Satisfaction Guaranteed, You've Been Selected.

"Free"这个词是 SPAM 超高频词！很多人都有误区，看看 Godaddy 怎么评价"Free"这个词的：

Keep the tone light. Avoid selling-language——"Free" is a loser in e-mail marketing.

具体 SPAM 词查询可参考：

http://www.bloomtools.com/articles/spam-trigger-words-toavoid.html

2. 打破无回复僵局

确定邮箱没有技术故障，那么就是客户不愿意回复了，对付这种"无回

复僵局",可分步进行:

首先要排除是因为自己开发信的写法出了问题、存在认识误区或触碰了禁忌的情况。因为客户可能很忙,每天接收的邮件很多,时间很宝贵,往往只会关注自己感兴趣的事。如果不是你的邮件真正能给他带来好处、解决他的实际问题,他没有任何理由必须阅读你的邮件,更不用说回复了。所以这时候技巧就很重要了,是否能抓住稍纵即逝的机会,是否能在客户打开邮箱的第一时间快速吸引其眼球是至关重要的。这里第一关键的问题是如何把主题凝练得精彩巧妙一些,如果能大放异彩更好,从而吸引客户愿意打开一看究竟。因此拟定主题一定要三思而后行,切忌草率行事。另外,行文一定要简洁明了,避免长篇大论。由于每天被互联网海量信息充斥,很少人有足够的时间和耐心去看一篇长文。研究表明,越短的邮件反而响应率越高(图2-6)。好多业务员写开发信都有个通病,总想把什么都放进去,害怕客户不够了解我们,详细介绍公司情况;担心客户联系不上自己,有几个电话就填几个,甚至恨不得把产品创意的产生来源都写上去,这样做的后果就是客户根本没耐心看下去,更谈不上兴趣了。信件内容和主题的目的都是要在最短时间引起客户兴趣,因此必须重点突出。

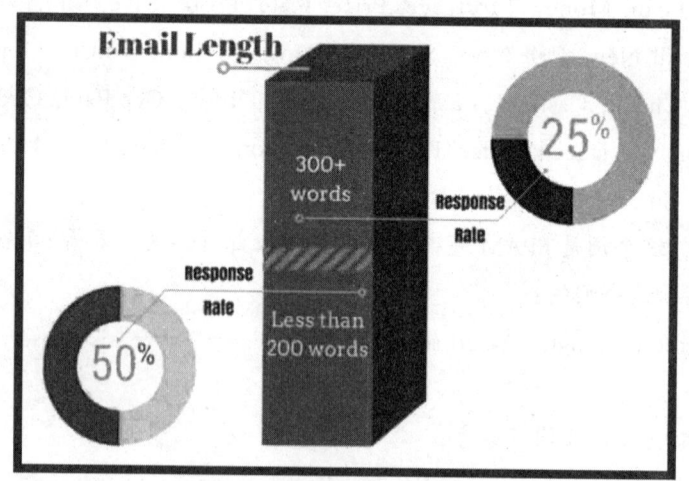

图 2-6 邮件长度与响应率的关系

另外还有很重要的一点,就是开发信的行文方式要符合老外的思维方式和习惯,才能让他们看着不别扭,好理解,愿意读下去。那么,老外眼中怎样才是一封好的开发信呢？请看下面的两个例子。

> **例示**
>
> {CONTACT. FIRSTNAME}
>
> In working with other<<INSERT INDUSTRY OR POSITION>>, one of the key issues they're struggling with is <<INSERT KEY ISSUE>>.
>
> This past year we helped numerous companies to <<INSERT BUSINESS DRIVER>> resulting in <<MONEY SAVED. REVENUE ADDED, PRODUCTIVITY INCREASES>>.
>
> If this is something you're challenged with too, let's set up a quick call. I have some ideas that might help.
>
> All the best,
> {CONTACT. OWNER NAME}

这是一封介绍公司产品的开发信模板。这封开发信简洁有力，张弛有度，潜在客户可以在不到 100 字的内容中迅速看到对自己有价值的东西。

> **例示**
>
> Hello {name},
>
> What would it mean to your top-line revenue if you saw a 70% increase in contact rates, 50% improvement in closes, and 40% increase in quotahitting sales reps ?
>
> Let's find a few minutes to talk about how InsideSales.com is providing these results to our clients.
>
> I'm available tomorrow{insert 2 times you're available}. Can we sync up ?

如果你正在寻找一种方法来挑战潜在客户公司的当前状态，上面这个模板将很有帮助。内容简短充实，CTA（Calls-to-Action，即促使读者进行下一步行动）直截了当，发信人提供不同的时间选择，使这封开发信更有针对性。研究表明，有针对性的 CTA 将会转化更多的潜在客户。由于这种逻辑不符合中国人的思维习惯，所以一般中国人不会这样给客户写开发信。

如果开发信本身没问题，就保持联系，多发几封邮件。但不可太频繁，即便最渴望争取到的客户，密度也不多于每周一封为宜。但注意一定不要重复内容。可以采用"通报企业动态""交流行业信息""介绍新款产品""通告价格调整"等形式，给客户一种"即使暂时不合作，我方也乐意提供行业资讯给您参考"的态度。多数的国际贸易商当然愿意了解更多的行业相关信息，这样做就把多次发邮件引起反感的风险降至最低。当然，这一点要想做好，我们平时就要多去了解行业动态，做个行家，这样才会得到客户的重视和尊敬。

接下来，暂时排除掉"死硬分子"。屡次发邮件不理睬的，可以在邮件中加上一句"如我方邮件打扰了您深表歉意，请回复空白邮件，我们将不再发给您"。如果客户真的回空白信拒绝了，说明暂时无望合作，不必白费力气。只要不拒绝，就仍可继续联系。

以保持接触为目的的邮件，尽量淡化"催促订单"的感觉，突出"信息交流"的意思，态度不温不火，不卑不亢。

联系一段时间以后，客户也许会有所松动，问个价什么的。这时候也不要急，不要显示大喜过望的意思，平常心对待，周到礼貌，详细回应。如果回应后客户继续沉默，就继续保持联系。此时行文就不妨轻松些，逢客户国家的重大节日，也可以发祝贺性的邮件。

3. 适当寻找突破口

假如客户一直没有动静，则不妨刺激一下以寻找突破口，寻找机会给客户报一个超低的成本价。但是，当然不要真的以这个超低价格与客户交易，可以在客户回应以后，解释说这是某批订单的超额生产余量因此低价等。低价的目的仅仅是为了打开僵局，了解客户沉默的真正原因。同时，作为突破的做法，可以直截了当问客户，一直没有回复是否对产品不感兴趣等。

总之，对付沉默客户的原则，一是确保不是技术故障，二是保持无重复内容的联系，三是适当寻找突破口，找出客户沉默的原因。

四、使用社交工具开发客户

在这个社交媒体大行其道的时代，外贸业务员查找、联系客户都变得方便和容易，有的人用社交工具来搜索客户，宣传公司；有的人用社交工具来和客户拉近关系；有的人认为使用工具要有所讲究，不然适得其反。那么，你是怎么利用这些社交工具的？怎么用才能达到最好的效果呢？

如今社交网络的用户群越来越大，这同样是一种可以提高客户信任、促进业务开发的办法。多去维护自己的社交网络，多发表有质量的内容，这样就会吸引越来越多的粉丝。当内容建立了足够的权威性，你还愁没有客户吗？

国外社媒平台很多，如：Facebook、LinkedIn、Twitter、Instagram 等，都可以找到客户。但运用这些平台找客户，不可求快，大量的加好友和发文章是很容易被封号的，要把它当作一个企业的宣传平台＋知识的分享平台去运营，时间久了，不用我们主动去找客户，就有客户来找我们了。所以，一定要坚持下去，不要几天没效果就放弃了。

还有一些在线聊天工具也需要了解，作为外贸人，不能一味地和客户谈生意，也要有一定的沟通关心。WhatsApp 类似于中国的微信，是深受广大用户喜欢的程序，在智能手机中应用，是免费软件，只需要流量和无线网就可以使用。可以随时和客户保持联系，也可以发图片、语音、视频和打电话。Skype 是传统外贸人都在用的一款软件，可以打电话和发语音给外国客户，不过需要购买卡充值。很多外贸业务员都会利用 Skype 打电话给客户，或者在 Skype 上与客户聊天沟通。其实 Skype 的作用还不仅限于此，有不少外贸人还利用它寻找客户。

现在许多国外客户开始用微信了，如中东的，还有非洲、欧洲部分国家的，多次来中国之后，他们也开始加装微信软件聊天了。在客户发的微信上点赞，我们也可以发点英文的微信图片，让客户能看得懂，觉得亲近、亲切就好。如果客户哪一天能对你发的某个图片点个赞，甚至还来个回复，那就是下一次找客户聊天的最宝贵的话题资源了。也可以透过客户所发的微信，了解他们的生活习惯和喜好、他们的近况。更有用的，可以随时发语音、传图片，就像两个朋友一样聊天，既能聊共同的兴趣话题，也能聊工作中的问题。

需要特别注意的是，客户毕竟是客户，生活化的沟通和交流要把握个度，适度就好，轻松没有压力最紧要，毕竟社交工具上的生活化沟通，只能作为非关键性工作灵活处理过程中的润滑剂，而不能当主治药方来用。这一点必须保持头脑清醒才行。

> **小知识**
>
> **外贸人最常用的沟通工具不是邮件，而是它**
>
> 不知外贸人有没有发现，越来越多的海外客户倾向于在WhatsApp上沟通，甚至有些客户几天没回复邮件，可是却可以秒回WhatsApp。
>
> WhatsApp作为国外最盛行的通讯软件，在外国人心中的地位就像国内的微信一样无法撼动。据数据统计网站统计，目前WhatsApp的总用户数已经达到了20亿。这款即时聊天软件的用户，遍及亚欧大陆、南美洲、非洲、东南亚等地区，占据世界版图的半壁江山，它也因此成为我们外贸人打通国际市场的必备软件之一。
>
> WhatsApp的核心是通讯工具，侧重于"免费短信"应用，弱化社交，WhatsApp和手机通讯录深度整合，用户无须注册即可使用，用户的账号就是手机号码，不需要手动添加好友，也不需要对方通过同意，安装后就可以马上给对方发信息，使用起来和传统的手机短信没有什么区别。
>
> 在大多数行业中，提高客户参与度都是一件艰难的事情。然而在WhatsApp上，这件事变得简单很多。因为在WhatsApp上，消息的打开率是98%。也就是说，我们发出的几乎每一条消息，都会被收信人阅读。简单明了的信息互动，有助于在外贸业务员和客户之间建立交流桥梁，获得客户信任。
>
> WhatsApp近年来开始逐渐丰富附加功能，巴西率先开通了WhatsApp支付功能，不仅支持扫码指纹支付，还能够在聊天室直接向好友转账。此外，WhatsApp还开放了广告投放业务，尽管这项业务目前还处于初始阶段，但鉴于WhatsApp在全球范围内的庞大用户数以及在新兴市场的增长态势，广告业务可能会成为WhatsApp乃至于Facebook新的强劲增长点。

第四节　其他寻找客户的途径

当大家正通过常规渠道为争抢客户拼得你死我活的时候，不知你是否想过，可以虚晃一枪，另辟蹊径？没错，除了上面介绍的两种主要的寻找客户的方法之外，还有一些其他的途径，可供我们选择。一定不要不以为然，说不定哪条路就成了你的救命稻草，突破你当下的瓶颈。

一、获取信息，主动出击

外贸行业竞争的激烈程度已经不允许我们再用以前守株待兔式的被动等待询盘的老办法了，我们必须主动出击。俗话说，知己知彼，百战不殆。主动出击前我们必须要了解客户的信息。外贸人要学会尝试各种渠道去寻找和收集目标采购商信息。除了前面我们介绍的参加展会、写开发信等方法外，我们还可以利用企业名录、免费的海关数据、社交网站以及免费的智能客户推荐等。在获取信息后，想尽办法主动与客户联系。

（一）企业名录

企业名录之所以有用，是因为列出的目标客户企业已经按细分市场、规模、地理位置和其他参数进行了区分。此外，许多目录不仅可以为您提供网站，还可以为您提供电话号码和本地地址。寻找企业名录的途径很多，包括目标国（或者全世界）的黄页网站（Yellow Pages）和工商目录（Directory）；政府部门、行业协会、商会网站，例如商务部的世界买家网有40多万进口商的资料，供免费查询。此外还有专业数据库、大使馆经济参赞处的网站、行业报纸杂志以及展会商的网站等等。

相关链接

外贸人如何利用黄页开发客户

黄页（Yellow Pages）问世已经有100多年了，它是根据企业的类别及产品行业分类编写的电话号码簿，几乎每个国家都有这样的黄页，用来登记各行各业的企业信息。很多人认为黄页没有用，只是一个电话号码本。可是大家别忘了，在没有互联网之前，大家做生意，很多情况下都是通过黄页来找客户和开发客户的。黄页就像B2B平台一样，也是有综合型的和专业型的。综合型的黄页一般包括各行各业的信息，比如：学校、饭店、企业等。专业型的黄页一般是针对性比较强的行业，比如：钢材行业、化工行业等。

利用黄页找客户，是外贸人必须掌握的技巧之一。在搜索之前，我们先要研究下自己产品的目标客户群，这样可以更精准地找到客户。目标客户群主要包括：产品的中间商与最终用户。比如：如果你是做汽车配件的，那么你要找的黄页有两类，一种专门是汽车配件相关的行业，另外一种是汽车生产商黄页。大家可以按以下几种方法来开发里面的客户：

1. 电话营销

打电话是最传统，也是效果最直接的好方法，可以按黄页的分类有目的地逐一打电话寻找客户。

2. 邮件营销

从黄页上找到客户以后，我们可以给客户发邮件。

3. 邀请客户参加展会

当我们要去某国参加展会的时候，可以找到当地的黄页，邀请这些客户去参加展会，面对面沟通，成交的概率就会增加很多。

4. 社交网络营销

现如今社交网络流行，很多买家和卖家都在利用社交网络来做生意，所以我们从黄页上找到客户后，一定要找到他们负责人的社交圈，添加他们为好友，如果你经常活跃在你的买家面前，可以提高买家对你的信任度。

在这里，为大家推荐以下三个企业黄页类网站：

➢ HotFrog

HotFrog 是一个在线的企业名录，企业可以免费在上面列出自己的商业信息。HotFrog 目前在 34 个国家都有独立的版本，在 HotFrog 上做宣传，可以增加企业的曝光率，提高询盘数量和成交量。对于做外贸的朋友，HotFrog 是很好的信息来源。

https://www.hotfrog.com/

➢ 邓白氏

邓白氏集团是国际上最著名、历史最悠久的企业资信调查类的信用管理公司，就其规模而言，堪称国际企业征信和信用管理行业的巨人。邓白氏掌握着美国 90% 的中小企业信息。hoovers.com 是邓白氏旗下网站之一。在邓白氏的主站 dnb.com 上也可以通过邓氏编码来查询企业信息。

https://www.dnb.com/products/marketing-sales/dnb-hoovers.html

> BBB

可以搜索到美国、加拿大 BBB 企业，类似中国 AAA 诚信企业认证。

https://www.bbb.org/

（二）海关数据

外贸越来越难做，海关数据被越来越多的企业使用，据了解，有的企业每年投资在海关数据上的费用就有 200 万。你一天累成狗才找到几个潜在客户，可别人用海关数据一个小时就找到了几百个目标客户，这就是为什么别人一直订单不断，而你却没有单子的原因。随着数据市场的竞争越来越激烈，数据的价格已经有所下降，企业可以考虑购买。

如果不想购买的话，可以利用这个网站：https://www.tradesns.com/cn/data/buyer.html 去找一些免费海关数据。透露一下这个网站的几个规则，对你查询免费海关数据很有帮助：

（1）要查询某个产品的海关数据及国外采购商，需要在上方搜索框中输入产品关键词或 HS 编码，然后点查询，即可看到。切忌输入中文产品关键词，不支持中文搜索，要用英文或其他语言关键词搜索。

（2）要查看国外采购商的具体进口数据及联系方式，需要先注册为会员，之后点击"采购商企业名称"即可查看。

（3）注册后，每天都可免费查看一些采购商的海关数据，如联系人信息、进口明细、贸易伙伴信息、起运港等。可以变换产品关键词去搜索，可得到更多免费的数据。

相关链接

各国进出口商名录及数据网站

世界各国海关进出口记录：

https://www.tradesparq.com/

巴拉圭海关进出口商名录：

http://www.cip.org.py/

越南进出口名录：

https://www.customs.gov.vn/default.aspx

拉脱维亚进口商：

http://www.business-baltics.com/latvia

立陶宛进口商：

http://www.business-baltics.com/lithuania

印度海关进出口网站：

https://www.zauba.com/

印度进出口商名录：

https://www.tradeindia.com/

印度进出口商黄页：

https://www.indianyellowpages.com/

英国企业查询网站：

https://www.duedil.com/

美国各州企业名录：

http://www.trueyellow.com/

美国进口商：

http://www.importersinusa.com/

全球进口商查询数据：

https://www.exportersindia.com/foreign-importers/index-a.html

中国商品网数据：

http://ccn.mofcom.gov.cn/

（三）免费的智能客户推荐

学会薅羊毛也是外贸人的必备技能之一。智能客户推荐真的是外贸人的福利，就像名字说的一样，每天给你推荐客户，你输入产品关键词之后，每天早上8点会给你推荐5个有你产品需求的客户，包含客户姓名、国家、官网、邮箱、电话、地址、采购次数、采购金额，以及最近一次采购时间等客户信息，帮助你判断该客户的质量，也利于你后期跟进客户。

出口商在条件允许时，还可以派人出访目标市场的客户，寻找贸易伙伴。这种途径的好处是可以与客户直接沟通，推销我们的商品，但成本较大，通常只有在事前对客户有充分了解和充分准备的情况下才可使用。

二、刊登广告

出口商可以利用新闻媒体获得新顾客。比如可以选择国内外知名的专业杂志、网站或报刊刊登广告，宣传商品，寻找潜在的进口商。

三、第三方推介

出口商可以通过第三方的推荐、介绍，从而与客户建立联系。

1. 通过银行介绍客户

国内外的各大银行，往往与国外的企业联系较紧密，所以通过往来银行介绍客户，是一种不错的选择。

2. 通过国内外的民间机构介绍客户

可以通过国内外的进出口商会、贸易促进机构或友好协会介绍关系，如我国的贸促会也办理介绍客户的业务。

3. 通过使领馆介绍客户

一般讲我驻外使领馆对当地主要厂商的经营范围、能力和资信较为熟悉。因此可以请我驻外使领馆商务处或外国驻华使馆介绍合作对象。

4. 通过国内外的专业咨询公司介绍客户

国内外都有许多专业咨询公司接受委托代办介绍客户，他们的业务关系中有许多具有一定影响、专业经验和能力的各种类型的客户，请他们介绍客户，一般效果较好。

5. 通过老客户寻找新客户

出口企业利用已有老客户的介绍或推荐，来建立新的客户关系，也是一条发展新客户、拓展新业务的捷径。凭借与老客户多年的业务合作基础，出口企业对于老客户所在的市场比较熟悉，产品能够适销对路。如果通过老客户的介绍能够去发展建立新的业务关系，对于新客户而言，会对出口企业有较高的信任度，容易接受；而对出口企业来讲，更是轻车熟路，很快就会得心应手，顺利发展。

6. 找有实力的代理商

找代理商，这个不用多说，相信很好理解。一个有实力的当地代理商，更容易帮你打开当地的市场。比如佣金代理商、存货代理商、提供零部件和服务设施的代理商等。对于经销商客户，只要他的同行有在卖你的产品，他都愿意了解一下。所以，找代理商也是一个很好的外贸市场开发方法。

7. 外贸人脉

人脉的重要性不言而喻,从入行开始就要积累人脉,工厂货代、物流公司、贸易公司等人士都要去结交,他们总会在某个时刻凸显出重要的作用,帮你一把,或给你一个单子。外贸做久了,你就会发现通过朋友介绍过来的单子,成单率很高,因为很容易建立起信任,有了信任成单自然要容易一些。建议大家除了找客户之外,也应该留出一些时间去找人脉。现在有一些专业的贸易人脉网,如易之家贸易人脉社交网,可以利用关键词搜索人脉,不妨一试。

四、合理利用海外仓

海外仓对于一些外贸品类来说,也是一种很好的市场开发手段。如果品类合适,又没有尝试过,推荐试一试。只要自己的产品与当地需求比较匹配,海外仓可以帮助你更快地打开当地市场。

五、在国外设立分支机构

如果出口商具有雄厚实力,也可以在国外设立分支机构如子公司、分公司、驻外办事处等,随时与潜在客户直接洽商交易。因为驻外人员比较了解当地的情况,容易发现新的往来客户,信息资料反馈也比较及时。子公司与分公司的主要区别见表2-5。出口企业应该充分利用这些分支机构来开发新的顾客,为公司争取更多的贸易机会。

表2-5 子公司与分公司的主要区别

项目	子公司	分公司
法人地位	√	×
独立财产	√	×
独立意志	√	×
独立责任	√	×

小贴士

寻找国外客户时应该注意哪些问题

寻找国外客户时,一定要注意如下几点:

(1)切记不要盲目出击,一定要精心准备,有的放矢。应有针对性地去开发市场和客户,事先要对市场做充分调研,准备的产品一定要适销对路。

（2）对新客户一定要有全面正确的认识。为了避免可能的损失，务必要对新客户的资信进行全面了解，只和那些信誉好的客户发展业务。

（3）做外贸，不要害怕打电话，不要怕被人拒绝。业务工作从来都是在拒绝中寻找机会的。

（4）在与新客户的交往过程中，一定要注意有理有节，不卑不亢。不要为了拉客户而不择手段，一味委曲求全。要敢于在谈判中据理力争。国际贸易是一种公平竞争，任何一方不得利用本身的优势地位来强迫另一方接受不平等的条件。

（5）对待新客户一定要有耐心，要用发展的眼光看问题，千万不要急于求成。不要认为客户当前没有采购计划，就放弃联系。不能因为客户开始购买量比较小，就不屑一顾。锲而不舍，稳扎稳打，是比较常见的做法。当然，也不要太过于勤快，不停地给客户发推销信，这样只会适得其反。

当客户对你的产品感兴趣，表示出采购意向以后，外贸前期的道路就铺平了，正式进入技术性工作阶段——一个关于如何完成外贸出口手续、需要极其谨慎细致的阶段。因为在这个阶段里，充满了外贸行业特定的术语和规则，而每一个错误都可能导致惨痛的损失。正如我们经常能在老牌国有外贸企业办公室墙壁上看到的类似标语：外贸无小事，事事要当心。

第三步　商订合同

合同书
Sales Contract

- 品名 Name of Commodity
- 品质 Quality
- 数量 Quantity
- 包装 Packing
- 价格 Price
- 装运 Shipment
- 支付 Terms of Payment
……

买方　　　　　卖方

通过一段时期漫长而艰苦的国际市场开发工作，逐渐就会有感兴趣的客户来询问产品和价格详情，外贸就此进入实质性阶段。外商询问价格，外贸人叫作询价（Inquiry），给客户报出价格，叫作报价（Quote）。众所周知，外贸风险比较大，信用问题至关重要。因此，外贸报价需深思熟虑，谨言慎行，要说话算话，不宜草率变更，否则，交易的效果必然大打折扣，即使勉强成交，又如何让远在千万里外的国际买家放心？国际贸易买卖双方天各一方，虽然有法律，有仲裁，但生意人终归不大愿意动辄打官司，尤其是国际贸易官司成本太高。多数情况下靠的还是各家的信用。不过，话虽如此，在国际贸易的现实中不守信用、毁约赖账的现象也是屡见不鲜的。合同可以说是检验买卖双方信用好坏的"试金石"，是落实买卖双方权利义务的重要法律文件。一份好的合同，不仅有利于双方权利义务的实现，也有助于双方友好关系的维系，而一份差的合同，不仅不利于双方权利义务的实现，更容易产生让人扎心的纠纷。因此，对于合同，买卖双方必须慎重对待，认真签订。

第一节　了解价格构成

出口商：大米每公斤1.60元！

进口商：1.60元是出厂价还是到岸价？在哪国交货？风险啥时转移？谁负责运输、报关……

外贸业务员在与客户进行交易磋商、讨价还价之前首先必须严谨细致、透彻了解外贸价格的构成情况与核算方式。实际上,在真实的外贸交易中,价格最重要,甚至可以说是远远超出质量和服务的最主要因素。因此,如何报价,如何讨价还价,才是外贸制胜的关键。

一、基本价格构成

外贸货物的价格,有独特的计价方式。在实践中,外贸交易绝大多数是通过海洋运输方式进行的。由于中间环节多,费用也相应地杂乱繁多。除了货款以外,还有运杂费、海关申报(简称报关)费用、商品检验费用、码头装卸杂费等,并且这些费用在与不同国家交易时还都不一样,再考虑到国际贸易中间商,他们很可能从 A 国采购货物,运到 B 国港口,再卖到 C 国,这就更为麻烦,很难用普通贸易的方式去计算价格了。

(一)出口费用构成

具体说来,产品从工厂出厂到通过集装箱远洋运输,直至最终交到国外客户指定的外国海港码头或某个地点,其间可能产生下列几种甚至全部费用:

(1)产品的出厂价格。

(2)申报出入境检验检疫部门检验以及出具品质证明的费用(商检费)。

(3)申报中国海关出口的费用(出口报关费)。

(4)租用集装箱装货并运到中国海港码头的费用以及在中国码头产生的各项杂费。

(5)用远洋货轮运至外国海港码头的运费(海运费)。

(6)办理国际货物运输保险的保险费。

(7)集装箱在外国海港码头卸货及其他码头上收取的杂费。

(8)申报外国海关进口的费用(进口报关费),有时候还需要缴纳进口关税。

(9)货物从外国海港码头运至客户指定地点的费用。

上述各项费用其实主要分三大部分:首先是货物运至国内海港码头出口前的手续费用,即上述(1)—(4);其次是货物运至外国码头的手续费用,即(5)—(6);最后是货物交到客户手中前的手续费用,即(7)—(9)。此外,因为货款的收取需要经过银行,银行也会收取一定的经办手续费。出口费用主要构成情况如图 3-1 所示。

卖方　　中国码头　　　　　　　外国码头　　买方

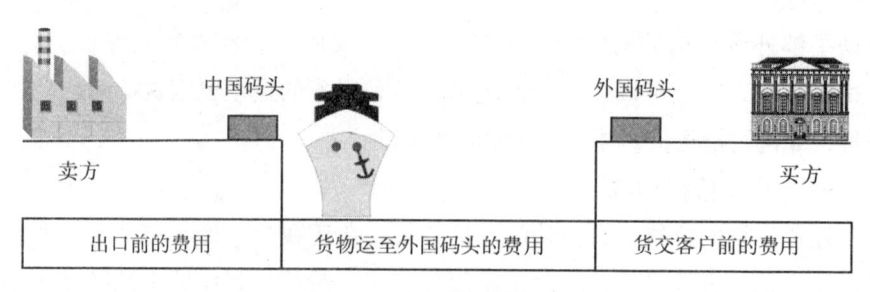

| 出口前的费用 | 货物运至外国码头的费用 | 货交客户前的费用 |

图 3-1　出口费用的构成

通过对上述费用构成的分析，我们可以将海港码头作为划分费用的基准点。这样做还有个好处，就是便于区分责任。比如，以中国码头为基准点的话，我们就承担到第（4）点，负责完好地将货物运到中国码头并商检报关，其他事情由客户自己负责，货物如果在远洋运输中有损坏，客户自己找海运公司和保险公司索赔。如果以外国码头为基准点，则我们除承担到第（6）点外，还须负责将货物完好送抵外国码头。

绝大多数的企业就到此为止，只有少数是要求我们做第（9）点的，毕竟客户作为本地人熟悉当地情况，操作（7）—（9）点比我们要方便，费用也划算。但由于目前国际贸易早已渗透到世界各个角落，一些不熟悉外贸或出于某种原因不便操作或希望省点事直接在"自己家门口"收货的外国买家，往往也会提出让我们全套包办的要求。

（二）几种常用的价格术语

依据"海港码头作为基准点"的原则，产生了国际贸易特有的计价方式和价格术语（Price Terms）。价格术语，也叫贸易术语（Trade Terms），它用三个英文字母表示，例如 FOB（即 Free On Board 三个单词的首字母），用来说明价格的构成及买卖双方的有关费用、风险和责任的划分，以明确买卖双方在交、接货过程中应尽的义务。价格术语相应地有特别的表达方式，格式为"货币单位+金额+术语+港口名称"，如 USD50.00 FOB Ningbo 意思是"单价为 50 美元，在宁波港口船上交货"；又如 USD90.00 CIF New York，即"单价为 90 美元，目的港为纽约，已办理运输和保险"。

例示

US$280.00 per M/T　FOB　（贸易术语）Shanghai

表达式中，港口名称很重要，而且应具体，如果是 FOB CHINA PORT（中国港口交货）就不正确，因为中国地域广阔，不同的港口交货对于内陆运费差异很大。实际操作中也有泛指的，如 CIF EMP（Europe Main Port，欧洲基本港）。欧洲基本港是外贸的术语，指欧洲几个著名的大型港口如鹿特丹、汉堡等。因为从中国到这几大港口运杂费差不多，为便于报价和客户就近选择，也有这样表述价格的，即"欧洲基本港交货，保险已办理"。不过这样毕竟不是很明确，不建议随意使用。

根据国际商会关于贸易术语最新版的国际惯例 INCOTERMS®2020，即《2020 通则》，共有 11 种贸易术语，具体情况参见表 3-1 与图 3-2、图 3-3。

表3-1　11种贸易术语对比

贸易术语	交货地点	风险转移界限	出口报关责任	进口报关责任、费用负担	适合运输方式
EXW	货物产地或所在地	买方处置货物时	买方	买方	任何方式
FCA	出口国内地或港口	承运人处置货物后	卖方	买方	任何方式
FAS	装运港口	装运港船边为界	卖方	买方	水上运输
FOB	装运港口	装运港船上为界	卖方	买方	水上运输
CFR	装运港口	装运港船上为界	卖方	买方	水上运输
CIF	装运港口	装运港船上为界	卖方	买方	水上运输
CPT	出口国内地或港口	承运人处置货物后	卖方	买方	任何方式
CIP	出口国内地或港口	承运人处置货物后	卖方	买方	任何方式
DAP	进口国目的地	买方在指定地点收货后	卖方	买方	任何方式
DPU	目的港或目的地任何地方	买方在指定地点收货后	卖方	买方	任何方式
DDP	进口国目的地	买方在指定地点收货后	卖方	卖方	任何方式

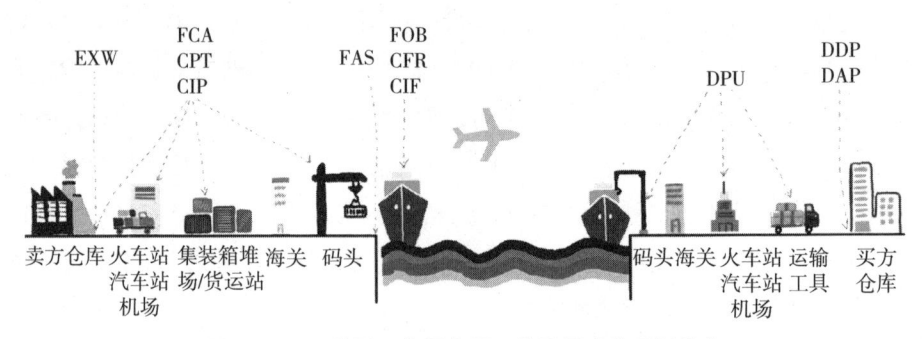

图 3-2　11 种国际贸易术语一览及风险费用划分点

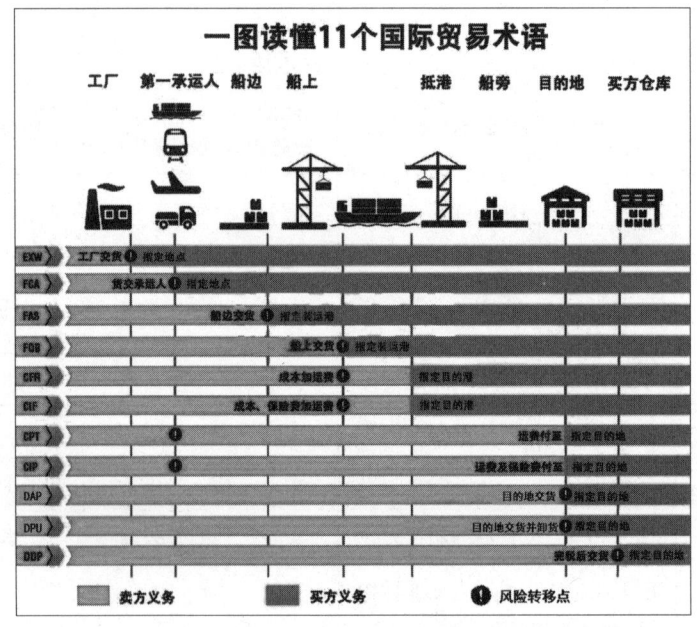

图 3-3　一图读懂 11 个国际贸易术语

小知识

何为 INCOTERMS

INCOTERMS 是《国际贸易术语解释通则》的英文缩写。它是国际商会为了统一对贸易术语的解释制定的国际惯例。最新版本为 INCOTERMS® 2020。在各种相关惯例中，它的使用范围最广，在世界范围内的影响越来越大。它包含 11 种术语，按不同类别分为 E、F、C、D 四个组。E 组包括 EXW 一种术语，是在商品产地交货的贸易术语。F 组包含 FCA、FAS 和 FOB 三种术语，按这些术语成交，卖方须将货物交给买方指定的承运人，从交货地至目的地的运费由买方负担。C 组包括 CFR、CIF、CPT、CIP 四种术语，采用这些术语时，卖方要订立运输合同，但不承担从装运地启运后所发生的货物损坏或灭失的风险及额外费用。D 组包括 DAP、DPU 和 DDP 三种术语，按照这些术语成交，卖方必须承担将货物运往进口国指定交货地点的一切风险、责任和费用。

以上 11 种贸易术语中，最为常见的就是以出口地港口（Loading Port）为基准点的三种贸易术语，即 FOB、CFR 与 CIF。另外，随着集装箱运输和多式联运方式发展，只适用于水上运输的上述三种贸易术语已经不能完全适应形势的发展变化，所以，另外三种适合各种运输方式的术语也日益得到普遍的使用，这三种术语就是与 FOB、CFR 和 CIF 相对应的 FCA、CPT 和 CIP。

案例

对FOB贸易术语的困惑

我国某公司收到美国商人的询价电报，内容：请速报桐油 FOB Atlanta（亚特兰大）价。我方对此疑惑不解。因为根据 INCOTERMS®2020，一般来说，FOB 术语后面应为出口国装运港，说明美商意在向我方出售桐油，并在亚特兰大装运。但是，美国通常为桐油的进口国，而中国则恰恰相反，此电文违反常理。另外，根据 INCOTERMS®2020，FOB 只适用于水上运输，而亚特兰大却是一个内陆城市，并非港口。

经过与美方的进一步沟通，终于搞清了对方意图。原来对方希望从我方购进桐油，要求我方报出售价格。而对方使用的 FOB 是美国《1941 年对外贸易定义修订本》中 FOB 六种情况中的一种，即在进口国指定内陆地点交货。如按此术语成交，我方应将桐油运到美国亚特兰大，才能完成其义务。

1. FOB(Free on Board)

FOB 是在出口国装运港的船上交货,比如约定在上海港口交货,就叫作 FOB SHANGHAI。在这种方式下,当货物在指定的装运港装至买方派来的船上,卖方即完成了交货义务(当然还得办理出口清关手续)。买卖双方之间以船上为界分担风险,即卖方承担货物交至船上前的风险,而买方承担货物交至船上后的风险。从费用构成上看,除了货物本身的价值以外,还要加上把货物从内陆运到装运港比如上海码头的运费、报关出口手续费以及上海码头上产生的杂费,才是总的成本价格。FOB 价格是最基本的价格。用简便公式表示,即:FOB = 货价 + 国内运杂费。更准确地说,FOB 计价方式的基准点是出口地港口的船上。货物运抵码头后,需吊装至船上,FOB 即以装运港船上为精确分界点。也就是说,货物装至船上之前的所有费用,就是 FOB 计价方式所包含的费用。反过来相对于买方而言,这个价格就是在"国外港口"的交货价,故根据英文"Offshore"又译作"离岸价格"。FOB 术语的含义如图 3-4 所示。

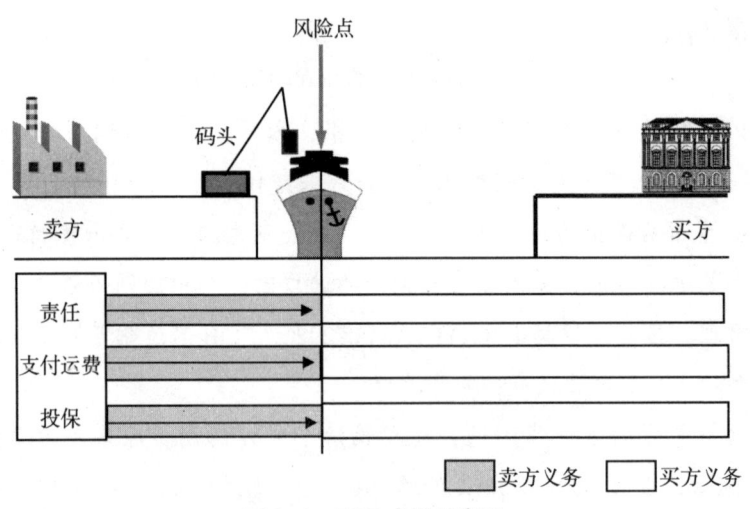

图 3-4 FOB 术语示意图

小贴士

美国对FOB术语的不同解释

《1941 年美国对外贸易定义修订本》将 FOB 概括为六种,其中前三种是在出口国内陆指定地点的内陆运输工具上交货，第四种是在出口地点的内陆运输工具上交货，第五种是在装运港船上交货，第六种是在进口国指定内陆地点交货。上述第四种和第五种在使用时应加以注意。因为这两种术语在交货地点上有可能相同，如都是在旧金山交货，如果买方要求在装运港口的船上交货，则应在FOB和港名之间加上"Vessel"字样，变成"FOB Vessel San Francisco。"否则，卖方有可能按第四种情况在旧金山市的内陆运输工具上交货。另外，关于办理出口手续问题上也存在分歧。按照《2020通则》的解释，FOB条件下，卖方义务之（2）是"自负风险及费用，取得出口许可证或其他官方批准证件，并办理货物出口所必需的一切海关手续"。但是，按照《1941年美国对外贸易定义修订本》的解释，卖方只是"在买方请求并由其负担费用的情况下，协助买方取得由原产地及/或装运地国家签发的，为货物出口或在目的地进口所需的各种证件"。

鉴于上述情况，在同美国、加拿大等国家从事的进出口业务中，采用FOB成交时，应对有关问题在合同中具体订明，以免因解释上的分歧而引起争议。

2. CFR（Cost and Freight）

CFR，即成本（离岸价格）加运费（图3-5）。与FOB不同的是，卖方还要负责安排从出口国到进口国的运输，并支付相应的运费，这也是两者唯一的区别。从价格构成来看，在这种方式下，除了FOB价格之外，还要加上货物运到国外目的港的运杂费。如果用简便公式表示这两种术语的关系，那就是：CFR = FOB + F（远洋运费）。不过，CFR与FOB尽管费用构成不同，但都属于"装运合同"，也就是卖方都是在出口国的装运港完成交货义务，而且风险划分也是以装运港船上为界。需要注意的是，与"FOB"后面所跟港口为装运港不同，"CFR"后面所跟港口名称为目的港名称。比如，如货物从上海运往美国纽约港口，就叫作CFR New York。

风险点

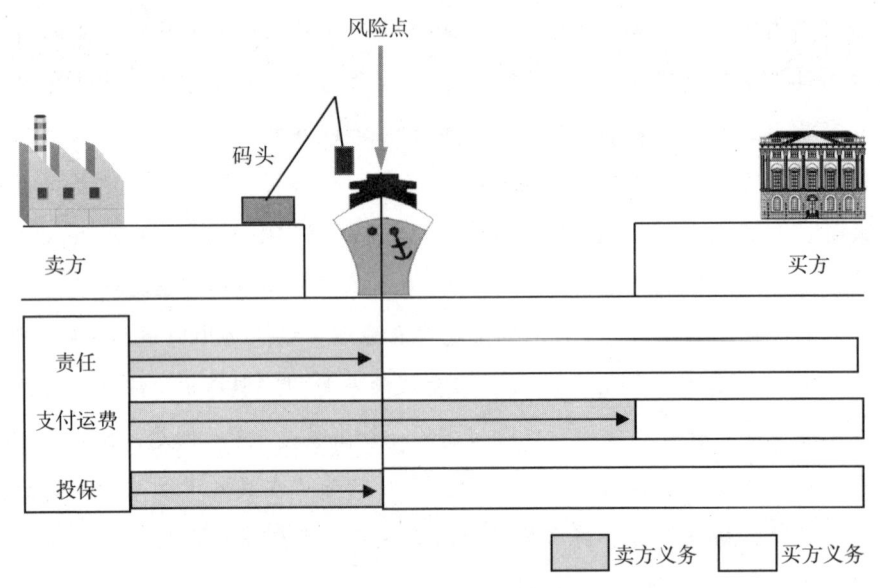

码头

卖方　　　　　　　　　买方

责任

支付运费

投保

□ 卖方义务　　□ 买方义务

图3-5　CFR术语示意图

小贴士

CFR术语下的装船通知

按照CFR术语成交，卖方负责安排运输，但运输保险则由买方来办理，这就使卖方在装船后及时向买方发出装船通知成为一项至关重要的重大责任。因为办理运输保险，就是针对运输过程中可能出现的风险和损失，而一旦因卖方未及时通知而导致买方不能及时投保，那么卖方就必须要承担因此而产生的全部损失。

3. CIF（Cost, Insurance and Freight）

CIF，即成本、保险费加运费（图3-6）。CFR（Cost and Freight）再增加一个保险费Insurance就变成了CIF（Cost, Insurance and Freight）。与CFR不同的是，卖方除了要安排运输外，还要负责办理从出口国到进口国的投保手续，并支付相应的保险费，这也是两者唯一的区别。从价格构成来看，在这种方式下，除了CFR价格之外，还要加上货物运到国外目的港的保险费。可以用简便公式表示以上三种术语的关系，那就是：CIF = CFR + I（保险费）= FOB+F+I。同样，与FOB、CFR术语一样，CIF也属于"装运合同"，即卖方在出口国的装运港完成交货义务，而且风险划分也是以装运港船上为界。另外，"CIF"后面所跟港口名称同 CFR 一样也为目的港名称。比如，如货物运往美国纽约港口，就叫作 CIF New York。

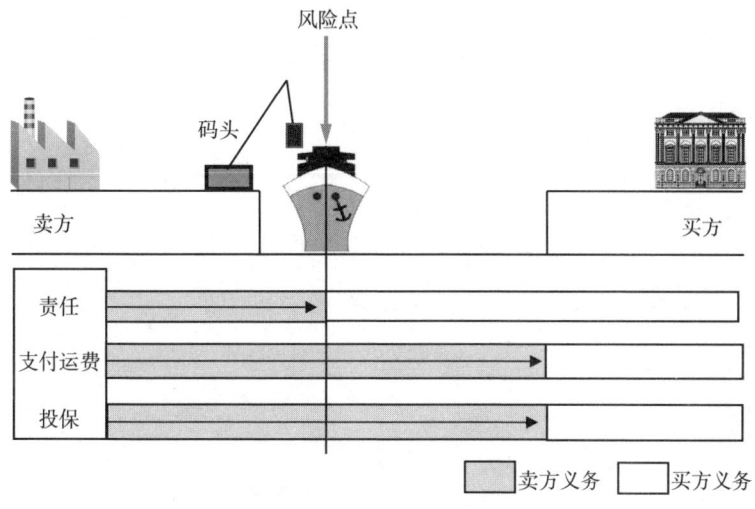

图 3-6　CIF 术语示意图

小贴士

CIF 是"到岸价"吗

有人误称 CIF 为"到岸价"，这是单纯从价格构成来考虑的，因为按 CIF 条件成交，卖方要承担从装运港到目的港的运费和保险费。但由于 CIF 属于装运港交货，风险已在装运港货物置于船上时转移，运输途中的风险由买方承担。卖方并不保证把货送到目的口岸，因而称其为"到岸价"不妥。从这个意义上讲，在采用海运方式的情况下，DAP（Delivered at Place）才是名副其实的到岸价。因为卖方要负责将货物安全运达目的港，在船上将货物实际交给买方才算完成交货。卖方不仅要负责正常的运费、保险费，还要负责诸如转船、绕航等产生的额外费用。以及根据需要加保各种特殊附加险而支付的保险费。由此可见，DAP 与 CIF 在交货地点、风险划分界限、责任和费用的负担等问题上都有区别。

以上三种术语的区别主要在于价格构成不同，FOB 是成本价，CFR 是成本加运费，CIF是成本加运费和保险费。但这三种术语在风险的转移上都以装运港船上为界，即货物一旦置于装运港船上，风险即由卖方转移给买方。而且它们都属于不同于实际交货（Physical Delivery）的"象征性交货"（Symbolic Delivery），即卖方凭单交货，买方凭单付款，也就是卖方只要在出口国装运港约定地点完成装运，并向买方提交合同约定的提单等有关单证，就算完成了交货义务，无须保证到货。当然，如果卖方所交货物不符合合同要求，买方即使已经付款，仍然可根据合同向卖方索赔。FOB、CFR、CIF异同见表3-2。

表3-2　FOB、CFR、CIF的异同

相同点	交货性质——象征性交货						
	运输方式——水上运输						
	交货地点——装运港						
	风险转移——装运港船上						
	出口手续——卖方						
不同点	后跟地点		运输责任		保险责任		价格构成
	FOB	装运港	FOB	买方	FOB CFR	买方	FOB	成本价
	CFR CIF	目的港	CFR CIF	卖方	CIF	卖方	CFR	成本加运费
							CIF	成本加运费、保险费

为便于大家理解不同贸易术语的风险责任划分，教科书上常有这么个幽默案例：出口港码头在吊装货物的时候，不慎吊钩松脱导致货物碰撞落海。码头固然有责任，但谁该背这个黑锅去跟码头扯皮？答案取决于贸易术语，以及货物落海的刹那间是否已经越船舷。如果是FOB，且已经过舷，则买方自认倒霉；否则由卖方来买单。

4. FCA、CPT与CIP

若采用水上运输之外的其他运输方式，常用的贸易术语还有FCA（Free Carrier），即货交承运人；CPT（Carriage Paid to），即运费付至；CIP（Carriage and Insurance Paid to），即运费、保险费付至三种。这三种术语后面所跟地点都是"指定地点"，一般为内陆的铁路终点站、启运机场、货运站、集装箱堆场、多用途货运终点站或类似的收货点等等。它们对买卖双方义务的界定分别对应于 FOB、CFR、CIF。其风险转移均以货交承运人为界。从价格构成角度来看，FCA 是成本价，CPT 是成本加运费（=FCA+F），CIP 是成本加保险费和运费（=CPT+I=FCA+F+I）。FCA、CPT、CIP 与 FOB、CFR、CIF 的比较及对应关系具体见表 3-3 与图 3-7。

案例

某印度客户在 FCA Guangzhou Airport 术语下，向我某手机商订购了一批手机，卖方如期将货物交至广州白云机场，由航空公司收货并出具航空运单，卖方通知买方付款，但此时手机市场价格下跌，买方说自己还没有正式收货，叫卖方将货收回，拒绝付款，双方因此僵持不下。请问印度买方的说法是否合理？

分析提示：不合理。因为在 FCA 术语下，货交承运人后，卖方已完成交货义务。

表3-3　FOB、CFR、CIF与FCA、CPT、CIP的比较

相同点	FCA　CPT　CIP	FOB　CFR　CIF
象征性交货	都属象征性交货，相应的买卖合同为装运合同	
报关手续	均由出口方负责出口报关，进口方负责进口报关	
运输、保险责任	相互对应。即FCA和FOB一样，由买方办理运输，CPT和CFR一样，由卖方办理运输，CIF和CIP一样，由卖方办理运输和保险。	
不同点	FCA　CPT　CIP	FOB　CFR　CIF
适应范围不同	各种运输方式及各式联运	海运
风险转移不同	货交承运人	装运港船上
交货地点不同	多为内陆城市	装运港
责任范围不同	加大了承运人及保险公司的责任	交到船上
手续费用不同	含内陆运输费用	不含内陆运输费用

以上六种价格术语，是目前最为常用的术语。此外，偶尔也有要求我们"全包"的客户。相应产生了更多价格术语如 DDP（Delivered Duty Paid），完税后交货，即我们负责把货物运到客户所在地，并包办客户进口报关和缴纳进口关税。但是，前述六种术语尤其是 FOB、CFR、CIF 仍然是最常用的术语，其他术语不过是加额外费用后的变形和延伸。如果想了解更多关于贸易

术语的内容，可以参阅本书附录 3：2020 国际贸易术语详解。

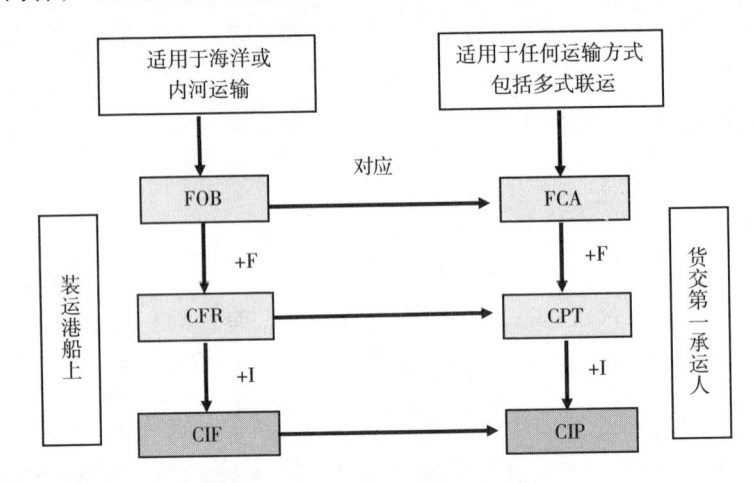

图 3-7　常用贸易术语关系图

此外还有一个外贸的特别术语——佣金 Commission。国际贸易商人中有不少是公开的掮客，替他的客户采购产品并以明示或暗中约定的方式抽取佣金。明示佣金的叫作明佣，做法是在价格中以缩写 C 加上数字显示佣金比例，例如 CFR New York C3 USD9.00/CTN 意即 9 美元／箱，纽约港口交货，不含保险，价格中包含 3% 的佣金。这样一来，中间商就可以凭此价格向最终买家索取 3% 的佣金。如果是暗佣，则不在价格中显示，而是交易结束后由出口商按照约定另行支付。

二、价格核算

国际贸易中一般以美元（简写为 USD）作为结算货币，价格自然也应该是美元价格，那么，一个出厂价格为 113 人民币含税价的产品，是如何折算成 FOB 和 CIF 美元价的呢？显然，计算不同价格术语条件下的出口人民币总成本，再按照人民币与美元的兑换比例（汇率）折算成美元，加上你的预期利润，就是美元价格了。但是，出口人民币总成本，除了上面出口费用构成中提到的（1）—（9）项费用以外，还必须考虑到外贸的特别之处：退税。

退税是外贸业务中的重要概念，也是目前外贸利润的主要来源。为便于管理，国家假定所有产品均为国内流通与消费，因此普遍征收增值税。正规情况下，国内采购或出口前的价格均为含税价，即已经缴纳了增值税的价格。而产品用于出口的话，这部分税就不再征收了，已经征收的可以按照程序部分或全部退返给出口商。按照目前的国家规定，根据产品的不同，出口退税率分为5档，即13%、10%、9%、6%、0%。具体产品对应的退税率可到国家税务局总局的官方网站上去查询（http://www.chinatax.gov.cn/tsl.jsp）。考虑到多数传统产品国际贸易的利润率也不过10%以内，退税能带来的成本抵扣实在太重要了。很多时候为了竞争，商品出口价格都很低，退税反倒变成了利润的来源（当然，这种说法并不严谨，只是业务员便于理解的算法。而从财务角度上看，抵扣了退税的成本才是真正的出口成本。关于退税在本书"第八步"中还会详细介绍）。

让我们以"出厂价格为113元人民币含税价的产品"来实际核算一下。

所谓"退税"，主要是指退"增值税"。当我们以113元含税价从国内采购货源时，113元价格就包括了生产厂家代缴的增值税13元（假设该商品的增值税率为13%），同时，国内供货厂家会开具相应的增值税发票，发票上注明了销售价格100元，以及税金13元。那么，当我们把这个商品出口以后，税务局会按照规定的退税率——这里假设该商品的退税率为9%，以购进成本100元为基数折算退税款退返给我们，也就是9元。这样一来，从业务员的角度上看，实际上我们的购货成本就不是113元，而只有113-9=104（元）。换句话说，113元买进的东西，104元卖出去，仍可平本。我们就以这个104元作为保本价来计算，假设客户打算购买1000个产品并运往荷兰鹿特丹码头，假设人民币与美元汇率为1：6.5，相关费用构成为：

（1）出口1000个产品，这时抵扣退税后的保本价为104000元人民币，折合USD16000.00。

（2）商检、报关、集装箱装货、码头杂费共计2000元人民币，折合USD250.00。

（3）海运费1500美元。

（4）保险费250元人民币，折合USD31.25。

则保本价简易算法为：

FOB=出口成本+杂费=USD16000.00+USD250=USD16250

均摊到单价即为USD16.25/个。

CFR=FOB+海运费=USD16250+USD1500=USD17750

均摊到单价为USD17.75/个。

CIF=CFR+ 保险费 =USD17750+USD31.25=USD17781.25

均摊到单价即 USD17.78/ 个。

以上是外贸公司出口退税和计价方法的简易理解。

对于自己生产自己出口的工厂来说，退税的方法略有不同，因为产品是自己的，没必要自己给自己开增值税发票，为便于操作，国家规定了自营进出口工厂退税的"免抵扣"制度，即针对工厂的免销项税、抵进项税和退进项税。销项税，指100元产品如果卖给国内公司的话应缴纳的13元增值税，因为是自己直接出口，这一项就免了。进项税指工厂在采购原料和人工等支出方面已经缴纳的增值税，按规定可在销项税中扣除的，现在因为销项税免了，无从扣减，于是就从其他非出口业务中的销项税中抵扣。如果还是没有销项税可扣的，税务局直接退返。假设进项税平摊到单个产品上是8元，无从扣减，则工厂出口实际成本就是100元 –8元 =92元。其他FOB、CFR和CIF算法同上。

工厂的计价，通常可由会计协助核算，而对于外贸公司的业务员或个人代理/挂靠外贸而言，更多时候需要自己去计算。为简化操作，行业内通常会采用一个相对简单的换算公式，直接从国内采购进来的人民币换算出美元价，叫作"换汇成本速算法"。注意，这个"换汇成本速算法"仅适用于贸易公司或个人。公式为：

保本报价 = 工厂收购价 / 保本换汇成本

保本换汇成本 = 汇率 × （1+ 退税率）

这个公式的目的是算出在保本情况下，应该报多少美元价格。显然，这个价格就是我们讨价还价的底线，超过部分才是我们的利润。

如何理解这个公式呢？本来，假设目前汇率为1:6.5，即6.5元人民币可以换到1美元。也就是说，从国外客户那里收取1美元，我们就可以换到6.5元人民币。假如不考虑退税就简单多了，直接用此汇率在人民币价格和美元价格间折算即可。但因为有出口退税的存在，实际上我们出口1美元的货物，得到的不止6.5元人民币：假如我们从工厂购进产品的不含税价格是6.5元，原价卖出去，如退税率是9%，则可得退税6.5×9%=0.585，也就是说，出口1美元的货物，我们得到了6.5+0.585=7.085（元人民币）。出于便于计算的考虑，我们不妨将其理解为，当我们用7.085元人民币去换1美元的时候，我们不亏不赚。这样一来就简单多了，比如从工厂收购100元人民币的东西该卖多少美元？100/7.085=14.11（美元）。14.11美元就是保本线。而据以折算的7.085就是所谓的保本换汇率成本。

这个公式的好处在于，多数外贸商主要经营同一类产品，而同类产品的退税率都一样，也比较稳定。因此保本换汇成本也大致相当，这样就不用每次都计算复杂的退税了，直接用保本换汇成本来折算即可。但要注意，公式只是理论上的简化操作，实务中别忘了在实际工厂收购价的基础上加上各项运杂费。运杂费不起眼，但稍不留心就会超出预算，影响你最终的实际利润。

除了上述基本价格构成以外，在实际操作中还要特别注意一些隐性的成本。

三、重视隐性成本

一些看似不起眼的隐性成本，如果在核算价格的时候忽视了，会造成不小的损失，尤其是那些交易量比较小或利润微薄的业务，稍不留心就有可能从盈利变成亏损。

这些隐性成本首先是银行费用。从国外汇进的款项，国外银行和国内银行会从中扣除手续费。也就是说，国外客户虽然给你汇了1000美元，可到你手里就很可能变成950美元了。假如你预期的利润是3%即30美元，光是银行手续费一项就让利润泡汤了。因此，为避免类似情况，国外客户汇款应让客户自己承担国外银行手续费，否则就要把这笔费用预计在成本中。信用证操作的银行手续费更高，有时在正常运作状态也可以达到几百美元。

此外，最常见的预算外费用就是码头操作。码头杂费名目繁多，该由发货人还是收货人承担则模棱两可。FOB条件下，由进口方负责订舱，CFR和CIF条件下则由出口商负责订舱。接受订舱的货运公司，出于揽生意的考虑，往往只对订舱人负责，把费用转嫁到另一方。对于我们出口方而言，在操作FOB的时候，如果是初次合作的货运公司，有必要事先核对一下相关费用。如果发现费用分担明显不公，则与国外客户联系协商要求调整。

相关链接

外贸类工具网站

FOB价格计算器：

https://bbs.fobshanghai.com/fobprice.htm?btwaf=96833353

CIF 价格计算器：

http://www.easiertrade.com/public/cif.html?_=1487894720000

海关原产地证真伪查询：

http://origin.customs.gov.cn/

出口退税查询：

http://hd.chinatax.gov.cn/nszx/InitChukou.html

世界原油价格预测：

http://www.oil-price.net/index.php?lang=zh

汇率转换查询：

https://themoneyconverter.com/

每日外汇牌价：

https://www.boc.cn/sourcedb/whpj/

世界各国货币名称：

https://dwz.cn/Fq5AgOQL

各国商品反倾销查询：

http://cacs.mofcom.gov.cn/cacscms/view/searchList

贸促会原产地证真伪查询：

http://check.ccpiteco.net/

进制转换查询：

https://tool.oschina.net/hexconvert/

英文缩写查询：

https://www.acronymfinder.com/

PDF 免费在线转换：

https://smallpdf.com/

邮箱地址真假验证：

https://verify-email.org/

检测邮件是否为竞争对手所发：

https://whatismyipaddress.com/trace-email

各国节假日查询：

https://www.timeanddate.com/calendar

通关状态查询：

http://www.customs.gov.cn/customs/302427/302442/tgzt/index.html

空运提单查询：

https://www.track-trace.com/aircargo

HS 编码查询：

https://www.hsbianma.com/

第二节　讨价还价

在了解了价格构成和计算方式以后，我们就能做到心中有数，可以运用技巧与客户讨价还价了。讨价还价说正式点就是交易磋商或谈判，一般来说，有询盘、发盘、还盘和接受四个环节。讨价还价是充满挑战性和艺术性的工作，所以，还得讲求方式和技巧。讨价还价的程序如图3-8所示。

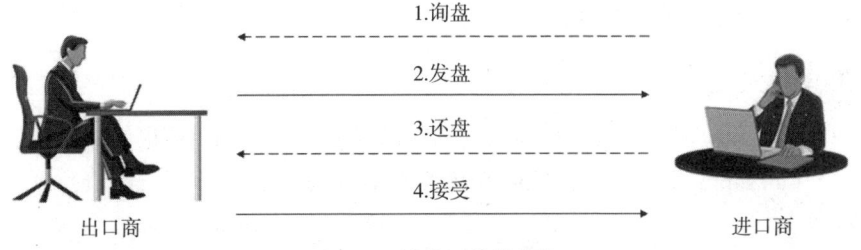

图 3-8　讨价还价的程序

注：实线表示必经环节，虚线表示非必经环节。

举个简单的菜市场买白菜的例子，我们通俗理解一下这个过程：

家庭主妇：白菜怎么卖——询盘

小贩：5 毛一斤——发盘

家庭主妇：太贵了，4 毛吧——还盘

小贩：好吧——接受

此时，交易成功，合同订立。

一、讨价还价的程序

（一）询盘（Inquiry）

询盘是外贸业务中的一个术语，是准备购买或出售商品的人向潜在的供货人或买主探询该商品成交条件或交易可能性的业务行为。"盘"的含义大致类似股市大盘中的"盘",可以理解为行情或交易的基本情况。询盘的内容可详可简,没有固定格式,可以涉及某种商品的品质、规格、数量、包装、价格和装运等成交条件,也可以索取样品,其中多数是询问成交价格,因此在实际业务中,也有人把询盘称作询价。询盘对买卖双方无法律约束力,但在商业习惯上,被询盘一方接到询盘后应尽快给予答复。需要指出的是,发出询盘的目的除了探询价格或有关交易条件外,有时还表达了与对方交易的愿望,希望对方接到询盘后及时做出发盘,以便考虑接受与否,这种询盘实际上属于邀请发盘(Invitation to Offer)。

在外贸业务中,通常采用下列一类词语来表示询盘,如:

请发盘……　　PLEASE OFFER...

请告……　　　PLEASE ADVISE...

请报价……　　PLEASE QUOTE...

对……感兴趣,请……　　INTERESTED IN...PLEASE...

以下是几个询盘的例子:

> **例示**
>
> Interested in plush toys please offer.(对毛绒玩具有兴趣,请报价)
>
> Can supply Test Bench Model BD850 please bid.(可供 BD850 试验台,请递盘)
>
> Please quote lowest price CIF Hamburg for ten MT of walnut meat December shipment cable immediately.(请报 10 吨胡桃肉 CIF 汉堡最低价 12 月装运,请速复)

小贴士

使用询盘时应注意的问题

由于询盘不具有法律效力,所以可作为与对方的试探性接触,询盘人可以同时向若干个交易对象发出询盘。在实际工作中应注意区分函电是询盘还是发盘,避免将询盘当作发盘而急于接受,这种错误的出现会明显暴露我方销售或购买的迫切愿望,从而使我方在交易条件的谈判中处于不利地位。

在实际工作中,可以借询盘的特点了解行情,通过对方对询盘的态度分析其交易心理，摸清情况，以便调整策略和目标，在交易磋商中占据主动地位。但是，为了建立和保持企业良好的商业信誉，应尽可能避免只询盘而不购货、不售货的情况发生。

（二）发盘（Offer）

1. 发盘的含义

发盘，法律上叫"要约"。《联合国国际货物销售合同公约》（以下简称《公约》）规定："凡向一个或一个以上的特定人提出的订立合同的建议，如果其内容十分确定并且表明发盘人有在其发盘一旦得到接受就受其约束的意思，即构成发盘。"因为发盘重点是报出价格，所以业务当中我们经常把发盘说成报价（Quote）。发盘可由卖方提出，叫售货发盘（Selling Offer）；也可由买方提出，叫购货发盘（Buying Offer），习称"递盘"（Bid）。

相关链接

报价的形式

一般可以通过两种形式报价：

（1）直接在发盘邮件的正文中注明价格和相关参数。

（2）通过报价单（Quotation Sheet）报价。报价单比较正式，特别适合大客户、专业客户和很多中小客户。报价单不仅一目了然，而且可以同时把很多信息整合在一起，便于参考比较，做出选择。

2. 构成发盘的要件

（1）发盘必须向一个或一个以上特定的人提出。也就是说发盘必须指定可以表示接受的受盘人。《公约》规定：非向一个或一个以上特定的人提出建议，仅应视为邀请发盘，除非提出建议的人明确表示相反的意向。特定的人是指发盘必须指定受盘人。受盘人可以指定一个，也可以指定多个。但是，不指定受盘人的发盘，只能构成"邀请发盘"，不是有效的发盘。例如：出口人向国外大批客户寄发商品目录或价目单，虽也含有"欲与对方订立合同"的意思，但因其最直接的目的是邀请对方向自己发盘，因而不属于有效的发盘；在报刊上登载广告或向社会公众宣传推销商品，因不是向特定的人提出也不构成发盘。

样本 3-1　报价单

SAFE AUTO MAINTENANCE EQUIPMENT CO., LTD.
www.first-safe.com　　jessica_chan@first-safe.com

Quotation

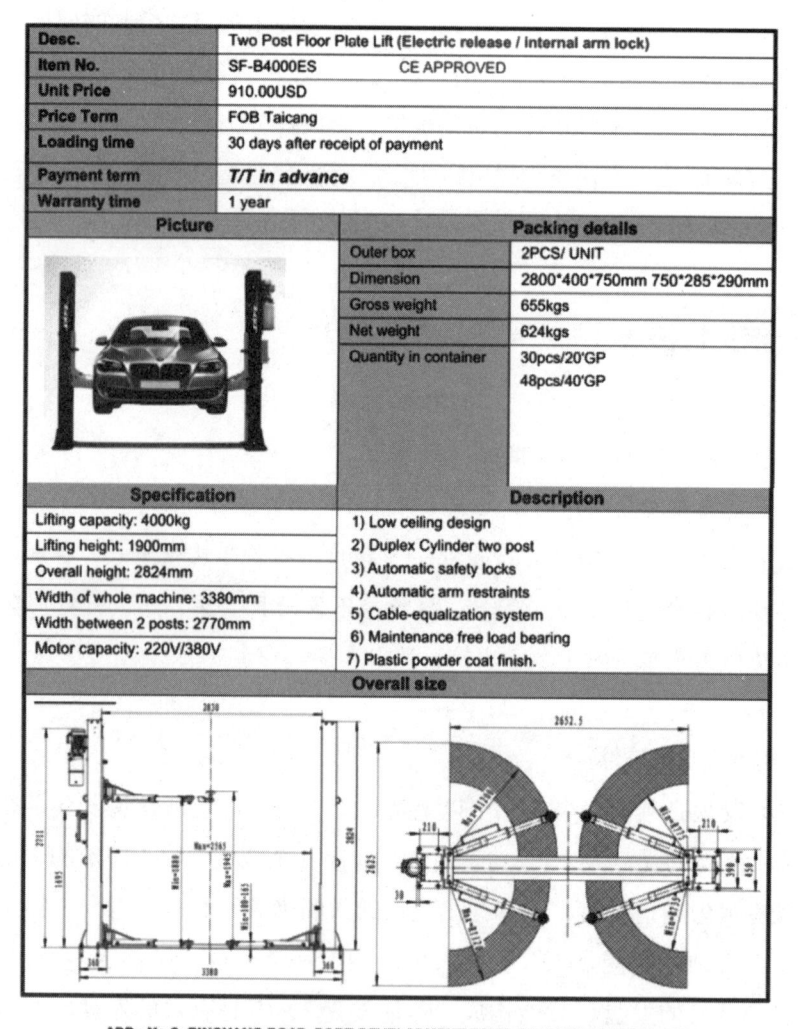

Desc.	Two Post Floor Plate Lift (Electric release / internal arm lock)
Item No.	SF-B4000ES　　CE APPROVED
Unit Price	910.00USD
Price Term	FOB Taicang
Loading time	30 days after receipt of payment
Payment term	T/T in advance
Warranty time	1 year

Picture	Packing details	
	Outer box	2PCS/ UNIT
	Dimension	2800*400*750mm 750*285*290mm
	Gross weight	655kgs
	Net weight	624kgs
	Quantity in container	30pcs/20'GP
		48pcs/40'GP

Specification	Description
Lifting capacity: 4000kg	1) Low ceiling design
Lifting height: 1900mm	2) Duplex Cylinder two post
Overall height: 2824mm	3) Automatic safety locks
Width of whole machine: 3380mm	4) Automatic arm restraints
Width between 2 posts: 2770mm	5) Cable-equalization system
Motor capacity: 220V/380V	6) Maintenance free load bearing
	7) Plastic powder coat finish.

Overall size

ADD.: No.6, BINGYANG ROAD, PORT DEVELOPMENT ZONE, TAICANG, JIANGSU, CHINA
TEL: 86-512-5320 2881, FAX: 86-512-5320 2880　　E-MAIL: jessica_chan@first-safe.com

（2）发盘的内容必须十分确定（Sufficiently Definite）。《公约》规定，所谓十分确定即发盘中所列的条件必须是完整、明确和终局的。《公约》规定，发盘至少包括三个要素：

①标明商品的名称。

②明示（或默示）地规定商品的数量或规定如何确定商品数量的方法。

③明示（或默示）地规定商品的价格或规定如何确定商品价格的方法。

也就是说，根据《公约》规定，一项发盘只要包括商品的名称、数量和价格（或数量、价格的确定方法）就属于"内容是完整的"。

我国外贸实践中应列明主要交易条件，包括：品名和品质、数量、包装、价格、交货和支付方法等。

（3）表明经受盘人接受发盘人即受约束的意思。即在发盘被有效接受时合同即告成立。受盘人只要接受发盘的条件，发盘人就要承担与受盘人订立合同的法律责任。

小贴士

发盘注意事项

➤ 发盘必须表明订约意旨（Contractual Intent），如发盘、实盘、递实盘或订货等。

➤ 若发盘中附有保留条件，如"以我方最后确认为准"（subject to our final confirmation），或"有权先售"（subject to prior sale）等，则此建议不能构成发盘，只能视为邀请发盘（Invitation for Offer）。发盘与邀请发盘的区别见表3-4。

表3-4　发盘与邀请发盘的区别

项目	发盘	邀请发盘
直接目的	订立合同	唤起对方发盘
内容	包含合同主要条款	不包含合同主要条款
对象	受盘人	发盘人
约束力	对发盘人有约束力	对邀请人无约束力

3. 发盘的有效期（Time of Validity 或 Duration of Offer）

发盘的有效期是指发盘中规定受盘人做出接受的期限。在进出口贸易中，发盘通常都规定有效期，超过了规定的有效期限，发盘人就不再受该发盘的约束。

案例

H公司有一批羊毛待售，4月2日公司销售部以信件的形式向某市第一纺织厂发出要约，将羊毛的数量、质量、价格等主要条款做了规定，约定若发生争议将提交某仲裁委员会仲裁。并特别注明希望在15日内得到答复。但由于工作人员疏忽，信件没有说明要约的起算日期，信件的落款也没有写日期。

4月4日公司人员将信件投出，4月17日纺织厂收到信件。恰巧纺织厂急需一批羊毛，第二天即拍发电报请其准备尽快发货。邮局于4月19日送达H公司。不料H公司却在4月18日由于未收到纺织厂的回信，已将羊毛卖给另一纺织厂。第一纺织厂几次催货未果，向仲裁委员会提请仲裁，要求H公司赔偿其损失。试对此案例进行分析。

分析提示：本案是由于未明确发盘有效期起算日期而引起的纠纷。

根据《公约》第20条的规定，本案的发盘有效期应该从4月4日发盘信件投出日起算，至4月19日结束。第一纺织厂的接受于4月19日送达H公司，属有效接受。

H公司应赔偿其损失。

在实际业务中，发盘有效期的规定方法通常有以下两种：

（1）明确规定有效期。明确规定有效期有两种规定方法：一种是规定最迟接受的期限，还有一种就是规定一段接受时间。

规定最迟接受期限时，可同时限定以接受送达发盘人或以发盘人所在地的时间为准。如"发盘限6月15日复到有效"。由于进出口双方所在地时间多存在时差，所以发盘中应明确以何方所在地时间为准。一般情况下以发盘人所在地时间为准。如"发盘有效至我方时间星期五"。

采用规定一段接受期间这种方法存在一个如何计算"一段接受期间"的起讫问题（见《公约》第20条的规定）。计算有效期的起止时间一般依据《公约》的规定，发盘人在电报或信件中订立的接受期间，从电报交发时刻或信封上载明的发信日期（无发信日期则依据信封上的邮戳日期）起算。发盘人以电话、电传或其他可立即传达到对方的方法订立的接受期间，从发盘到达受盘人时起算。在计算接受期间时，正式假日或非营业日应计算在内。但是，如果接受通知在接受期间的最后一天未能送达发盘人地址，因为那天在发盘人的营业所所在地是正式假日或非营业日，则这段期间应顺延至下一个营业日。

需要注意的是，明确规定有效期并非构成发盘不可缺少的条件。

（2）未明确规定有效期。未明确规定有效期时，应理解为在合理时间（Reasonable Time）内有效。

口头发盘应当场表示接受。《公约》规定：采用口头发盘时，除发盘人发盘时另有声明外，受盘人只有当场表示接受方为有效。

案例

法国商人到我处访问时，我方业务员向他口头发出实盘，客户当时未回复，客户回到本国后认为此价格合理，又表示接受，我方拒绝，可否？

分析提示：可以，因为《公约》规定：采用口头发盘时，除发盘人发盘时另有声明外，受盘人只有当场表示接受方为有效。此案例中，客人对我方业务员口头发出的实盘没有当场表示接受，所以他的接受无效，但是我们同意接受他的回复也可。

4. 发盘生效的时间

以口头方式做出的发盘，其法律效力自对方了解发盘内容时生效。以书面形式做出的发盘的生效时间有不同的观点：

（1）投邮主义（Despatch Theory）或发信主义。英美法系认为发盘人将发盘发出的同时，发盘就生效。

（2）到达主义（Arrival Theory）或受信主义。大陆法系认为发盘必须到达受盘人时才生效。

《公约》和我国《民法典》采用到达主义。

5. 发盘的撤回与撤销

（1）发盘的撤回（Withdrawal）（发盘未生效）。英美法和大陆法对发盘撤回有不同看法。英美法认为,发盘原则上对发盘人没有约束力。发盘人在受盘人对发盘表示接受之前的任何时候,都可撤回发盘或变更其内容。大陆法认为,发盘对发盘人有约束力。如《德国民法典》规定,除非发盘人在发盘中订明发盘人不受发盘的约束,否则发盘人就要受到发盘的约束。

小知识

什么是大陆法系和英美法系

大陆法系和英美法系是世界两大法系,主要是根据法律特点和历史传统进行的分类。大陆法系,以欧洲大陆的法国和德国为代表。特点是强调成文法的作用。它在结构上强调系统化、条理化、法典化和逻辑性。大陆法的渊源有法律、习惯、判例和学理。英美法系,以英国和美国为代表。特点是以判例作为主要的法律渊源,重视程序法。大陆法系和英美法系在历史上差异显著,但20世纪以来,这种差别开始缩小。大陆法系判例法的地位不断提高,英美法系成文法的数量日趋增多,说明两大法系正在逐步融合,但其重大差别还将长期存在。

根据《公约》的规定,一项发盘(包括注明不可撤销的发盘),只要在其尚未生效以前,都是可以修改或撤回的,因此,如果发盘人发盘内容有误或因其他原因想改变主意,可以用迅速的通讯方法,将发盘的撤回或更改通知赶在受盘人收到该发盘之前或同时送达受盘人,则发盘即可撤回或修改。

需要指出的是,发盘的撤回一般只在使用传统的信件或电报向国外发盘时才适用。如果发盘系使用电传或电子邮件等方式,则不存在撤回发盘的可能性。

(2)发盘的撤销(Revocation)(发盘生效后)。关于发盘能否撤销的问题,英美法与大陆法存在严重的分歧。英美法认为,在受盘人表示接受之前,即使发盘中规定了有效期,发盘人也可以随时予以撤销,这显然对发盘人片面有利。大陆法系国家对此问题的看法相反,认为发盘人原则上应受发盘的约束,不得随意将其发盘撤销。例如:德国法律规定,发盘在有效期内,或没有规定有效期，则依通常情况在可望得到答复之前不得将其撤销。法国的法律虽规定发盘在受盘人接受之前可以撤销，但若撤销不当，发盘人应承担损害赔偿的责任。发盘的撤回与撤销的区别见表3-5。

表3-5 发盘的撤回与撤销的区别

项目	撤回	撤销
目的	阻止发盘生效	消灭生效发盘的效力
发生时间	发盘生效之前	发盘生效之后
生效条件	在发盘到达之前或与发盘同时到达	受盘人发出接受通知之前到达
有无例外	无	有

《公约》采取了折中的规定。《公约》第16条规定，在发盘已送达受盘人，即发盘已经生效，但受盘人尚未表示接受之前这一段时间内，只要发盘人及时将撤销通知送达受盘人，仍可将其发盘撤销。如一旦受盘人发出接受通知，则发盘人无权撤销该发盘。

《公约》还规定，并不是所有的发盘都可撤销，下列两种情况下的发盘，一旦生效，则不得撤销：

①在发盘中规定了有效期，或以其他方式表示该发盘是不可撤销的。

②受盘人有理由信赖该发盘是不可撤销的，并本着对该发盘的信赖采取了行动。

6. 发盘效力的终止

发盘效力终止的原因，一般有以下几个方面：

（1）在发盘规定的有效期内未被接受，或虽未规定有效期，但在合理时间内未被接受，则发盘的效力即告终止。

（2）发盘被发盘人依法撤销。

（3）被受盘人拒绝或还盘之后，即拒绝或还盘通知送发盘人时，发盘的效力即告终止。

（4）发盘人发盘之后，发生了不可抗力事件，如所在国政府对发盘中的商品或所需外汇发布禁令等。在这种情况下，按出现不可抗力可免除责任的一般原则，发盘的效力即告终止。

（5）发盘人或受盘人在发盘被接受前丧失行为能力（如得精神病等），则该发盘的效力也可终止。

以下是一个发盘的例子：

> **例示**
>
> Offer HEBEI WHEAT FAQ 2020 CROP 60MT, NW25KG per bag, US$540 / MT CFR KOBE shipment Oct., Sight L/C, Subject to your reply reaching here by the 16th
>
> （报河北小麦大路货2020年产60公吨，净重25公斤麻袋包装，每公吨540美元CFR神户10月份装运，即期信用证支付，限本月16日复至有效）

（三）还盘（Counter Offer）

1. 还盘的含义

还盘又称"还价"，在法律上称为"反要约"。还盘是指受盘人不同意或不完全同意发盘提出的各项条件，并提出了修改意见，建议原发盘人考虑，即还盘是对发盘条件进行添加、限制或其他更改的答复。

从法律上讲，还盘并非交易磋商的必经环节，然而在实际业务中，交易磋商中还盘的情况很多，特别是复杂的交易经常需要多次还盘才能最后达成交易。

针对上面的发盘示例，国外客户做如下还盘：

> **例示**
>
> Your offer price is too high counter offer US$480 / MT shipment Sept. Reply 12th
>
> （你方发盘价格太高每公吨480美元9月份装运限12日复到）

2. 还盘的性质

根据《公约》的规定，受盘人对货物的价格、付款、品质、数量、交货时间与地点、一方当事人对另一方当事人的赔偿责任范围或解决争议的办法等条件提出添加或更改，均作为实质性变更发盘条件。

（1）还盘的法律后果是对发盘的拒绝或否定。一项发盘一旦被受盘人还盘，原发盘即失去效力，原发盘人就不再受其约束。所以还盘人不得在还盘后再接受原发盘,即使在原发盘的有效期内也如此,除非原发盘人对该项"接受"给予确认。

案例

我某公司向美国 A 公司发盘出售一批大宗商品,对方在发盘有效期内复电表示接受,同时指出:"凡发生争议,双方应通过友好协商解决;如果协商不能解决,应将争议提交中国国际经济贸易仲裁委员会仲裁。"第三天,我方收到 A 公司通过银行开来的信用证。因获知该商品的国际市场价格已大幅度上涨,我公司当天将信用证退回,但 A 公司认为其接受有效,合同成立。双方意见不一,于是提交仲裁机构解决。

试问:如果你是仲裁员,你将如何裁决?

(2)对发盘表示有条件地接受也是还盘的一种形式,如答复中附有"待最后确认为准"等字样。这种答复只能视作还盘或邀请发盘。

(3)受盘人还盘后又接受原来的发盘,合同不成立。

案例

我某公司于 5 月 20 日以电子邮件发盘,并规定"限 5 月 25 日复到"。国外客户于 5 月 23 日回复我方,要求将即期信用证改为远期见票后 30 天。我公司正在研究中,次日又接到对方当天发来的电邮,表示无条件接受我 5 月 20 日的发盘。问此笔交易是否达成?

(四)接受(Acceptance)

1. 接受的含义

接受在法律上称为"承诺",是指受盘人在发盘规定的有效期内,以声明或行为表示同意发盘人提出的各项条件。可见,接受的实质是对发盘表示同意。接受与发盘一样,既是一种商业行为又是一种法律行为。受盘人对发盘(或还盘)一旦表示接受,合同即告成立,发盘(或还盘)中的交易条件对发盘人(或还盘人)、受盘人都构成法律约束力。

> **例示**
>
> Yours 10th Accepted "Green Peony" Dyed Poplin 40000 yards in wooden cases HK$3.00 Per yard CIFC 3 Singapore shipment during May payment in sight irrevocable L/C
>
> （你方 10 号电接受"绿牡丹"染色府绸 40000 码木箱装每码 3.00 港元 CIF 新加坡佣金 3% 5 月份交货不可撤销即期信用证支付）

《公约》规定：

（1）受盘人声明或做出其他行为表示同意一项发盘，即是接受。缄默或不行动本身不等于接受。

（2）接受于表示同意的通知送达发盘人时生效。如果接受的通知在发盘所规定的时间内或一段合理的时间内未送达发盘人，接受就无效，但必须适当考虑到交易的情况，包括发盘人所使用的通讯方式的迅速程度。对口头发盘必须立即接受，但特别情况不在此限。

2. 构成接受的要件

（1）接受必须由受盘人做出。发盘是向特定人提出的，因此，只有特定的受盘人才能对发盘做出接受。由第三者所做出的接受是无效的接受，不具有法律效力，只能作为一项新的发盘，必须由原发盘人予以确认，合同才能成立。

案例

香港中间商 A，就某商品致函邀请我方发盘，我方于 6 月 8 日向 A 方发盘并限 6 月 15 日复到有效。12 日我方收到美国 B 商人按我方发盘条件开来的信用证，同时收到中间商 A 的来电称："你 8 日发盘已转美国 B 商。"经查该商品的国际市场价格猛涨，于是我方将信用证退回开证银行，再按新价直接向美商 B 发盘，而美商 B 以信用证于发盘有效期内到达为由，拒绝接受新价并要求我方按原价发货，否则将追究我方的责任。

问对方的要求是否合理？为什么？

（2）接受必须表示出来。受盘人既可以用声明（Statement）表示接受，即用口头或书面形式向发盘人同意发盘，也可以用做出行为（Performing an Act）来表示，通常指由卖方发运货物或由买方支付价款来表示。

（3）接受必须是同意发盘提出的交易条件（即接受必须与发盘相符）。对发盘做出实质性修改视为还盘，但对于非实质性修改（Non-material Alteration），除发盘人在不过分延迟的时间内表示反对其间的差异以外，一般视为有效接受；而且合同的条件以该发盘和接受中所提出的某些更改为准。

案例

对有条件接受处理不当错过成交机会案

××××年9月12日，国内T公司向国外新客户K公司发盘，报某商品300吨，每吨CIF伦敦850英镑。K公司3天后回电表示接受，但要求按ICC（B）险投保。T公司对商品一直是按中国人民保险公司的《海洋货物运输保险条款》投保水渍险，并以此为基础核算报价。收到客户的回电后，业务员觉得如投保ICC（B）险，重新核算报价太麻烦，且要多付保险费，此外该商品属畅销货，报价又比市场价格低20—30英镑，对方不可能仅为了投保险别这种小事而放弃成交机会，故未多加思索，当即回电表示拒绝按ICC（B）险投保。第二天，客户来电称："我公司多年来在与中国客户交易时，一直都要求按ICC（B）险投保，从未被拒绝，况且不会给你方造成任何不便，不知你方为何不予同意。对此，我方深表遗憾。"9月17日，T公司回电："我公司在与你国其他客户交易时，一直都是按水渍险投保，他们也从未提出异议。我方产品与市场上的同类商品相比，品质上佳，且价格要低20—30英镑，望你方不要固执己见，错过大好机会。"此后，K公司再未回电。后T公司得知，K公司以同样的价格与另一家公司成交。而T公司这批货物在3个月后才觅得客户，但此时市价已跌，成交价只有每吨838英镑。

分析提示：

此案例很明显是T公司对有条件的接受处理不当。按《公约》第19条规定："有关货物价格、付款、货物质量和数量、交货地点和时间、一方当事人对另一方当事人的赔偿责任范围或解决争端等的添加或不同条件，均视为实质上变更发盘的条件。"K公司在接受中添加了"按照ICC（B）险投保"这一条件，并未构成实质性变更，而是属于非实质性变更发盘条件。对于 K 公司的这一要求，T 公司完全不应该拒绝。首先，中国人民保险公司一般接受按 ICC 条款投保。其次，ICC（B）险与水渍险的费率相差无几，何况，也可要求对方负担超出的保险费。而 T 公司盲目自大，不但丧失了成交机会，受到价格损失，还失去了一个客户。

（4）接受必须在发盘规定的时效内做出。发盘中通常都有有效期，受盘人必须在发盘规定的有效期内（若发盘未规定具体有效期，则在"合理时间"内）做出接受的表示并送达发盘人，才具有法律效力。

（5）接受通知的传递方式应符合发盘的要求。发盘人发盘时，有的具体规定接受通知的传递方式，也有未作规定的。如发盘没有规定传递方式，则受盘人可按发盘所采用的，或采用比其更快的传递方式将接受通知送达发盘人。

3. 接受生效的时间

接受是一种法律行为，这种行为何时生效，各国法律有不同的规定。

（1）英美法采用"投邮生效"的原则。

（2）大陆法和《公约》采用"到达生效"的原则。

（3）接受还可以在受盘人采取某种行为时生效。《公约》第 8 条第 3 款规定，如根据发盘或依照当事人业已确定的习惯做法或惯例，受盘人可以做出某种行为来表示接受，并须向发盘人发出接受通知。例如：发盘人在发盘中要求"立即装运"，受盘人可做出立即发运货物的行为对发盘表示同意，而且这种以行为表示的接受，在装运货物时立即生效，合同即告成立，发盘人就应受其约束。

4. 逾期接受（Late Acceptance）

如接受通知未在发盘规定的时限内送达发盘人，或者发盘没有规定时限，且在合理时间内未曾送达发盘人，则该项接受称作逾期接受。按各国法律规定，逾期接受不是有效的接受。

但《公约》第 21 条第 1 款规定，只要发盘人毫不迟延地用口头或书面通知受盘人，认为该项逾期的接受可以有效，愿意承受逾期接受的约束，合同仍可于接受通知送达发盘人时订立。如果发盘人对逾期的接受表示拒绝或不立即向受盘人发出上述通知，则该项逾期接受无效，合同不能成立。

《公约》第 21 条第 2 款规定，如果载有逾期接受的信件或其他书面文件显示，依照当时寄发情况，只要传递正常，它本来是能够及时送达发盘人的，则此项逾期接受应当有效，合同于接受通知送达发盘人时订立。除非发盘人毫不迟延地用口头或书面方式通知受盘人，认为其发盘因逾期接受而失效。

以上表明，逾期接受是否有效，关键要看发盘人如何表态（图 3-9）。

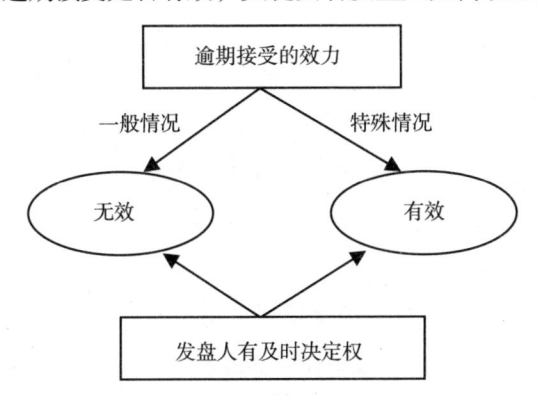

图 3-9 逾期接受的效力及决定

案例

案例 1：6 月 5 日我国 A 公司向美国 B 公司寄去订货单一份，要求对方在 6 月 20 日前将接受送达 A 公司。该订货单 6 月 12 日邮至 B 公司，B 公司 6 月 20 日以航空特快专递发出接受通知。事后当 B 公司催促 A 公司尽早开立信用证，A 公司否认与 B 公司有合同关系。问按《公约》的规定，A 公司的主张是否成立？为什么？

案例 2：我某公司于 4 月 15 日向外商 A 发盘，限 20 日复到我方，外商于 17 日上午发出电传，但该电传在传递中延误，21 日才到达我方。我方公司以对方答复逾期为由，不予置理。当时该货物的市价已上涨，我公司遂以较高价格于 22 日将货物售予外商 B。25 日外商 A 来电称：信用证已开出，要求我方尽早装运。我方立即复电外商 A：接受逾期，合同不成立。分析合同是否成立？

5. 接受的撤回或修改

接受撤回的条件：见《公约》第 22 条。如果撤回通知于接受原发盘应生效之前或同时送达发盘人，接受得予撤回。如接受已送达发盘人，接受即生效；接受一旦生效，合同即告成立，就不得撤回接受或修改其内容，因为这样做无异于撤销或修改合同。因此，接受不存在撤销的问题。

以行为表示接受时，不涉及接受的撤回问题。采用传真、EDI、电子邮件等形式订立合同，发盘和接受都不可能撤回。

案例

出口交易磋商实例

以下是中国珠海某公司与沙特某进口商进行空调交易的磋商程序。

1. 进口商询盘

2018 年 5 月 15 日，沙特某进口商发来询盘邮件：

We are interested in air conditioner brand ×× model ×××. Please offer.（我们对 ×× 牌型号 ××× 空调感兴趣。请发盘）

2. 出口商发盘

2018 年 5 月 16 日，珠海某公司向沙特进口商发盘：

Yours fifth offer subject reply reaching us May 23rd. Air conditioner ×× brand model ××× 200 sets packing in cartons of one set each USD200.00 per set CIF Damman July shipment sight credit.（本发盘在 23 日前答复有效。×× 牌型号 ××× 空调 200 台，纸箱包装，每台 200 美元，CIF 达曼，7 月装运，即期信用证支付）

3. 进口商还盘

2018 年 5 月 20 日，沙特进口商还盘：

Yours sixteenth price too high counteroffer USD180.00 reply May 25th.（你方 16 日报价太高，还盘 180 美元，5 月 25 日前答复有效）

4. 出口商再还盘

2018 年 5 月 24 日，出口商再对进口商还盘：

Yours twentieth lowest USD190.00 subject reply May 30th here.（你方 20 日

最低190美元，5月30日前答复有效）

5. 进口商接受

2018年5月28日，进口商接受：

Yours twenty-fourth we accept.（接受你方24日还盘）

二、报价技巧

（一）实盘与虚盘的运用

外贸报价有其特殊之处。理论上一个正式的外贸报价，不但应有完整的价格术语表达式，还应包括品名、价格有效时间、可供应的数量、交货时间等。外贸业务员习惯上把这样的报价称为"实盘"（Firm Offer），理论上具有相当的效力，一旦客户接受，报价就不可更改。因为这样的报价几乎涵盖了合同的基本要素。之所以规定价格有效时间，是考虑到国际市场的波动。另外也有助于催促客户早日定夺。前文"讨价还价的程序"中所说的发盘即为实盘。

例示

外贸实盘举例

Canned whole mushroom 24 × 800g Dia.2.5—3cm ------------货物描述
USD16.50/CTN CFR ROTTERDAM ------------------------------价格
MIN ORDER 2FCL --最低订货量
Delivery after 30th Dec ---------------------------------交货时间
Offer valid before 20th Dec -----------------------------报价有效期

不过，出于灵活和计价还价考虑，除了初次接触想显示正规以外，实际操作中多数情况下会有意无意漏掉一些要素，使格式不完整，成为无最终效力的"虚盘"（Non-firm Offer）。发虚盘可以给双方留下较多的讨价还价的余地。"虚盘"虽有时标示为"发盘"，但实际上从性质上看属于邀请发盘，并无法律约束力。

灵活运用虚盘，是外贸谈判的基本技巧。比如，在报价之后，如果客户没有积极回应，不妨发一个较低价格的虚盘以试探客户的想法。如客户有兴趣了，再调整一下出货量，薄利多销，也可视情形故意延长或缩短交货时间，以利于我方安排，节约交易成本，弥补降价损失。还可以几个产品组合报价，取盈补亏，相互调剂。

反过来，客户也会试探我们。特别是在初次接触的时候，客户往往会询问一堆产品，实际上只想要其中一种或几种，这时候报价就要小心了，除非明确数量，否则不要轻易使用搭配报价。因为搭配报价通常不会告诉客户我们的真实意图，而万一最后客户只要低价的不要高价的，我们就吃了哑巴亏。

还有一种情形，就是客户明明是行家里手，熟悉市场，却故意询问一些到处都能买到的老款传统产品。这时候对方很可能是在试探我方的经营风格和报价水分——因为这些产品很容易在其他供应商那里得到报价，以作比对。老产品一般利润不会高，如果我们心存侥幸，对这些产品报价过高，会给客户传递错误信息，进而影响客户对真正感兴趣的产品的交易积极性，或认为我方价格很虚而拼命杀价，最终往往难以成交。

报价可以是虚盘，但到最后确认价格的时候则一定要是实盘的格式，即价格与数量、交货时间、货款结算方式等等捆绑在一起确认。否则，客户以大数量低价格订货，最后却迟迟不出货，我方的仓储费用和生产费用增加负担，薄利多销的初衷将完全化为泡影。

（二）虚盘报价实战经验谈

1. 经验一："留尾"的虚盘

一个初次接触的客户来询问价格，如何应对？

多数情况下，外贸报价的尺度非常灵活，特别是那些利润空间比较大的产品，如日用消费品、工艺品等。不分析市场和客户情况而固守一个价位的报价往往会丧失很多成交机会。生意是谈出来的，"漫天要价，就地还钱"才能孕育无穷商机。基本的原则，一般是对欧美发达国家市场报价略高，发展中国家或落后地区报价略低。就产品而言，则是老款式产品报价低，常规产品价位中等，新品报价略偏上。

对于新客户询盘，我们对客户的具体订购需求、心理价位等尚不了解，价格报低了，即使成交也利润不多；价格报高了，可能会吓跑客户，错失机会。同时也不排除有竞争对手冒充客户刺探商业情报的可能。因此价格方面需谨慎对待，虚虚实实。

对初次接触的客户，最好不要用"quote"（报价）这样正规的词来报价，轻描淡写的"price"（价格）足矣。甚至不出现"price"字样亦可，做成一个虚盘。而虚盘的重点是一定要留个尾巴吸引客户。常见的如规定一个最低订货量，作为以后讨价还价的筹码之一；虚盘后面补充说明：上述价格仅供参考。如您所理解的，根据订货量、交货时间和付款方式的不同，价格会有很大的区别——有时甚至会有高达 10% 的折扣云云。

从这种"留尾巴"的方式，就演化出两种常见的报价技巧："低价留尾"和"高价留尾"。所谓低价，指的是接近成本价格，利润不高的报价，靠"跑量"来维持；高价则是预期较高利润的价格。"低价留尾"，就是报个低价，得规定一个比较大的订货量，甚至大大高于你所估计的客户可能的订购量也没有关系，关键是用低价勾起客户兴趣，又为将来的涨价提供顺理成章的依据——订量不够，价格当然要贵一点。"高价留尾"，就是报高价后，故意规定一个小的订货量（估计客户不难达到的量），并许诺如果超过此量，价格会有折扣。此外，表示根据付款方式的不同，可给予较大优惠云云。总之，漫天要价，但鼓励客户就地还钱。

究竟用低价法还是高价法，要视客户的情形而定，一般说来，可以先在网上核实一下客户的情况，如果发现客户有大规模的网站和分支机构，或者在网上大肆散布求购信息，这样的客户最好用低价法，因为你会有很多竞争者，刚开始价格一高，客户理都不理睬你。反之，对那些对行业不熟悉的中间商，可以用高价法，并且在往来信函中主动介绍"内行的"产品技术情况，故意把情况搞复杂，给客户一种"这个产品很有讲究，外行容易上当"的感觉，最后，争取利用客户"花钱买个稳妥"的心态，多挣一点。

此外，回复询盘的时候除价格外，尽可能在回信中附上一些关于产品的资料，比如包装情况、集装箱情况、产品图片等等。这样做的目的是首先给客户一个关于价格的概念，然后通过介绍关于产品的基本情况及行业动态，让客户强烈感觉到跟你接触无论是否成交都能够了解产品信息，"值得联系"。须知，除非是一锤子买卖，否则初次与客户打交道，成交是第二位的，细水长流，设法激起客户"保持联系"的欲望才是最主要的。

有些客户询盘的时候比较空泛，既无具体款式，又无订购数量、目标市场等能够用来衡量及调整价格的参数。这时候不能坐着干等客户表示"明确意向"，要设法引导客户说出他的目的。比如，泛泛地报个 FOB 价之后，告诉客户"请告知您所需的目的港，我很乐于折算一个 CFR 价格给您做参考"；又或"请告知您可能的订购量和交货时间，我看看是否能给您一个好价格或折扣"。这样一来，就获知了客户的基本资料信息，再根据这些信息有针对性地调整报价，有的放矢，促进成交。

2. 经验二：变被动为主动

新手外贸业务员对报价的处理过程往往比较简单：上级经理给个价格就往外报价，客户还价就汇报给上级经理，业务员基本上就是个"传声筒"。但问题是由于客户和公司彼此不了解详情，简单传声很难取得交易效果。这样的情况，突出显示在那些强调低价的客户询盘上。所以，业务员磨炼到一个阶段以后，就要争取上个层次，逐步变被动为主动，多尝试着去引导客户和公司，促进生意的达成。

这种引导基于三个理念：

（1）价格是活的。根据订货量的大小，生产期的安排，运输方式和付款方式的不同，价格会有很大的差别。同时，一个产品的成本构成是复杂的，某个零部件或者加工步骤改变一下，往往能够带来相当幅度的成本变动。

（2）客户不一定会固守其对产品的要求。特别是消费类、工艺类产品。比如本来计划订 1000 个的，如果谈得好，客户有了信心，可能最终会增加到 5000 个。或者本来客户希望是全金属制品，而最后可能为了获得低价，接受类似于"外部金属而底部及内部采用树脂或塑料部件"这样的建议。通过这样的变通，双方在价格上就可协调了。

（3）公司不一定会固守所谓的产品价格底线。特别是产品款式多的工厂，销售部门多半只能事先预估大致成本，加上预期利润成为报价底线。可实际上，这种报价底线的变数很大。比如说，下个月是生产空档，为维持生产，可能微利甚至平本也接单。或者资金紧张，急需一笔钱来周转或一份信用证来贷款。利用这些变数，业务员不但缓解了工厂的窘境，也达成了本来无望的交易，获得业绩。

当然，要变被动为主动，首先业务员要熟悉自己的产品，熟悉自己的工厂。报价的时候就不要机械传达上级经理的意图，而轻易对客户说"不"。具体做引导的时候，须注意以下几点：

（1）"低价"可以，但多半要跟"量大""预付款多""余款及时安全""交货期长"等条件捆绑。注意,为什么"交货期长"是个便利条件呢?因为这样可以从容安排,作为填补生产空档之用,此外还可以选择运费较低廉的时候交货,或拼顺路的货,大大节约成本。

(2)主动给客户提建议,如上面提及的零部件与加工步骤的调整建议。很多时候客户最关心的是价格,在品质能够被客户的市场接受的前提下,业务员如果能够主动提供工艺上的替代方案以削减价格,客户往往是很欢迎的。

(3)多与客户交流,了解客户的真实想法。比如客户还价太低的时候,侧面了解一下原因,是客户不了解行情,不会核算,还是你的竞争对手恶意降价扰乱市场,从而有针对性地处理。

(4)多与工厂生产部门交流,探讨根据不同品质要求而从工艺上进行替代调整的可能性。多寻找一些零配件供货渠道,努力削减成本。尽量多了解工厂的生产和财务状况,既配合了生产和财务管理,又促进了低价客户的成交可能。

(5)商业情报的收集多多益善。曾有过一个失败案例:一个赫赫有名的大买家询盘,新手业务员居然不知道对手是谁,上级经理因不知详情也没有足够重视,当成变通客户询盘处理。结果因贪图一点利润而错失了进入这个大买家供货体系的机会。须知,能进入国际大买家的供货商体系非常重要,一旦与他们有过良好的交易记录,以后的路子就顺得多。而这些大买家一般轻易不会更换供货商,很多时候只是在急着补货的时候才偶尔外发询盘。从这个意义上来说,碰到这样的良机,即便平本也要做,牺牲一点利润,权当"买路钱"。

总之,外贸报价的技巧,与钓鱼同理:既不能白白地撒饵,也不能冷冰冰甩个空鱼钩过去。

第三节 确定付款方式

对于出口商而言,安全、及时、全额收回货款是头等大事。外贸是单证交易。出口商把代表货物的全套单证交给客户,就意味着把货物交给客户了。

那么，如何从客户手中取回货款呢？预付款固然最好，但客户不大愿意，顶多作为折中，支付小部分作为订金。一般情况下，结算货款的方式主要有三种：即汇款（Remittance）、托收（Collection）与信用证（L/C）。其中汇款目前主要采用电汇，托收主要采用付款交单。

一、电汇

电汇（Telegraphic Transfer，简称 T/T）即出口商把单证传真给客户，证明货物确已付运。客户（汇款人）即通过银行（汇出行）将货款直接用电报、电传、或 SWIFT（在本书"第五步"中有介绍）等电讯手段汇至出口商（收款人）所在地银行（汇入行）银行账户内，电汇流程如图 3-10 所示。

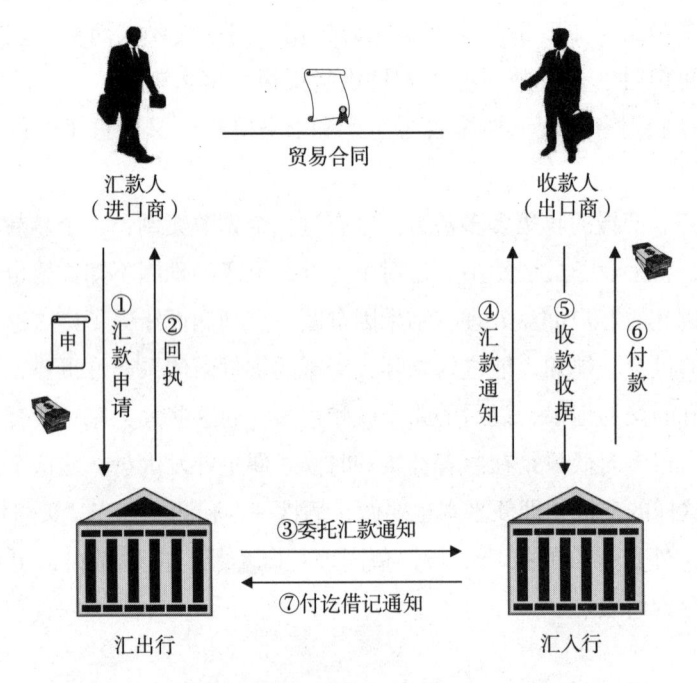

图 3-10 电汇流程

电汇分为两种：一种叫前 T/T。在国际贸易行业内，在发货人发货前，付清 100% 货款的，都叫前 T/T，属于预付货款（Cash in Advance）。这种付款方式是国际贸易中相对卖方而言最安全的方式，因为卖方不需要承担任何风险，只要收到钱，就发货，没收到钱，就不发货。前 T/T 也可以分为很多种灵活的方式，先 20%—40% 定金，后 80%—60% 出货前给全。具体多少比例，根据不同情况，可灵活变通。第二种叫后 T/T。后 T/T 付款方式是卖方发完货后，买家付清余款，属于货到付款，又叫赊销（Open Acount，O/A）。那买家是凭什么付清余款的呢？一般情况，后 T/T 是根据 B/L（提单）复印件来付清余款的。后 T/T 模式也比较灵活。总体来说，比较流行的国际后 T/T 付款方式是，客人先给 30% 定金，另外 70% 的客人见提单（B/L）复印件付清余款。当然也有一些是 40% 定金，60% 见提单。

> **例示**
>
> **合同中的电汇条款**
>
> （1）The Buyer shall pay 100% the sales proceeds in advance by T/T to reach the Sellers not later than Oct. 15.（买方应不迟于 10 月 15 日将 100% 的货款经由电汇预付给卖方）
>
> （2）The Buyers shall pay the total value to the sellers in advance by T/T not later than ×××.（买方应于 ×××× 年 × 月 × 日前将全部货款以电汇方式预付给卖方）

办理电汇，需要开立一个美元账户，并预先告之客户账户资料。注意，银行对于 T/T 汇款会收取手续费的，如果是小额汇款，比如 1000 美元以内的，正规的银行汇款就不划算了，手续费都会扣掉几十美元。小额的货款或样品费等款项，可以采用信用卡、Paypal、Payoneer、西联汇款等支付形式。

Paypal（在中国大陆品牌为贝宝）是目前通过网络电子信箱进行小额外汇支付的常用工具。通过注册一个 Paypal 账户，并输入客户的电子信箱和收费金额，把钱转入你的 Paypal 账户中。你可以把钱留在 Paypal 账户里用于其他的收支，也可以转账到你其他的银行账户里。Payoneer（派安盈），即 P 卡，目前和 Paypal 一样是全球最大的两个第三方收外汇工具，也是外贸人、跨境电商、联盟站长使用最频繁的收款与支付工具。除了是亚马逊全球开店官方指定的收款方式之一，美国 Ebay、Wish 等主流电商平台都支持直接提现到 Payoneer 账户，即使客户本身并没有 Payoneer 账号，也可以通过本地银行转账、使用信用卡、借记卡、电子支票等方式为订单付款。简而言之，申请一张 Payoneer 卡相当于获得了一个虚拟的美国银行账户，可以接收欧美企业和跨境 B2C 电商平台的付款（包括 Paypal）。另外，阿里巴巴的支付宝国际版是不得不介绍的。国际版支付宝（Escrow Service）是阿里巴巴国际站和支付宝联合为国际买卖双方全新建立的在线支付解决方案，操作的原理跟国内的支付宝类似。尽管目前国际市场接受度不高，主要还是应用在阿里巴巴推出的速卖通平台，不过鉴于阿里巴巴较强的世界影响力，未来前景看好。大家在接受小额付款的时候，也可以向客户推荐使用阿里巴巴的国际版支付宝，毕竟阿里巴巴支付宝我们熟悉，物流操作和沟通起来都比较方便。

案例

外贸新人小白好不容易跟客户谈妥了价格，想让客户早点付款，好把订单敲定。客户不愿意用电汇，想用西联汇款支付货款，但是小白公司还没开通西联汇款账户。尝试开通西联汇款账号花费了两天时间，结果还是没有成功，再拖下去客户都要跑了。于是小白提议客户用Paypal，结果PayPal扣了两百美元的手续费。这单本来还能赚点，现在相当于白干了，小白真是懊恼不已！

贝宝、西联汇款与传统电汇等几种常见的付款方式比较见表3-6。

表3-6　贝宝、西联与电汇比较

项目	贝宝 PayPal	西联 WESTERN UNION MONEY TRANSFER	电汇（T/T）
简介	目前最大的网上在线支付平台，总部位于美国加州，全球有超过2亿活跃用户，是跨国交易最有效的付款方式之一	世界上领先的特快汇款公司，代理点遍布全球近200个国家和地区，是传统式的交易模式，全球大部分国家都在使用	由汇款人以定额本国货币交于本国外汇银行换取定额外汇，再通过国外汇入行解付给收款人的一种汇款方式
优点	（1）用户量大，认可度高。 （2）满足部分地区客户的付款习惯。 （3）实时到账	（1）保护卖家的利益。 （2）收款人在中国收取汇款时无须缴纳任何额外费用	（1）覆盖面广。 （2）安全便捷，到账快。 （3）手续费用相对较低
缺点	（1）买家利益大于卖家利益。 （2）账户容易被冻结。 （3）手续费用较高	（1）买家使用意愿小，会影响订单转化量。 （2）手续费用按笔缴纳，对小额订单不划算。 （3）部分银行仍需去柜台收款	（1）需要买家先支付，对于信用问题要求严格。 （2）不适合小额收款

> **小贴士**

5种PayPal扣款诈骗及预防

情形1：送货地址

在进行购买并将付款存入卖家的PayPal账户后，骗子要求卖家将其购买的商品运送到无效的送货地址。在几次失败的交付尝试之后，航运公司在其系统中将该项目标记为无法交付。然后，骗子联系航运公司，并给他们一个新的、有效的航运地址。当骗子得到货物，就向贝宝提出投诉，声称该项目从未交付。卖方没有交货证明，因为他们的交易细节只显示原始的无效地址。PayPal的卖家保护不包括发送到未存档地址的货物，因此卖家会丢失他们发送的货物和支付资金。

情形2：多付

有时，骗子可能会向卖家的PayPal账户支付超出其购买物品成本的款项。然后他们会联系卖家，解释他们多付了钱，并要求把剩余的钱还给他们。卖家发回多付的款项后，骗子向贝宝发出投诉，声称自己的账户被泄露，他们本来就不打算向卖家付款。PayPal会将原始付款全额退还给骗子，即使卖家尚未将购买的商品发货出去，他们仍会丢失退回的"多付"金额。

情形3：假电子邮件

骗子可能会向看似来自PayPal的卖家发送伪造的电子邮件，称已将钱存入卖家账户，PayPal已对这些资金进行了扣押，在卖家发送发货跟踪号码之前不会释放这些资金。PayPal不是这样工作的，他们没有托管资金。骗子希望卖家能赶紧发货，并发送一个追踪号码，以便收到货款。一旦商品发货，骗子得到一件他们从未付款的商品就太晚了，卖家最终会意识到贝宝从来没有为他们存钱。

情形4：网络钓鱼电子邮件

向卖家发送一封似乎来自PayPal的电子邮件，表明资金已经转移到他们的账户中，等待确认，带有一个链接或按钮，供卖家点击，将资金提供给他们。该链接指向一个伪造的贝宝网站，该网站将要求卖家的登录凭据。如果卖家将自己的电子邮件和密码输入假冒网站，骗子就可以使用它们登录卖家的实际贝宝账户，从中进行支付或提取资金。

情形 5：黑客贝宝

一旦骗子侵入别人的 PayPal 账户（就像钓鱼邮件诈骗一样），他们就可以用其接管账户中的钱进行购买和支付。卖家可能会收到购买和发货的通知，但后来贝宝会告诉卖家交易是欺诈性的，必须撤销交易。贝宝可以偿还卖方，如果他们能够确认，做出付款的账户是黑客。

如何防止贝宝诈骗：

在接受付款之前，要注意危险信号。要求仓促发货、接受部分付款或接受多个 PayPal 账户之间的分拆付款，都是欺诈活动的有力指标。

转售价值高或需求量大的物品对欺诈者特别有吸引力。在运送特别有价值的物品之前，请仔细检查运送地址和账单地址，确保它们匹配。

即使是持有有效证件的客户也可能出于无知或不耐烦而实施"友好欺诈"。在运送贵重物品时，一定要在交货时签字确认。

注册贝宝的卖家保护计划，贝宝将监测你的交易欺诈迹象。

阻止提出争议或欺诈索赔的客户。如果没有对同一卖方采取行动，欺诈者往往会多次针对同一卖方。

资料来源：福步外贸论坛 https://bbs.fobshanghai.com/thread-8034997-1-1.html?btwaf=53137124

二、托收

托收（Collection），是指出口商出具汇票委托银行向进口商收取货款的一种支付方式。国际贸易中货款的收取大多采用跟单托收，也就是出口商将汇票连同货运单据一起交给银行委托代收货款的方式。它同汇款方式一样属于商业信用，也就是出口商能否收到货款完全取决于进口商的信用好坏，银行不承担责任。在跟单托收情况下，根据交单条件的不同，又可分为付款交单和承兑交单两种。

（一）付款交单

付款交单（Document against Payment，简称 D/P），即出口商把全套单证交给银行，委托银行向客户收钱，在收到钱以后银行将全套单证交给客户。注意，付款交单的形式中，银行只管帮出口商转交单据，客户不肯付钱就把单据退回给出口商，因而并不保证出口商把单据交给银行就一定能收到货款。也就是说，即使单证本身完美无缺，出口商仍然要冒着客户拒绝付款，而不得不把货物贱卖或返运回国内的风险。

按付款时间的不同,付款交单又可分为即期付款交单和远期付款交单两种。

1. 即期付款交单

即期付款交单(Documents against Payment at sight,简称 D/P at sight),是指出口商发货后开具即期汇票连同货运单据,通过银行向进口商提示,进口商见票后立即付款,进口商在付清货款后向银行领取货运单据。即期付款交单流程如图 3-11 所示。

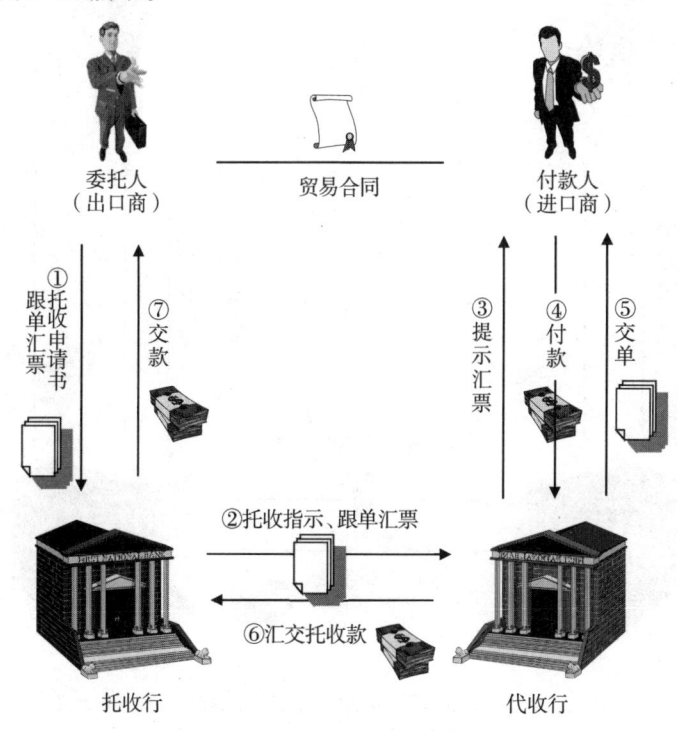

图 3-11 即期付款交单流程

> **例示**
>
> 合同中的托收条款——即期付款交单
>
> Upon first presentation the buyers shall pay against documentary draft drawn by the sellers at sight. The shipping documents are to be delivered against payment only.
>
> (买方凭卖方开具的即期跟单汇票,于第一次见票时立即付款,付款后交单)

2. 远期付款交单

远期付款交单（Documents against Payment after sight，简称 D/P after sight），是指出口商发货后开具远期汇票连同货运单据，通过银行向进口商提示，进口商审核无误后即在汇票上进行承兑，于汇票到期日付清货款后再领取货运单据。远期付款交单流程如图 3-12 所示。

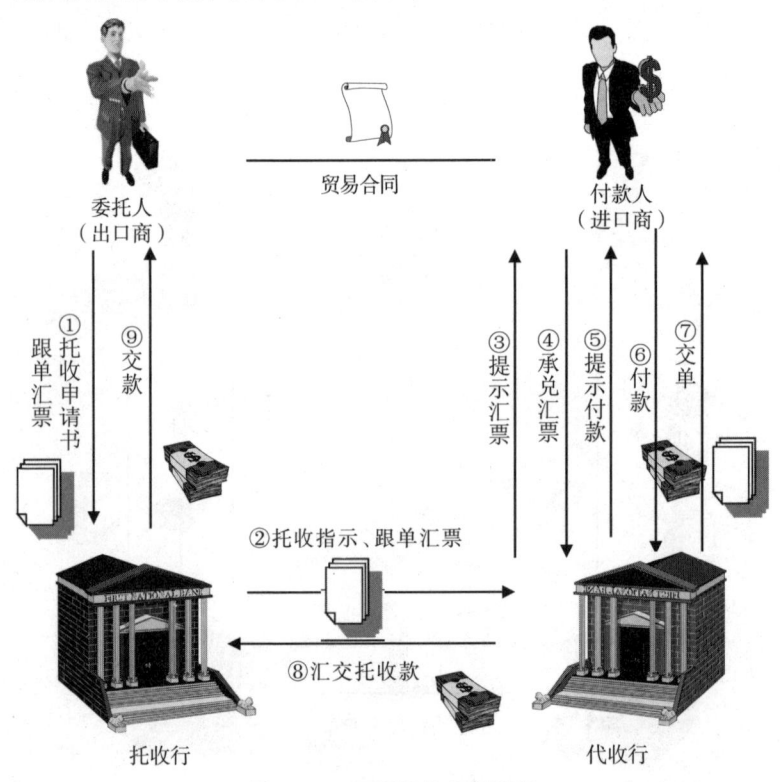

图 3-12 远期付款交单流程

例示

合同中的托收条款——远期付款交单

The Buyers shall duly accept the documentary draft drawn by the Sellers at ×× days sight upon first presentation and make payment on its maturity. The shipping documents are to be delivered against payment only.

（买方对卖方开具的见票后××天付款的跟单汇票，于第一次提示时即予承兑，并应于汇票到期日即予付款，付款后交单）

> **相关链接**

什么是承兑

承兑（Acceptance）是指付款人对远期汇票表示承担到期付款责任的行为。付款人在汇票上注明"承兑"字样，注明承兑日期，并由付款人签字，交还持票人。付款人即成为承兑人。承兑人有在远期汇票到期时付款的责任。

> **案例**

D/P·T/R的风险谁承担

我国A公司出口一批货物，付款方式为D/P 90天。汇票及货运单据通过托收银行寄抵国外代收行后，买方进行了承兑，但货到目的地后，恰逢行市上涨，于是买方出具信托收据向银行借出单据。货物出售后，买方由于其他原因倒闭。但此时距离汇票到期日还有30天，试分析A公司于汇票到期时收回货款的可能性及处理措施。

分析提示：

本案属于典型的D/P凭信托收据借单，这种情况下，谁同意借单谁就应该承担买方到期不付款的风险。在本案中，买方倒闭后，很难于汇票到期时付款。如果是A公司授权银行凭信托收据借单给进口人，则由A公司承担风险；如果是代收行私自借单，A公司可向代收行索要货款损失。

（二）承兑交单

承兑交单（Documents against Acceptance，简写D/A），是指出口商的交单以进口商在汇票上承兑为条件。即出口商在装运货物后开具远期汇票，连同货运单据，通过银行向进口商提示，进口人承兑汇票后，代收银行即将货运单据交给进口商。在汇票到期时，方履行付款义务。承兑交单方式只适用于远期汇票的托收。由于承兑交单是进口商只要在汇票上承兑之后，即可取得货运单据，凭以提取货物。也就是说，出口商已交出了物权凭证，其收款的保障依赖进口商的信用，一旦进口商到期不付款，出口商便会遭到货物与货款全部落空的损失。因此，出口商对接受这种方式，一般采用很慎重的态度。承兑交单流程如图3-13所示。

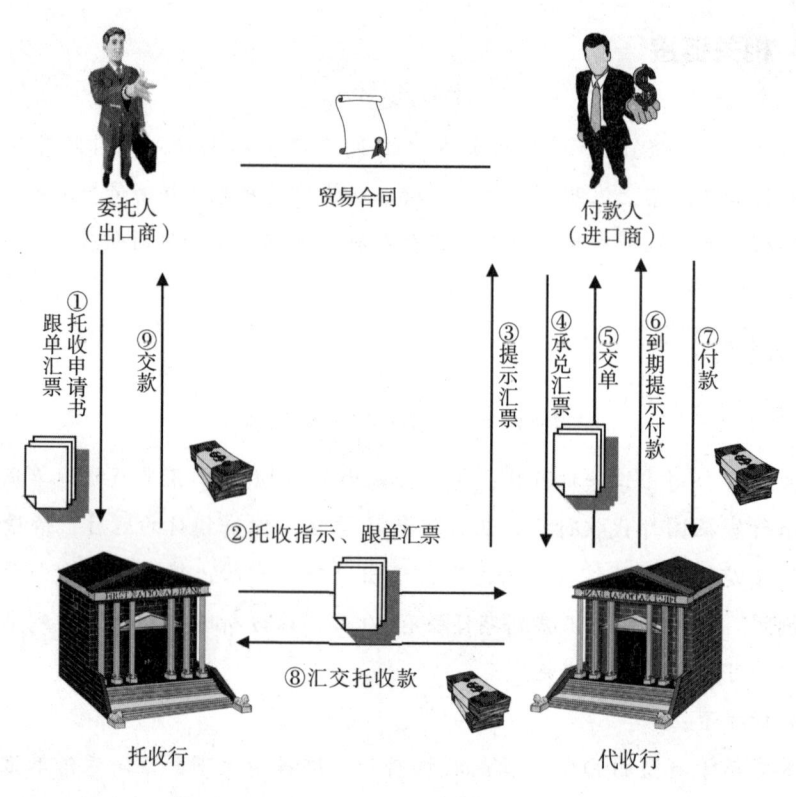

委托人（出口商） —— 贸易合同 —— 付款人（进口商）

① 托收申请书 跟单汇票
② 托收指示、跟单汇票
③ 提示汇票
④ 承兑汇票
⑤ 交单
⑥ 到期提示付款
⑦ 付款
⑧ 汇交托收款
⑨ 交款

托收行 —— 代收行

图 3-13　承兑交单流程

例示

合同中的托收条款——承兑交单

The Buyers shall duly accept the documentary draft drawn by the Sellers at ×× days sight upon first presentation and make payment on its maturity. The shipping documents are to be delivered against acceptance.

（买方对卖方开具的见票后××天付款的跟单汇票，于第一次提示时即予以承兑，并应于汇票到期日即予付款，承兑后交单）

三、信用证

信用证（Letter of Credit，简称 L/C），即客户按照双方约定事项，委托银行开立一份有条件的承诺付款的书面文件。该文件注明了交易的商品、数量、品质、交货时间等要求，并相应规定了所需单证的种类和制作要求。出口商根据信用证备货，然后缮制和收集好全套单证，在规定的时限内交付银行，银行审核无误后即支付货款。T/T 与 D/P，操作费用较少。但共同的缺陷是出口商承担着客户中途变卦不要货的风险。即使出口商很好地控制着物权，因为客户毁约，不得不将货物运回或者在外国目的地贱卖，有时候客户也会以此为要挟提出降价的非分要求，使出口商承受损失。而信用证在理论上就很好地保障了买卖双方的利益。对于出口商来说，有了银行信用作担保，只要及时按要求交货，就可得到货款。因此虽然使用信用证需要承担比较高的银行手续费，但仍是最常用的国际贸易结算手段。只有买卖双方合作日久，彼此接受商业信用，才会慢慢淡化信用证。另一方面，信用证对单证的要求也是最高的。信用证的条款中对单证的缮制作了严格要求，甚至细致到单证中的文字表达。全套单证必须完全符合信用证要求，才会被接受。任何错误，哪怕是单词和标点符号上的拼写错误，理论上都可以作为不符点"discrepancy"——不符合信用证要求的地方。出现不符点，客户有权利拒绝履行信用证。即使客户不介意，愿意继续履行，银行也会针对每一个不符点进行罚款，常见的是 50 美元或更多。因此从某种意义上来说，信用证单证操作中一个标点符号就可能价值 50 美元。这就对我们的单证水平提出了很高的要求。此外，信用证的专业性很强，不熟悉外贸知识和信用证知识的人，难以理解其中条款的含义。一些不法商人也利用这一点，故意设置其中条款，或有意挑刺，导致产生不符点，再利用货物已经运抵国外码头的既成事实相要挟，达到降价贱卖的目的。所以，信用证有时也会是双刃剑。用得好可以保障收款，了解常见的陷阱花招，就完全能够规避风险，顺利收钱（关于信用证，将在本书"第五步"中详细介绍）。

四、付款方式的选择

付款方式的选择无论对于买方还是卖方都是至关重要的，稍有不慎就会"赔了夫人又折兵"。需要注意的是，不同付款方式的便利性和安全性都是相对而言的，世界上没有完美无缺的付款方式（表 3-7）。由于不同付款方式的安全性不同，带来的收汇风险也不一样。对于卖方而言，按照风险程度从小到大依次为：预付货款、信用证、跟单托收、货到付款（赊销）。不同付款方式的风险对比如图 3-14 所示。

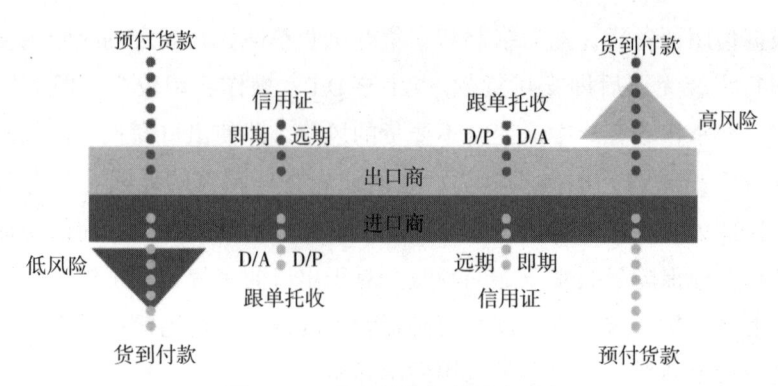

图 3-14 不同付款方式风险对比

采用何种付款方式很大程度上取决于客户的资信情况。对于跟本企业有着悠久合作历史、资信情况良好的客户，出口企业可以舍弃信用证而采用T/T或D/A、D/P远期等方式。事实上，在目前出口企业林立、产品价格战愈演愈烈的情况下，很多公司之所以拥有一批忠实的老客户，完全是因为他们给的宽裕的融资期限。见提单副本后电汇货款或收到货物后若干天付款都是可以采用的结算方式，D/A、D/P远期也是可以考虑的结算方式。对于新客户，建议先采用信用证付款方式。在客户拒绝接受信用证方式的情况下，则可考虑采用汇款方式。但为确保收汇，出口企业须通过专业咨询机构对海外客户进行全面、认真、仔细的调查，及时掌握和了解其经营情况、资信及偿付能力。

表3-7 信用证、跟单托收与电汇方式比较

项目	信用证	跟单托收	电汇
收款保证	以银行信用为保证，免除进口商商业风险	以进口商商业信用为保证	以进口商商业信用为保证
收款时间	及时	基本及时	不够及时
银行费用	占出口额的0.5%左右	占出口额的0.2%左右	几乎没有
风险	单证不符拒付	买方毁约退单，甚至钱货两空	钱货两空

另外，还可以在总结经验基础上采用不同付款方式相结合的方式。不同付款方式相结合主要是指信用证与汇款、托收相结合。出口商在与国外客商签订合同时，可规定：一定比例的付款金额采用信用证，一定比例的付款金额采用汇款或者托收。这样做，对国外客户来说，可减少开证保证金，并节

省银行费用；对出口企业来说，采用部分使用信用证作保证是一种保全收汇的方法。另外，由于客户必须在收到提单副本后汇付货款，否则出口商可不寄提单正本或其他单据，这样出口商可避免由于客户拒付货款而造成直接经济损失。至于托收，因全部货运单据须附在托收汇票项下，开证银行或付款银行收到单据与汇票时，由银行把住关口，须由进口商全部付清货款后才可把提单交给进口商，以期安全收汇，亦可防止进口商于信用证项下支付部分货款后取走提单。

第四节　签订合同

经过交易磋商，一方的发盘或还盘被对方有效地接受后，就算达成了交易，双方之间就建立了合同关系。在业务中，最好用书面形式将双方的权利、义务明文规定下来，便于执行，这就是所谓签订合同。

一、书面合同的签订

尽管从法律效力来看，书面合同与口头合同是一样的，但是，在外贸业务中，一般都签订书面合同，很少签订口头合同。因为口头合同无文字依据，空口无凭，一旦发生争议，往往造成举证困难，不易分清责任。而书面合同有以下重要作用：作为合同成立的证据，作为履行合同的依据，有时作为合同生效的条件，还可作为仲裁、诉讼的依据。所以，在很大程度上避免了口头合同的缺陷与不足。

✦小贴士

合同订立、合同成立与合同生效不是一回事

合同订立不同于合同成立。合同订立强调的是合同从洽商到达成合意的动态过程，而合同成立强调的是合同的产生和存在，属于静态的结果。合同成立也不同于合同生效。合同成立着眼于当事人是否达成了合意，而合同生效体现的是国家法律对合同的评价，是法律认可当事人意思的结果。成立的合同只有符合法律的要求才会生效，否则，或者归于无效，或者得撤销，或者效力待定。

书面合同的签订通常有三种情形：一是进口商寄送订单（Purchase Order，P/O）交出口商会签（Countersign），如图3-15所示；二是出口商寄送售货合同或确认书交进口商会签，如图3-16所示；三是进口商寄送购货合同或确认书（Purchase Contract or Confirmation，P/C）交出口商会签，如图3-17所示。

图3-15　书面合同签订情形一

图3-16　书面合同签订情形二

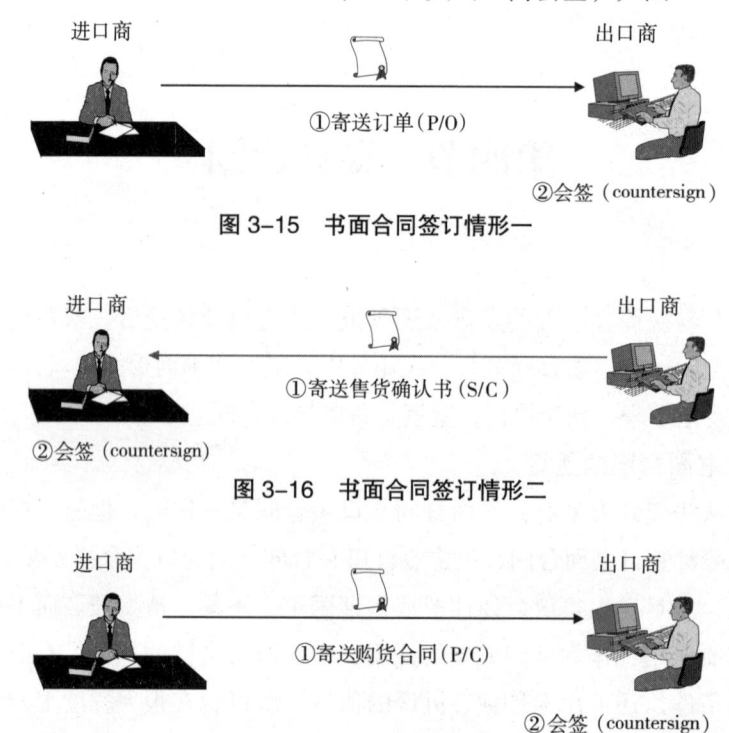

图3-17　书面合同签订情形三

小知识

书面合同的形式

根据国际贸易的一般习惯做法，交易双方达成交易后，多数情况下还签订一定格式的书面合同，以利合同的履行。关于书面合同的名称，并无统一规定，其格式的繁简也不一致。在我国进出口贸易实践中，书面合同的形式包括合同（Contract）、确认书（Confirmation）和协议书（Agreement）等。其中以采用合同和确认书两种形式的居多。从法律效力来看，这两种形式的书面合同没有区别，所不同的只是格式和内容的繁简有所差异。合同又可分为销售合同（Sales Contract）和购货合同（Purchase Contract）。前者是指卖方草拟提出的合同；后者是指买方草拟提出的合同。确认书是合同的简化形式，它又分为销售确认书（Sales Confirmation）和购货确认书（Purchase Confirmation）。

案例

我某公司与外商洽商进口某商品一批，经往来函电洽谈，已谈妥合同的主要交易条件，但我方在函电中表明交易于签定确认书时生效。事后对方将草拟的合同条款交我方确认，但因有关条款的措辞尚需研究，故我方未及时给对方答复。不久该商品的市场价格下跌，对方电催我方开立信用证，而我方以合同未成立为由拒绝开证。问：我方的做法是否有理？为什么？

二、书面合同的内容

书面合同的内容，可分为三部分：约首、本文和约尾。

（一）约首（Preamble）

约首包括合同名称，订约双方当事人的名称地址。有的合同还用序言形式说明定约意图并放在约首。

合同号码	合同名称	合同日期
	Sales Confirmation	
S/C No.: SHKEL-FL05515		DATE: Aug. 17, 2018

The seller: Shanghai Lanked International Trading Co., Ltd.
Add: Rm. 604B Phoenix Building, No.18 Huangyang Rd.,
 Pudong, Shanghai 201206, P.R.China

The Buyer: IMMENSE INC
Add: Suite 209, Keele St., Toronto, Canada

→ 合同当事人信息

（二）本文（Body）

本文是合同的主体部分，具体列明交易的条件、条款，规定双方当事人的权利和义务。其中包括品名、品质规格、数量或重量、包装、价格、交货条件、运输、保险、支付、检验、索赔、不可抗力和仲裁等项内容。商定合同，主要是就这些基本条款如何规定进行磋商，达成一致意见。

1. 品质条款（Quality）

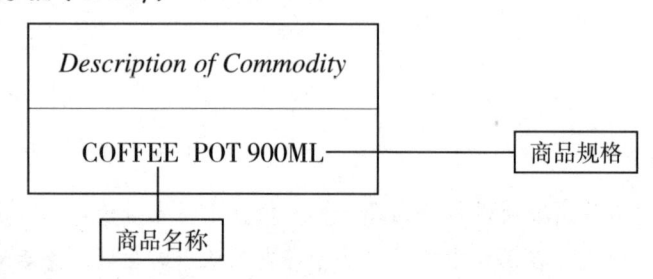

Description of Commodity
COFFEE POT 900ML — 商品规格

商品名称（← COFFEE POT 900ML）

2. 数量条款（Quantity）

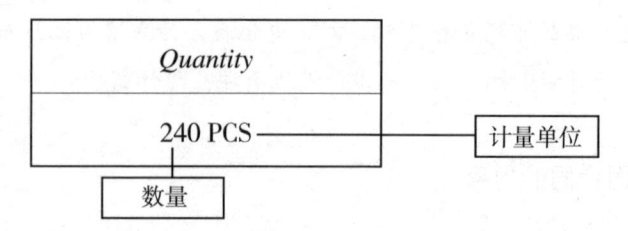

Quantity
240 PCS — 计量单位

数量（← 240 PCS）

3. 价格条款（Price）

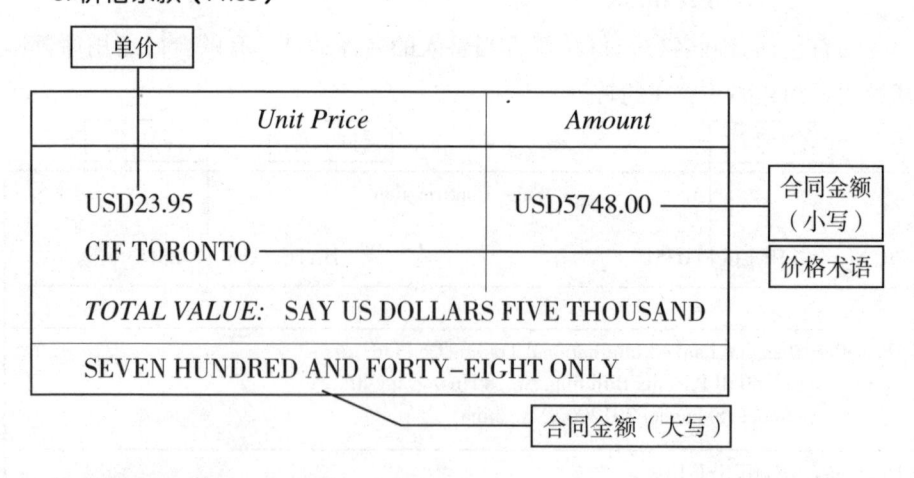

单价

Unit Price	Amount
USD23.95	USD5748.00 — 合同金额（小写）
CIF TORONTO — 价格术语	
TOTAL VALUE: SAY US DOLLARS FIVE THOUSAND SEVEN HUNDRED AND FORTY-EIGHT ONLY	

合同金额（大写）

4. 包装条款（Packing）

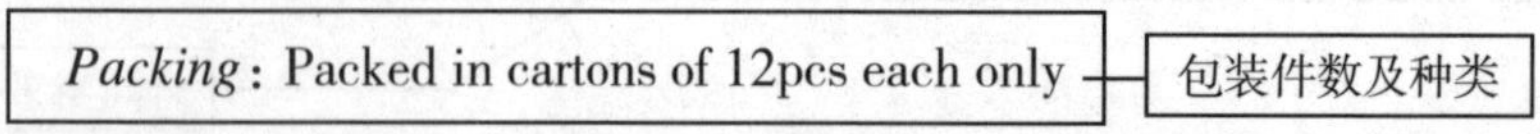

Packing: Packed in cartons of 12pcs each only — 包装件数及种类

5. 装运条款（Shipment）

装运港　　目的港

Shipment: To be effected from Shanghai, China to Toronto, Canada before Nov. 20th, 2018 with partial shipments and transshipment allowed

装运期　　对分批装运和转运的规定

6. 支付条款（Payment）

付款方式　　付款期限和金额

Payment: By an Irrevocable L/C payable at 30 days after B/L date for 100% of total contract value to reach the seller before Sep. 15th, 2018. And valid for negotiation in China until the 15th day after the date of shipment

7. 保险条款（Insurance）

Insurance: To be covered by the seller for 110% of the total invoice value against institute cargo clause（B）as per I.C.C. dated 1/1/1982

（三）约尾（Witness Clause）

约尾一般列明合同的份数，使用的文字及其效力，订约的时间、地点和生效的时间以及双方当事人签字等。我国出口合同的订约地点一般都写在我国。有时，有的合同将"订约时间和地点"在约首订明。

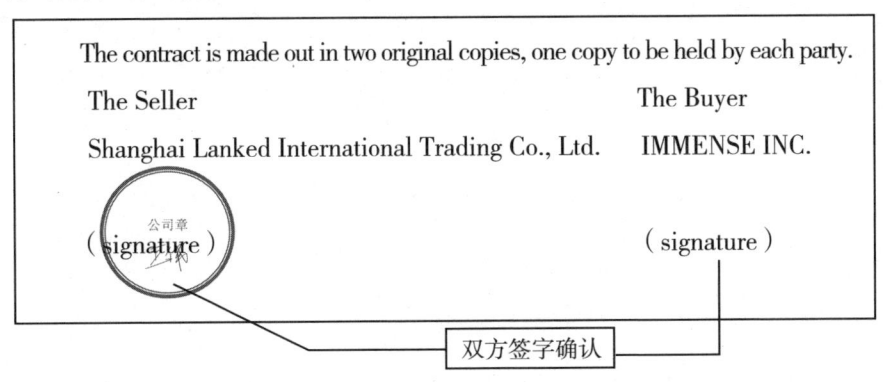

The contract is made out in two original copies, one copy to be held by each party.

The Seller　　　　　　　　　　　　　　The Buyer
Shanghai Lanked International Trading Co., Ltd.　　IMMENSE INC.

（公司章）

（signature）　　　　　　　　　　　　　（signature）

双方签字确认

第四步　准备货物

合同不过是形式和手段，货物才是内容和实质。准备货物工作，简称备货，是卖方根据出口合同的规定，按时、按质、按量地准备好应交的货物，并做好申请报检和领证工作（图4-1）。备货在整个贸易流程中，占有着举足轻重的地位，须严格按照合同规定，逐一落实。

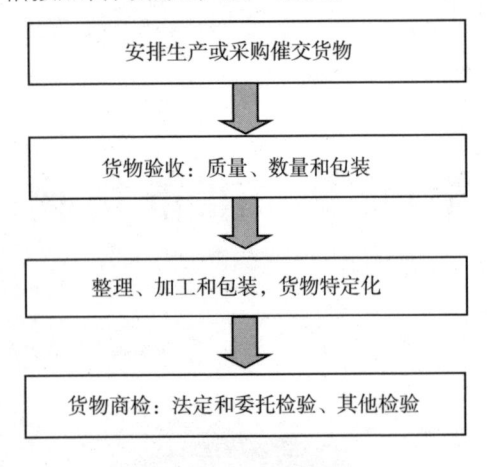

```
安排生产或采购催交货物
        ↓
货物验收：质量、数量和包装
        ↓
整理、加工和包装，货物特定化
        ↓
货物商检：法定和委托检验、其他检验
```

图4-1　备货工作流程

第一节　落实货源

备货首先要落实货源，目前在我国有两种情况：一种是生产型企业的备货，另一种是贸易型企业的备货。

一、生产型企业备货

如果出口商本身就是厂商，在合同订立后或接受信用证之后，应及时安排生产或加工。一般是向生产加工或仓储部门下达出口货物明细单（样本4-1）（在有些企业称其为加工通知单或信用证分析单等），要求该部门按明细单的要求，对应交的货物进行清点、加工整理、包装、刷制运输标志以及办理申报检验和领证等项工作。明细单是进出口企业内部各个部门进行备货、出运、制单结汇的共同依据。需要注意的是，在生产或加工合同货物时，出口商（厂商）必须依据买卖合同或信用证要求的品质、数量、规格、包装条件组织生产或加工，以确保货物与合同或信用证相符。

样本 4-1　出口货物明细单

出口货物明细单		银行编号		外运编号	
		核销单号		许可证号	
经营单位（装船人）		合同号			
		信用证号			
		开证日期		收到日期	
提单或承运收据	抬头人	金额		收汇方式	
		货物性质		贸易国别	
	通知人	出口口岸		目的港	
		可否转运		可否分批	
	运费	装运期限		有效期限	
标记唛头	货名规格及货号	件数	毛重	净重	价格（成交条件）	
					单价	总价
本公司注意事项		总体积			
		保险单	险别		
			保额		
			赔款地点		
外运外轮注意事项		船名			
		海关编号			
		放行日期			
		制单员			

二、贸易型企业备货

如果出口商本身不是厂商,即无法生产或加工合同货物,则必须寻找相关厂商购进合同货物。在购进货物时应与选定的生产或加工工厂订立购货合同,一般称之为订货单(Purchase Order)(样本4-2)。这种订货单可分为预约订货单与现货订货单两种。

(一)预约订货单

预约订货单是指在向国外报价之前,预先请供货厂商向出口商报价,出口商在此基础上,按照前述报价计算方法,计算出出口价格,再向国外报价。一旦国外进口商接受报价并与出口商订立了买卖合同,或出口商接受了信用证,出口商再向国内供货厂商下订货单。预约订货单的优点是,可以避免买卖合同订立后,无法或无法及时在国内购进合同货物或必须以高价购货的风险,以至于陷于被动局面的窘境。

(二)现货订货单

现货订货单是指出口商与国外进口商订立了买卖合同后,或接受了信用证之后,再向国内供货厂商下订单订购合同货物。这种订货方法比较适合货源充足、售价较稳定的情形。如果货源紧缺,售价波动大,就不宜采用这种方法。所以,存在一定局限性,就是一旦国内无法购进合同货物,或必须高价购进货物,则出口商可能面临违约或利润减少,甚至亏损的风险。

小贴士

出口商选择订货厂商注意事项

➢ 工厂应尽可能靠近装运地(港)。

➢ 生产或加工技术先进,确保货物品质。

➢ 货物的价格具有竞争力。

➢ 交货及时。

➢ 资信程度较高。

➢ 能够提供样品,优质的售后服务。

➢ 能够与出口商保持较好的合作关系。

样本 4-2　订货单

ABC IMP. & EXP. Trading Co., Ltd.
（ABC进出口贸易公司）
订货单

Fax：010—6232×××　　　　　　　　　Date：2020.6.12
Tel No.：010—6232×××　　　　　　　No.：1234
供货厂商：XYZ 制衣有限公司
地址：北京市东三环路 500 号
电话：010—8826×××
兹向贵公司订购下列产品，并按以下条款接受：
（1）品名：男式 T 恤衫。
（2）规格：180/100A（品质要求见附件）。
（3）数量：300 打。
（4）单价：人民币（￥）600.00/ 打。
（5）总价：人民币（￥）180000.00（壹拾捌万元整）。
（6）包装：每打装一盒，每 50 盒装一纸箱。
唛头：

　　　　　HRK　　　　　　　　　N.W. 20kgs
　　　　Seattle　　　　　　　　　G.W. 22kgs
　　　　No.1–up　　　　　　　　28″×24″×23″
　　　Made in China
　　　　　P.R.C

（7）交货期：2020 年 10 月底之前交货，若延期交货导致本公司损失，由贵公司承担赔偿责任。
（8）交货地：北京市昌平区工业园区 25 号。
（9）检验检疫：交货前请办妥国家质检局合格证明；所交货物应与品质附件相符；若遭受进口商索赔，由贵公司承担全部责任。
（10）延期交货：每延期一天，扣总价 0.5%。
（11）知识产权：若涉及知识产权指控，由贵公司承担全部责任。
（12）付款：本公司预付订金人民币 20000.00 元，招商银行支票支付，余款待押汇后一次付清。

供货厂商：　　　　　　　　　　　订货方：
XYZ 制衣有限公司　　　　　　　　ABC IMP. & EXP. Trading Co., Ltd.
　　　　　　　　　　　　　　　　（ABC 进出口贸易公司）

三、合理安排备货时间

交货时间是国际货物买卖合同的主要交易条件，倘有违反，买方不仅有权拒收货物并提出索赔，甚至还可宣告合同无效。因此，货物备妥时间务必要与合同和信用证装运期限相适应，并结合运输条件，例如船期，进行妥善安排。为防止意外，一般还应适当留有余地。

凡出口合同规定收到买方信用证后若干天内交货的，为保证按时履行合同，以防被动，应督促买方按照合同规定期限开到信用证。收到信用证后，还必须抓紧时间审核，认可后及时安排生产、组织进货和办理装运。

至于是将合同货物全部一次装运，还是分期分批装运，也必须按合同规定办理。一般理解是：除非合同另有规定，卖方必须将合同货物全部一次装运。但是，有时由于交易数量较大，为便于卖方备货、安排装运和适应买方使用或转销的需要，在买卖合同中也可约定在一定期限内授权卖方酌情掌握是否分期或分批装运，必要时也可在合同中具体规定分期分批装运的时间和方法。有的合同在规定允许分期分批的同时，还明确规定分期分批的时间和数量，对此，卖方就必须按合同规定的分期时间和逐批数量装运。如果卖方对其中任何一期或多期不按合同规定履行装运义务，买方就可根据合同条款和卖方违约的具体情况，要求损害赔偿和／或对某一期交货的合同宣告无效，或对该期以及今后未交各期的合同宣告无效。如果各批货物是相互依存的，不能单独用于双方当事人在订立合同时所设想的目的，则买方可对已交或未交各期的整个合同宣告无效（《公约》第73条）。例如，出售的是大型机械设备，按合同规定，设备的各部件分别装箱，分期交货，待各期交付的货物到齐后，在买方的所在地组装。如其中有一期未交付或交付的质量不符合合同规定，且又无法通过修理或替换来加以弥补，由于各期交付的货物相互依存，不可分割，缺少了任何一期交付的货物的部件，整机就无法组装，因而使买方无法达到定约时的预想目的，这样构成了对整个合同的根本违约，买方自可宣告整个合同无效。对已交的货物，买方也应有权退还给卖方，已付货款也可向卖方收回。

UCP600第32条对分期装运（Installment Shipment）也有规定："如信用证规定在指定的时间内分期支款或分期装运，而任何一期未在所允许的期间内支取或装运，信用证对该期和以后任何各期终止有效。"上述规定与《公约》第73条（2）款的规定是一致的。

四、备货时不容忽视的知识产权问题

作为企业领导，都想拓宽自己的海外市场，希望自己的产品能够销售到海外，但你是否想过，在产品出口之前，除了要按时、按质、按量备好货，还有一个问题不容忽视，那就是知识产权。近年来，我国企业由于缺乏知识产权意识带来的血的教训频见报端。

（一）备货中的知识产权风险

案例

知识产权典型案例

案例1：近似商标侵权。客户A向海关申报出口一批休闲鞋，申报为无牌。经海关查验，该批货物中有"四条纹"标识的休闲鞋3000双，价值近10万元人民币。海关向阿迪达斯有限公司发送确认函后，阿迪达斯有限公司认为上述货物属于侵犯其阿迪达斯"三斜杠"商标专用权的商品，并向海关提出采取知识产权保护措施的申请。海关调查后认为，该图形与商标权利人注册的阿迪达斯"三斜杠"构成近似，并做出认定侵权的处罚决定。

案例2：盲目接单加工侵权。杭州某工具生产企业为一家伊朗外商生产了一批手提式电钻和手提式角磨共计6610台，伊朗外商要求在手提式电钻上标注"BOSCH"标识、在手提式电钻角磨上标注"BOOCSH"标识，并提供了货物外包装和标签的图样。该企业接到订单后完全按照客户的要求生产了货物，用客户提供的外包装和标签在自己工厂进行包装，结果在申报出口时被上海海关查获。BOSCH图形和BOSCH商标权利人——德国罗伯特·博世有限公司确认该批货物侵权。

案例3：认证标准侵权。客户B向海关申报出口一批电源线，申报为无牌。经海关查验，该批货物中有"UL及图形"商标的电源线30箱2000根，价值3.5万元人民币。海关向UL公司发送确认函后，UL公司认为客户出口的电源线上使用的商标，与其注册的"UL及图形"相同，构成侵权。

案例4：跨境电商侵权。本来打算在2015年年底节日期间大赚一笔的中国平衡车生产企业突遭噩耗，全球电商巨头亚马逊开始下架这种产品，而且追溯到此前已经收到货的买家也可以全额退款，退款来源则直接从这些中国制造商的账户上扣除。在中国平衡车生产最为密集的深圳，据称有中国供应商在一夜之间就被亚马逊退走了6万英镑，折合人民币接近60万元，可谓血本无归。而这次平衡车被整体下架的主要原因是专利纠纷。

在市场竞争日趋激烈的今天，自主知识产权已然成为企业的核心竞争力，而侵犯他人的知识产权不仅会严重影响到企业的信誉和经营，也会导致加重企业的行政、民事和刑事责任，同时侵权案件也将给企业带来沉重的经济负担（图4–2）。

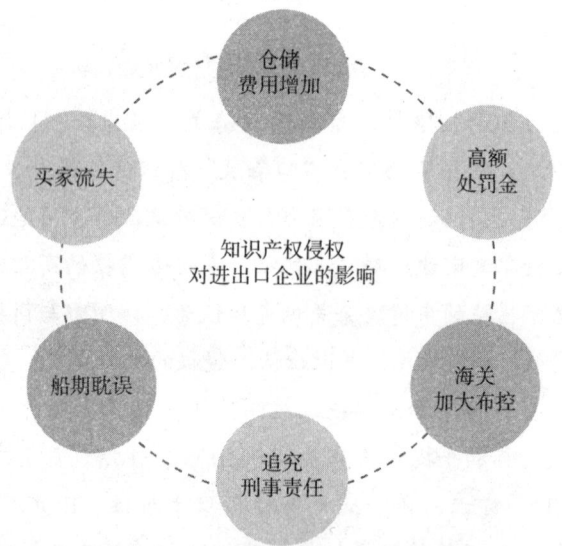

图4–2 知识产权侵权对进出口企业的影响

很多企业认为我的商标又跟他的不完全一样，算不上侵权。殊不知，近似也蕴含风险，山寨也可能构成侵权！近似商标是指两商标在"音""形""义（意）"上有所相同或近似，或者其商标各要素组合后的整体结构相似，足以使消费者产生误认、混淆。近似商标被认定为侵权的风险极大。

有的企业喜欢大批量接订单，并"照单全收"，这种做法有很大风险。如果没有审核所加工品牌的知识产权状况就盲目接单、生产并申报出口，侵权货物可能会被海关没收并处罚款，情节严重构成犯罪的，除赔偿被侵权人损失外，还应承担刑事责任。

外贸行业中常说的认证标准（详见本章第二节中的"凭标准买卖"），如UL、RU、HDMI、Bluetooth等，权利人都已经在中国合法注册并在海关总署备案，是受中国法律保护的"证明商标"。海关在执法过程中发现涉嫌侵权上述知识产权的，都会依法予以查扣。

此外，知识产权具有地域性，一般外贸公司出口的商品只要不侵犯中国知识产权及目的国知识产权即可。但有的商标，尤其是不被公众所知的商标，有可能是在欧美国家注册的商标，为了加强保护，该商标在绝大多数国家已经注册，受到全球保护。

近年来，随着跨境电商的迅速发展，电商出口侵权事件频发，不仅使中国跨境电商出口的中小卖家损失惨重，也对电商出口的整体环境造成不利影响。跨境电商以中小企业为主，一方面缺乏知识产权相关的知识，另一方面由于交易对象的不确定性，侵权的风险大大增加。甚至于部分企业为了追求短期利益，不惜铤而走险，在电商平台上售卖仿品和假冒商品。在互联网背景下，一旦涉及知识产权侵权风波，往往涉案企业数量多，范围广。

（二）知识产权风险应对

为了避免知识产权的风险与纠纷，外贸企业可以采取如下策略：

1. 加强知识产权检索与预警

生产企业可以在接到国外客户委托生产并使用指定商标出口的订单后，登录知识产权海关备案系统（图4-3）查询相关商标的海关备案情况，也可通过专利检索进一步确认知识产权相关情况，确保货物没有侵犯知识产权后才可生产。

企业可以要求对方提供其取得的出口国和加工地国的全年授权证明。如果委托方是持有人，应当要求其提供商标注册证，并查询加工产品所涉及的知识产权是否在中国国家市场监督管理总局注册，注册人与授权方是否一致，确保相关货物没有侵犯知识产权。如果委托方是商标使用被许可人，国内外贸加工企业应要求对方提供许可合同。

> **相关链接**
>
> 知识产权"两步查询法"
>
> 广大进出口企业，尤其是中小微企业对知识产权海关保护了解相对较少，不具备准确识别和防范风险的能力。这里推荐的"两步查询法"，简单易学，能够帮助企业提前防范99%的进出口侵权风险。
>
> 海关开展知识产权保护主要有两种模式：主动保护（依职权保护）和被动保护（依申请保护）。海关主动保护的案件比例占99%，前提是知识产权已在中国海关备案。因此，我们分"两步走"防范此类侵权风险：
>
> 第一步：查询进出口货物涉及的知识产权是否备案。知识产权海关保护备案系统地址：http://202.127.48.148/zscq/search/jsp/vBrandSearchIndex.jsp。如知识产权未备案，除非权利人提起依申请保护，即使海关查验发现，也不会主动保护，侵权风险不大。如知识产权已备案，企业就要详细比对进出口货物与备案知识产权的商品类别了。
>
> 第二步：查询进出口货物与知识产权备案的商品类别是否属于同一大类。类似商品和服务区分表（尼斯分类表）地址：http://www.sbfl.cn/。进出口货物与知识产权备案的商品类别不属于同一大类，如进出口货物是服装鞋帽，属于第25类，备案知识产权属于第18类，即使知识产权已备案，海关也不会主动保护。进出口货物与知识产权备案的商品类别属于同一大类，即使权利人在核定使用商品中没有具体列明，海关也会启动知识产权保护程序。

2. 合同缔结管理

尽管合同实质性条款的制定取决于缔约双方实力对比，但进出口企业在议价能力范围内还是应该尽量从知识产权归属审查、风险承担、赔偿、争议解决、法律适用等方面争取对自己有利的条款，切不可随意使用国外客户的格式版本。外贸公司与生产厂家或供应商在合同中应签订知识产权侵权免责条款，规定由生产厂家或供应商承担知识产权责任，这样在发生纠纷后可以向生产厂家或供应商追偿。

3. 海关备案

我国90%进出口环节知识产权侵权由海关发现，因此进出口企业在保护自身权利的措施上应充分重视海关的作用，提前做好海关知识产权备案登记（图4-3），积极向海关提供侵权线索，适时提出诉讼。与此同时，在接到针对企业自身的侵权投诉或通知后，迅速做出反应，与海关取得充分沟通并及时提供担保，力争将损失降至最低，避免国外客户的高额违约索赔。

图4-3 知识产权海关保护备案子系统

4. 对国外买家进行资信调查，检查对方是否有过侵权劣迹

在侵权行为发生之后，国内外贸加工企业往往才发现国外委托方其实可能只是一个"皮包公司"，当权利人向侵权行为人主张权利的时候，作为侵权行为人之一的国外委托方突然销声匿迹了，那么权利人会向国内外贸加工企业主张所有权利，国内企业为此也吃尽了苦头。

在外贸转型升级的大背景下，广大进出口企业应逐步提升知识产权意识，提高相关业务人员的专业水平，或是委托专业代理机构评估风险。

第二节 核实货物的品质、数量、包装

备货过程中要注意按照合同要求，认真核实货物的品质、数量和包装。

一、品质

货物的品质必须与买卖合同的规定相一致。严格按照买卖合同约定的质量要求交付货物，是卖方的一项基本义务。品质的表示方法分凭实物表示和凭文字说明表示两种。凡凭文字说明达成的合同，交付货物的质量必须与合同规定的规格、等级、标准等文字说明相符；如系凭样品达成的合同，则必须与样品相一致；如既凭文字说明，又凭样品达成的合同，则两者均须相符。

案例

可以既凭规格又凭样品买卖吗

我某出口公司与德国一家公司签订出口一批农产品的合同。其中品质规格为：水分最高15%，杂质不超过3%，交货品质以中国商检局品质检验为最后依据。但在成交前我方曾向对方寄送过样品，并未标注样品仅供参考；合同签订后又电告对方，确认成交货物与样品相似。货物装运前由中国商检局签发品质规格合格证书，货物运抵德国后，该国公司提出：虽然有检验证书，但货物品质比样品差，卖方有责任交付与样品一致的货物，因此要求每吨减价6英镑。我公司以合同中并未规定凭样交货为由，不同意减价。于是德国公司请该国某检验公司检验，出具了所交货物平均品质比样品差7%的检验证明，并据此提赔。我方不服，提出该产品系农产品，不可能做到与样品完全相符，但不至于低7%。由于我方留存的样品遗失，无法证明，最终只好赔付一笔品质差价。

此例是一宗既凭规格交货，又凭样品买卖的交易，卖方成交前的寄样行为及订约后的"电告"都是合同的组成部分。因此，根据商品特点正确选择表示品质的方法，能用一种表示就不要用两种，避免双重标准。既凭规格，又凭样品的交易，两个条件都要满足。样品的管理要严格。对复样等要妥善保管，作为日后重要的物证。

资料来源：缪东玲．国际贸易理论与实务．中国林业出版社．2007：243

（一）以实物表示品质

以实物表示商品品质包括凭成交商品的实际品质（Actual Quality）和凭样品（Sample）两种表示方法。前者为看货买卖，后者为凭样品买卖（图4-4）。凭样品买卖又分为凭卖方样品买卖、凭买方样品买卖与凭对等样品买卖。由卖方提供的样品称为"卖方样品"（Seller's Sample）。凡凭卖方样品作为交货的品质依据者（Quality as per Seller's Sample），称为"凭卖方样品买卖"。反之，品质以买方样品为准（Quality as per Buyer's Sample），卖方所交整批货的品质，必须与买方样品相符。卖方根据买方提供的样品，加工复制出一个类似的样品交买方确认，这种经确认后的样品，称为"对等样品"（Counter Sample）或"回样"（Return Sample），也有称"确认样品"（Confirming Sample）的。实际上，对等样品改变了交易的性质，即由凭买方样品买卖变成了凭卖方样品买卖，使卖方处于较有利的地位。

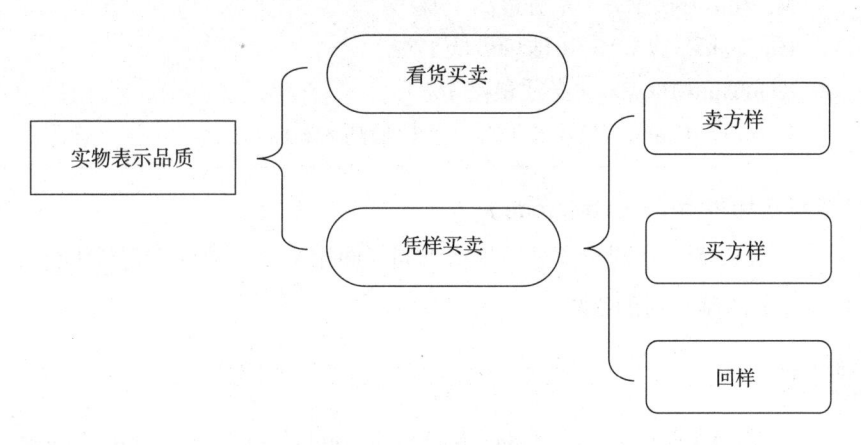

图4-4 以实物表示品质

（二）以说明表示品质

凡以文字、图表、照片等方式来说明商品的品质者，均属凭说明表示商品品质的范畴（图4-5）。属于这个范畴的表示方法，具体包括下列几种：

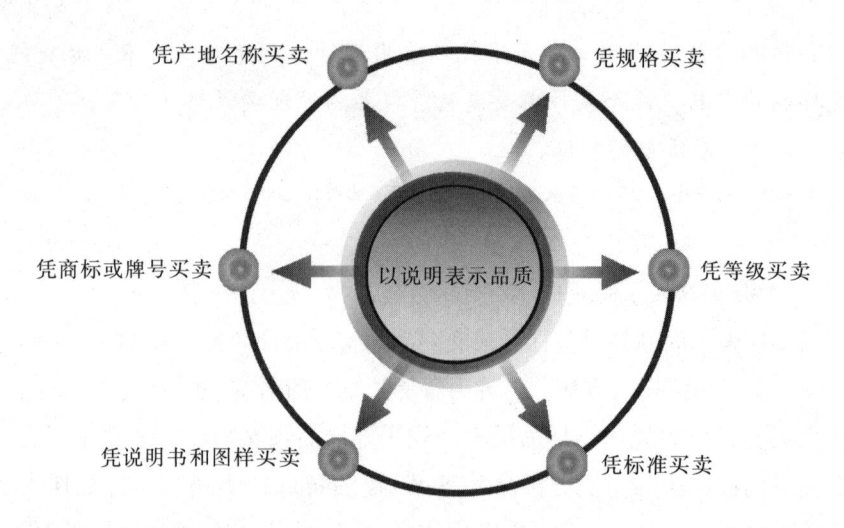

图4-5　以说明表示品质

1. 凭规格买卖（Sale by specification）

凭规格买卖，指用反映商品品质的指标，如成分、含量、性能等来确定商品品质的交易。

> **例示**
>
> Soybean（大豆）
> Moisture 15% Max（水分最高 15%）
> Oil Content 17% Min（油量最低 17%）
> Admixture 1% Max（杂质最高 1%）
> Imperfect Grains 8 Max %（不完善粒最高 8%）

2. 凭等级买卖（Sale by grade）

凭等级买卖，指同类商品因规格不同，而用文字、数码或符号进行分类，以此来确定商品品质的交易。

> **例示**
>
> Grade AA fresh hen eggs, shell light brown and clean, even in size（特级鲜鸡蛋，蛋壳呈浅棕色，清洁，大小均匀）
> ➢ Grade AA 60—65 gm.per egg（特级　每枚蛋净重 60—65 克）
> ➢ Grade A 55—60 gm.per egg（超级　每枚蛋净重 55—60 克）

➢ Grade B 50—55 gm.per egg（大级　每枚蛋净重 50—55 克）
➢ Grade C 45—50 gm.per egg（一级　每枚蛋净重 45—50 克）
➢ Grade D 40—45 gm.per egg（二级　每枚蛋净重 40—45 克）
➢ Grade E 35—40 gm.per egg（三级　每枚蛋净重 35—40 克）

3. 凭标准买卖（Sale by standard）

凭标准买卖，指以政府机关或工商团体统一制定的标准来确定商品品质的交易。

例示

Rifampicin in conformity with B.P.1993
（利福平，符合1993版英国药典）

例示

花生仁，FAQ，2020 年，水分最高 13%，不完善粒最高 5%，含油量最低 44%。

标准可分为国际标准，如 ISO9000，ISO14000 等；区域标准，如欧盟 CE；国家标准，如美国 UL；行业标准，如英国标准协会 BSI 安全标志；企业标准等（图 4-6）。

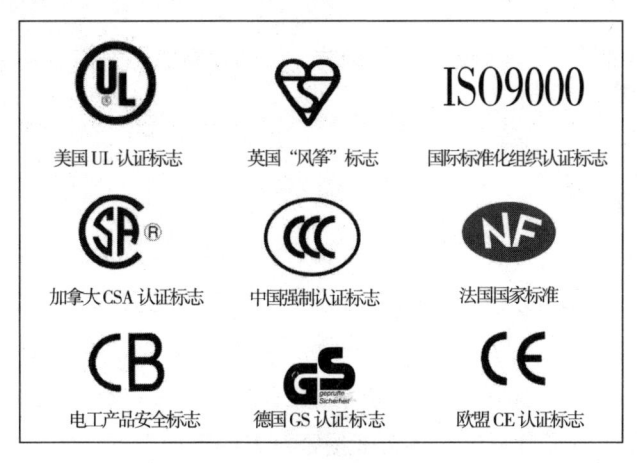

美国 UL 认证标志	英国"风筝"标志	国际标准化组织认证标志
加拿大 CSA 认证标志	中国强制认证标志	法国国家标准
电工产品安全标志	德国 GS 认证标志	欧盟 CE 认证标志

图 4-6　几种常见标准

4. 凭说明书和图样买卖（Sale by descriptions and illustrations）

对于某些工业制成品，如电器、仪表等，很难用几个简单的指标来反映其品质，而需要凭说明书、照片或图样来具体地描述其内部构造及性能，按此方式交易，称为凭说明书和图样买卖。

> **例示**
>
> 1515A 型多梭箱织机详细规格如所附文字说明与图样。

5. 凭商标或品牌买卖（Sale by trade mark or brand name）

对某些质量稳定且在市场上有着良好声誉的商品，买卖双方在磋商和签订合同时，直接采用这些商品的商标或牌号作为商品的品质表示，按此方式交易，称为凭商标或牌号买卖。

> **例示**
>
> 张小泉剪刀、海尔家电、奇瑞轿车、金山软件等。

6. 凭产地名称买卖（Sale by name of origin）

有些商品，尤其是农副土特产品，其品质因产地而异，交易中仅凭产地就可说明商品的品质好坏，即凭产地名称买卖。

> **例示**
>
> 山西陈醋、金华火腿、苏州刺绣、贵州茅台酒、龙口粉丝、景德镇瓷器、涪陵榨菜、山东大蒜等。

二、数量

货物的数量必须符合出口合同的规定。货物的数量是国际货物买卖合同的主要条件之一，卖方按合同规定的数量交付货物是卖方的重要义务。是否按合同规定数量交付货物，不仅是衡量买卖合同是否得到充分履行的标志，而且直接关系到订立合同时的预期利益能否全部实现，有时还要影响购买者的生产使用和业务经营，甚至还可能损害对方的市场声誉。

案例

国外某公司从中国进口小麦，合同规定：数量200万公吨，每公吨100美元。而我方装船时共装运了230万公吨，对多装的30万公吨，进口商应如何处理？如果我方只装运了180万公吨，对方是否有权拒收全部小麦？

分析提示：

根据《联合国国际货物销售合同公约》规定，如果卖方交付的货物数量大于合同规定的数量，买方可以收取也可以拒绝收取多交部分的货物，如果买方收取多交部分货物的全部或一部分，必须按合同价格付款。本案例中，进口商对我方多交的30万公吨，可以拒收也可以全部收下，还可以只收下其中的一部分，如果进口商收取多交小麦的全部或一部分，要按每公吨100美元付款。

如果我方只装运了180万公吨，外方无权拒收全部小麦。《联合国国际货物销售合同公约》规定：如果卖方交货数量少于约定的数量，卖方应在规定的交货期届满前补交，但不得使买方遭受不合理的不便或承担不合理的开支，即使如此，买方也有保留要求损害赔偿的权利。在本案例中，我方只比合同规定少交20万公吨，尚未构成根本性违约，外方只有权要求我方在交货期内补交，无权拒收全部小麦，如在补交期间，我方给外方带来不合理的开支，外方有保留要求损害赔偿的权利。

为能保证按合同规定的数量交付货物，必须按合同做好备货工作，在备货过程中，如发现货物不符合合同需要时，应及时采取有效措施，并在规定期限内补足。为便于补足储存中的自然损耗和国内搬运过程中的货损，以及按合同溢短装条款的溢装之用，备货数量一般以略多于出口合同规定的数量为宜。

相关链接

溢短装条款

溢短装条款是指允许卖方在交货时，可根据合同的规定多交或少交一定的百分比。根据UCP600第30条a款规定凡"约""大概""大约"或类似词语，用于信用证金额、数量或单价时，应解释为有关金额、数量或单价有不超过 10% 的增加幅度。

若合同和信用证中未明确规定可否溢短装，则对于散装，可根据 UCP600 第 30 条 b 款"除非信用证规定货物的数量不得有增减外，在所支付款项不超过信用证金额的条件下，货物数量准许有 5% 的增减幅度，但是，当信用证规定数量以单位或个数计数时，此项增减幅度则不适用"的规定处理。

此外，需要注意的是，凡按重量计量而在合同中未明文规定按何种方法计算重量的，如有疑问，按《公约》第 56 条规定，应以净重计。

小贴士

国际贸易中的度量衡制度

在国际贸易中，计算数量时通常采用公制（THE METRIC SYSTEM）、英制（THE BRITISH SYSTEM）、美制（THE U.S. SYSTEM）和国际标准计量组织在公制基础上颁布的国际单位制（THE INTERNATIONAL SYSTEM OF UNITS，简称 SI）。需要注意的是，采用不同的度量衡制度，用同一计量单位表示的数量可能会有很大不同。比如就表示重量的吨而言，实行公制的国家一般采用公吨，每吨为 1000 公斤；实行英制的国家一般采用长吨，每吨为 1016 公斤；实行美制的国家一般采用短吨，每吨为 907 公斤。因此，在与外商进行交易时，务必要明确所采用的度量衡制度。

三、包装

货物的包装必须符合出口合同的规定。包装条款也是合同的主要条款，卖方必须按照合同规定的包装方式交付货物。如果合同未作具体规定或不明确，可以通过协议补充，达不成协议的，按照合同有关条款或交易习惯确定。

（一）包装应注意的问题

在备货过程中，对货物的内、外包装和装潢，均须认真进行核对和检查，如发现包装不良或破损情况，应及时进行修补或更换，以免在装运时取不到清洁提单，造成收汇困难。包装标志也应该按合同规定或客户要求刷制。运输标志（唛头）的式样，如合同有规定或客户另有指定的，则应按合同规定或客户指定的办理；如合同未规定包装标志，客户对此又无要求的，则由我方自行选定刷制，自行选定的运输标志一般应包括收（发）货人缩写、目的港、件号等内容。如进口国有关当局规定包装标志必须使用特定文字的（如海湾国家要求用阿拉伯文），一般应予照办。标志的刷写部位和文字大小要适当，图案字迹要清楚，使用的颜料要不易褪色。在保证商品质量不变和不违反出口合同的前提下，还应尽可能压缩货物包装的体积或降低货物包装的重量，以节约运费支出。另外，还要注意进口国法律的规定与风俗习惯，避免引起不必要的损失。

小贴士

各国关于商品包装的法律禁忌

由于各国国情及文化差异，对商品包装要求不同，了解这些禁忌对外贸人大有裨益。

1. 北美

（1）美国：所有医疗健身及美容药品都要具备能防止掺假、掺毒等防污能力的包装。为了防止儿童误服药品、化工品，凡属于防毒包装条例和消费者安全委员会管辖的产品，必须使用保护儿童安全盖。加利福尼亚、弗吉尼亚等11个州负责环境和消费部门规定，可拉离的拉环式易拉罐，不能在市场上销售。要求马口铁罐焊缝焊锡料内含铅量减少50%。为防止植物病虫害的传播，禁止使用稻草做包装材料。

（2）加拿大：进口商品必须英法文对照。

2. 欧洲

（1）德国：对进口商品的包装禁用类似纳粹和军团符号标志。

（2）欧盟：接触食物的氯乙烯容器及材料，其氯乙烯单位的最大容器规定为每公斤1毫克成品含量，转移到食品中的最大值是每公斤0.01毫克。

（3）希腊：凡出口到希腊的产品包装上必须要用希腊文字写明公司名称，代理商名称及产品质量、数量等项目。

（4）法国：进口产品装箱单及商业发票须用法文，包括标志说明，否则附译文。

3. 中东

（1）沙特阿拉伯：所有运往该国港埠的建材类海运包装，凡装集装箱的，必须先组装托盘，以适应堆高机装卸，且每件重量不得超过2吨。袋装货物，每袋重量不得超过50公斤，除非这些袋装货物附有托盘或具有可供机械提货和卸货的悬吊装置。

（2）伊朗：药品、化工品、食品、茶叶等商品，分别要求以托盘形式，或体积不少于1立方米或重量1吨的集装箱包装。

（3）阿拉伯地区：销往阿拉伯地区的食品、饮料，必须用阿拉伯文说明。

4. 大洋洲

（1）新西兰：农业检疫所规定，进口商品包装严禁使用干草、稻草、麦草、谷壳或糠、生苔物、土壤、泥灰、用过的旧麻袋及其他材料。

（2）澳大利亚：凡用木箱包装（包括托盘木料）的货物进口时，均需提供熏蒸证明。

5. 亚洲

（1）菲律宾：凡进口的货物禁止用麻袋和麻袋制品及稻草、草席等材料包装。

（2）中国香港：销往香港的食品标签，必须用中文，但食品名称及成分，须同时用英文注明。香港卫生条例规定，固体食物的最高铅含量不得超过6ppm（6%），液体食物含铅量不得超过1ppm。

小知识

出口包装的喜与忌

➤ 数字的喜与忌

欧美国家忌13；日本忌4、6、9、42，喜奇数；新加坡忌4、7、8、13、37、69；泰国喜奇数；加纳忌13、17、71；匈牙利忌13与单数；贝宁忌3和7；尼日利亚、博茨瓦纳忌奇数，喜偶数。

➤ 实物和图像的喜与忌

西方国家忌白象；法国忌桃花、仙鹤；日本忌荷花、狐狸和獾，喜菊花；意大利喜菊花，而拉美国家正相反；澳大利亚忌兔子、蝴蝶、猫头鹰；阿拉伯国家忌猪、熊猫、六角星图案；印度忌牛、猪、熊猫；英国忌用人像、孔雀、大象；北非一些国家忌狗；绝大多数国家忌纳粹符号；捷克忌红三角；土耳其用绿三角表示免费样品。

（二）运输包装的标志

为了装卸、运输、仓储、检验和交接工作的顺利进行，防止发生错发错运和损坏货物与伤害人身的事故，以保证货物安全迅速、准确地运交收货人，就需要在运输包装上书写、压印、刷制各种有关的标志，以资识别和提醒人们操作时注意。运输包装上的标志，按其用途可分为运输标志（Shipping Mark）、指示性标志（Indicative Mark）和警告性标志（Warning Mark）三种。

1. 运输标志

运输标志又称唛头，通常是由一个简单的几何图形和一些字母、数字及简单的文字组成。其主要内容包括：

（1）目的地的名称或代号。

（2）收、发货人的代号。

（3）件号，批号。

此外，有的运输标志还包括原产地、合同号、许可证号和体积与重量等内容。运输标志的内容繁简不一，由买卖双方根据商品特点和具体要求商定。

图 4-7、图 4-8 为两种运输标志的示例。

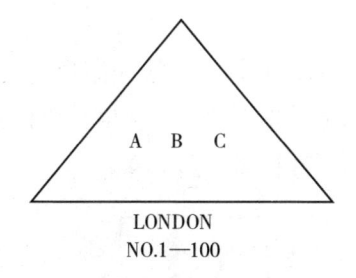

```
        △
       A B C
      LONDON
      NO.1—100
```

图 4-7　运输标志示例一

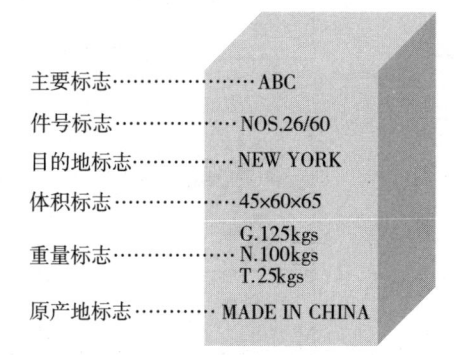

主要标志…………ABC
件号标志…………NOS.26/60
目的地标志………NEW YORK
体积标志…………45×60×65
重量标志…………G.125kgs
　　　　　　　　N.100kgs
　　　　　　　　T.25kgs
原产地标志………MADE IN CHINA

图 4-8　运输标志示例二

> 案例

国内某出口公司与日本某公司达成一项出口交易,合同指定由我方出唛头。因此,我方在备货时就将唛头刷好。但在货物即将装运时,国外开来的信用证上又指定了唛头。请问:在此情况下,我方应如何处理?

分析提示:

我方可以通知买方要求其修改信用证,使信用证内容与合同相符,如买方同意改证,卖方应坚持在收到银行修改通知书后再对外发货;或者我方在收到信用证以后,按信用证规定的唛头重新更换包装,但所花费的额外费用应由买方负担。

我方切记,在收到信用证与合同不符后,不要做出既不通知买方要求其改证也不重新更换包装而自行按原唛头出口的错误行为。

2. 指示性标志

指示性标志是提示人们在装卸、运输和保管过程中需要注意的事项,一般都是以简单醒目的图形和文字在包装上标出,故有人称其为注意标志。

现列举几种常见的指示性标志(图4-9)。

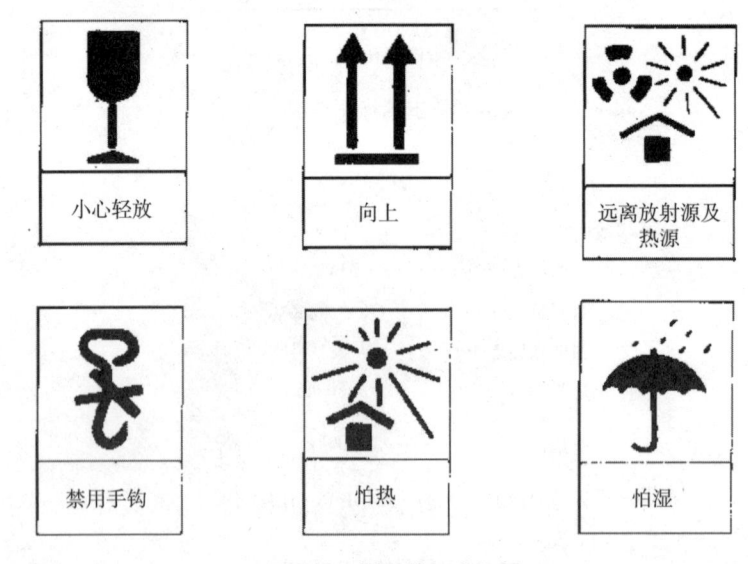

小心轻放	向上	远离放射源及热源
禁用手钩	怕热	怕湿

图4-9 指示性标志示例

3. 警告性标志

警告性标志又称危险货物包装标志。凡在运输包装内装有爆炸品、易燃物品、有毒物品、腐蚀物品、氧化剂和放射性物资等危险货物时，都必须在运输包装上标打用于各种危险品的标志，以示警告，使装卸、运输和保管人员按货物特性采取相应的防护措施，以保护物资和人身的安全。

现列举几种常见的警告性标志（图4-10）。

爆炸品 1
（符号：黑色　底色：白橙红色）

剧毒品 6
（符号：黑色　底色：白色）

易燃气体 2
（符号：黑色或白色　底色：正红）

感染性物品 6
（符号：黑色　底色：白色）

有害品（远离食品）6
（符号：黑色　底色：白色）

三级放射性物品 7
（符号：黑色　底色：上黄下白，附三条红竖条）

图4-10　警告性标志示例

第三节　办理商检

出口商在完成货物的交接准备工作之后，在交付货物之前，针对不同商品的情况和出口合同的规定，对出口货物进行检验，也是备货工作的重要内容。

案例

江苏一家外贸公司，采用D/A 90天方式出口五金工具到美国，在货到一个月后，美方来电称，由于几家批发商相继毁约，销售遇到困难，但不会延误付款。然而在应收账款到期日，中方没有收到货款。之后，美方突然发来一份据称是美国一家著名金属研究所出具的质检证明，称货物有严重质量问题，要求折价50%，否则全部退货。中方虽据理力争，然而由于合同上未列明争议的时限和出具的有效质检证明的机构，竟然找不到拒绝美方无理要求的充分理由。最后货款仅以原价的60%收回。

一、报检程序

属于法定检验检疫商品或合同规定需要检验检疫机构（商检机构）进行检验检疫并需要出具检验检疫证书的商品，对外贸易当事人均应及时提请检验检疫机构进行检验检疫。需要注意的是，从2018年4月起，我国实行关检融合（图4-11），出入境检验检疫工作全面融入全国通关一体化，相应地，我国出入境检验检疫工作的主管机构由原质检总局变成海关总署，原货物报关单和报检单合二为一，整合为新版进出口货物报关单。

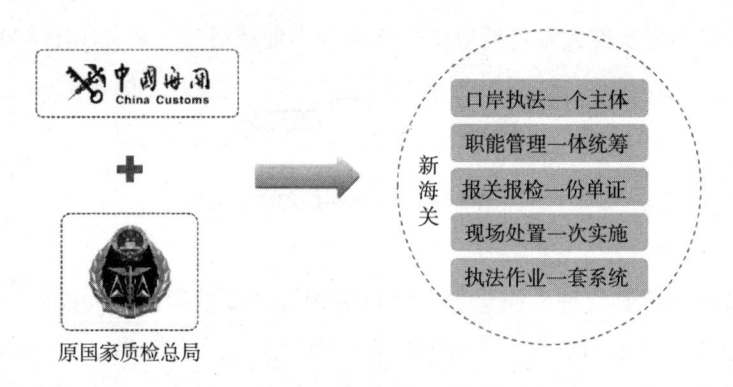

图 4-11　中国关检融合图示

小贴士

检验检疫机构的选择

不同检验机构的服务态度、工作作风和质量、收费标准千差万别。公正性应是选择检验检疫机构的首要条件。其次，要看检验检疫机构检验物品的技术水平和其他方面的硬件实力。

过去，我国出入境检验检疫工作的主管机关是国家质量监督检验检疫总局。2018年国务院进行机构改革，明确"将国家质量监督检验检疫总局的出入境检验检疫管理职责和队伍划入海关总署"。因此，目前我国出入境检验检疫工作的主管机关是海关总署。海关总署在各地的直属海关负责办理出入境检验检疫业务，负责所辖区域报检企业的管理工作。

此外，我国还有专业部门负责的其他检验机构，如药品检验部门、计量部门、锅炉压力容器安全监察机构、船舶检验机构、民航部门、文物行政管理部门等。我国也有检验中介组织，如中国检验认证集团，即CCIC。

除我国的检验检疫机构外，目前在国际上比较有名望的权威商检机构有：瑞士通用公证行（SGS）、美国食品药品管理局（FDA）、英国英之杰检验集团（IITS）、日本海事检定协会（NKKK）、新日本检定协会（SK）、日本海外货物检查株式会社（OMIC）、美国安全试验所（UL）、美国材料与试验学会（ASTM）、加拿大标准协会（CSA）、国际羊毛局（IWS）等。

报检的操作步骤大致包括申报、检验和出证放行三个环节（图4-12）。

申报 → 检验 → 出证放行

图4-12　报检一般程序

（一）申报

出口企业或其代理人应至少在出口货物报关或装运前7天报检，另外还应附上相关的单证和资料，如合同、信用证、发票、装箱单、厂检单、包装性能结果单、许可/审批文件等。涉及质量许可、卫生、危险的货物需要特别申报，应分别提供许可证、备案证明、危险货物包装容器性能和使用鉴定结果单等。

一般情况下，实施出口检验检疫的货物，企业应在报关前向产地/组货地海关提出申请。报检企业可通过国际贸易单一窗口（https://www.singlewindow.cn）（图4-13）进行货物申报。"单一窗口"联通了外贸通关多个系统。以前外贸企业或个人办理进出口业务，需要分别对接海关、检验检疫、海事、边检等部门进行数据申报，流程复杂。而使用"单一窗口"后，企业只需要在一个窗口、一次录入，就能办完所有申报流程，从申报到放行结关最快只需2小时（图4-14）。

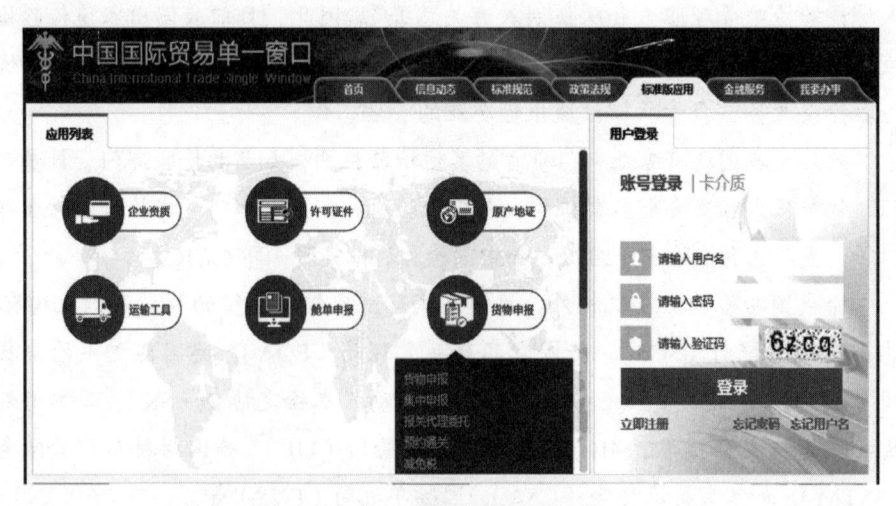

图4-13　国际贸易单一窗口

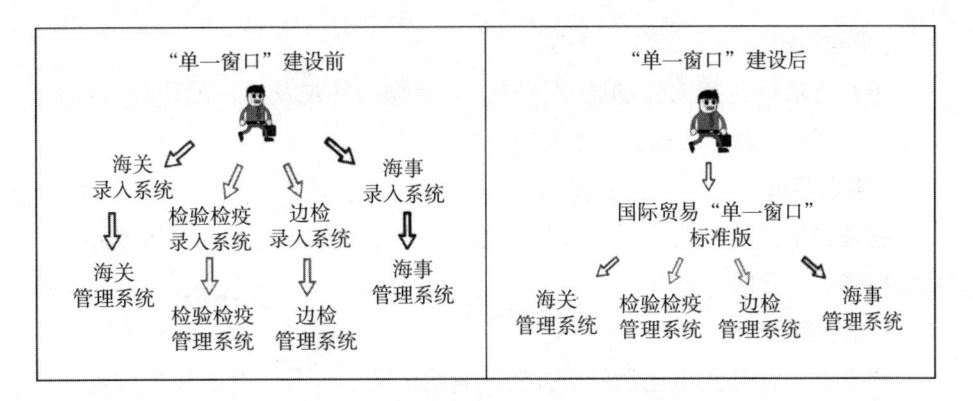

图4-14 "单一窗口"建设前后对比

相关链接

报检不再需要从业资格证

过去，我国出入境检验检疫机构对报检员实行凭证报检制度。也就是说，报检人员须经全国统一考试合格，取得从业资格后方可上岗。为了给企业减负增效，从2015年起，报检行业准入实行"零门槛"，进出口企业办理检验检疫报检，报检员不再需要具备从业资格证，凭身份证备案即可。

对于常规的一般进出口货物，申请人可以通过国际贸易单一窗口（也可通过"互联网＋海关"切入"单一窗口"）货物申报/出口整合申报/出口报关单整合申报页面向海关申报出口货物的商品信息和检务项目信息。

（二）检验

海关对报检资格、报检时限和地点、电子报检数据和报检单据进行审核，受理报检。受理报检后，海关检验检疫机构需及时派人到货物堆存地点进行现场检验检疫鉴定，其内容包括是否符合安全、卫生、健康、环境保护、防止欺诈等要求以及货物的品质、数量、重量、包装、外观等项目。现场检验检疫一般采取国际贸易中普遍使用的抽样法（个别特殊商品除外）。

检验检疫机构根据抽样和现场检验检疫记录，仔细核对合同及信用证对品质、规格、包装的规定，弄清检验检疫的依据、标准，采用合理的方法实施检验检疫。

1. 感官方法

感官方法就是用人体的感觉器官，对货物的外观及内在品质进行检验。如眼看、耳听、鼻嗅、口尝、手摸等。

2. 物理方法

物理方法就是利用力学、电学、光学、声学等仪器仪表进行物理方面的检验检疫。

3. 化学方法

化学方法就是利用化学分析方法对货物的化学成分、有害元素含量进行检验检疫。

4. 微生物学方法

微生物学方法就是利用微生物学的方法对货物中的细菌、病菌、微生物进行检验检疫。

（三）出证放行

海关实施检验检疫监管后建立电子底账，向企业反馈电子底账数据号，符合要求的按规定签发检验检疫证书（表4-1，样本4-3）。企业在报关时应填写电子底账数据号，办理出口通关手续。对于经检验检疫不合格的货物，该批货物不能出口。

表4-1 检验检疫证单的常见类型

类型	具体分类	主要单证
证书	检验鉴定类	品质、数量、重量、包装等检验证书
	食品卫生类	卫生证书、健康证书
	兽医类	兽医卫生证书
	动物检疫类	动物卫生证书
	植物检疫类	植物检疫证书、植物转口检疫证书
	运输工具检验检疫类	船舶入境卫生检疫证、船舶入境检疫证、交通工具卫生证书、交通工具出境卫生检疫证书、除鼠证书/免予除鼠证书、运输工具检疫证书
	检疫处理类	熏蒸/消毒证书、运输工具检疫处理证书
	许可证类	进境动植物检疫许可证、卫生许可证、健康证明书

续表

类型	具体分类	主要单证
凭单	申请类	进境动植物检疫许可证申请表、国境口岸食品生产经营单位卫生许可证申请书、报关单、出境货物运输包装检验申请单、船舶鼠患检查申请书、出/入境集装箱报关单、更改申请单
	结果类	出境货物运输包装性能检验结果单、出境危险货物包装容器使用鉴定结果单、集装箱检验检疫结果单
	通知类	入境货物检验检疫情况通知单、检验检疫处理通知书、出境货物不合格通知单
	凭证类	入境货物检验检疫证明、出境货物换证凭单、进口机动车辆检验证明、抽/采样凭证

✦ 小贴士 ✦

检验检疫证单的法律效力

检验检疫证单的法律效力由检验检疫的法律地位决定，主要体现在以下几个方面：

➢ 是出入境货物通关的重要凭证。
➢ 是海关征收和减免关税的有效凭证。
➢ 是履行交接、结算及进口国准入的有效证件。
➢ 是议付货款的有效证件。
➢ 是明确责任的有效证件。
➢ 是办理索赔、仲裁及诉讼的有效证件。
➢ 是办理验资的有效证明文件。

二、报检应注意的问题

（1）确保已对外成交，签订外贸合同，凭信用证结算的，已收到国外来证，明确了装运条件和检验依据。

（2）报检人员应认真审核合同及信用证等资料，法定检验检疫出口商品或合同及信用证要求检验检疫机构出具检验检疫证书的，应及时向检验检疫机构申报。在审证时如发现有原则性问题如违反我国法律法规，或与原来合同规定不符等非原则性问题，须在申请单上注明，由检验检疫机构考虑能否受理。

样本 4-3　品质证书

中华人民共和国出入境检验检疫

ENTRY-EXIT INSPECTION AND QUARANTINE
OF THE PEOPLE'S REPUBLIC OF CHINA

正本
ORIGINAL

编号 No.: ××××××××××

品质证书
QUALITY CERTIFICATE

发货人 Consignor	××× 进出口有限公司 ××× IMPORT & EXPORT COMPANY LTD.	
收货人 Consignee	×××	
品名 Description of Goods	100% 棉染织物 44″ 108×58/21×21 100% Cotton dyed fabric	标记及号码 Mark & No.
报检数量/重量 Quantity/Weight Declared	-12000 码 -12000yds	
包装种类及数量 Numbers and Type of Packages	全幅卷筒，每卷用聚乙烯袋装 FULL WIDTH ROLLED ON TUBE, EACH ROLL IN POLY BAG	C/NO.1—120
运输工具 Means of Conveyance	货车 BY TRUCK	

检验结果
RESULT OF INSPECTION

从全批货物中，按×××标准抽取样品并按×××标准规定进行检验，结果如下：
From the whole lot of goods, samples were drawn according to Standard ××× and inspected according to the stipulation of Standard ××× with the results as follows:

幅宽（英寸）
Width (inch)：44

经纬密度（根/英寸）：
Density of warp & weft (per inch)：116.9×56.6

经纬断裂强力（牛顿/5 厘米）：
Breaking strength of warp & weft (N/5cm)：1210×908

水洗尺寸变化（%）
Dimensional change after washing（%）：0.8×0.1

耐洗色牢度（等级）：
Color fastness to washing (grade)：　　cc3
　　　　　　　　　　　　　　　　　　　　cs4

耐摩擦色牢度（等级）：
Color fastness to rubbing（grade）：（干摩）dry：4—5
　　　　　　　　　　　　（湿摩）wet：4

原料成分：100% 棉
Composition（%）：100% cotton

外观：A 等级
Appearance: Grade A

结论：上述检验结果符合×××标准对 A 级产品的要求。
Conclusion: The above results of inspection are in conformity with the requirements of Standard ××× for grade A products.

印章	签证地点		签证日期	
Official Stamp	Place of Issue	GUANGZHOU	Date of Issue	05 APR, 2020
	授权签字人		签名	
	Authorized Officer	ZHANG XIAOSHAN	Signature	

（3）出口报检时应备齐货物，除散装货、裸装货外，已成箱成件包装完毕，外包装符合出口要求，并准确掌握货物存放地点。除合同、信用证规定的中性包装外，已刷好唛头标记。

（4）整批货物堆码整齐，便于检验人员查看包装盒标记，进行抽样和现场检验。

（5）每份报关单仅限填报一批货物。特殊情况下，对批量小、使用同一运输工具、运往同一地点、有同一收货人与发货人、使用同一报关单的同类货物，可填写一份报关单。

（6）申请报检时，应按规定缴纳检验检疫费。

小知识

凡是进出口商品都需要报检吗

不是的。进出口商品分法检商品与非法检商品。所谓法检，又称强制性检验检疫，是指海关依照国家法律、行政法规和规定，对必须检验检疫的货物依照规定的程序进行检验检疫。法定检验检疫的范围包括：

（1）有关法规如《实施检验检疫的进出境商品目录》中规定的商品。

（2）对进出口食品的卫生检验和进出境动植物的检疫。

（3）对装运出口易腐烂变质食品、冷冻品的船舱、集装箱等运载工具的适载检验。

（4）对出口危险货物包装容器的性能检验和使用鉴定。

（5）对有关国际条约规定或其他法律、行政法规规定须经检验检疫机构检验的进出口商品实施检验检疫。

（6）国际货物销售合同规定由检验检疫机构实施出入境检验时，当事人应及时提出申请，由海关按照合同规定对货物实施检验并出具检验证书。

而对于非法检商品，并非强制性的，当事人可以根据合同约定或自身需要，申请或委托检验检疫机构办理鉴定业务。

第五步　落实信用证

我们发了货，对方不给钱怎么办？

我付了款，他不发货怎么办？

货物出口仅是外贸销售的第一步,安全及时收回货款才是最终目的。信用证作为目前国际贸易结算中最为重要也最为常用的一种结算方式,由于有银行信用做担保,所以,安全度较高。如果出口商采用信用证方式结算货款,落实信用证则是履行出口合同必不可少的重要环节。落实信用证包括催证、审证与改证三项内容。在实际业务中,催开和修改信用证是常有的事,而审核信用证更是不容忽视而且需要认真对待的工作。

第一节　了解信用证

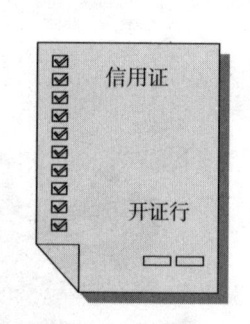

一、信用证的概念与流程

(一) 信用证是什么

菜市场买菜一手交钱一手交货,钱货两清。然而,国际贸易却远非如此简单。世界各国法律各异,商人语言不同,相隔万里,甚至素未谋面,交易涉及大宗货物和款项在国际间的流动传递,不仅环节众多,耗时漫长,而且风险重重。比如一批货物从深圳港口海运到欧洲,就需要在海上跋涉20多天甚至1个多月,同样地,一笔款项从国外银行转至国内银行,辗转几天到半个月一点也不奇怪。生意场本来就是个险象环生的战场,更何况面对的是遥远陌生的客户。正是由于国际贸易的这种特性,买卖双方彼此互不信任、心存疑虑也是理所当然的。

作为卖方,首先担心买方订了合同,到时候却不要货。须知国际贸易一般交易量都挺大,卖方备货费时费力,万一届时买方毁约,大批货物积压在手里可就麻烦了。更何况很多时候货物是按照买方要求而定制的,想转售他人并非易事。其次,担心把货物交付买方后,买方拖延付款甚至赖账。即便能保住货物不被骗走,往返运费也吃不消。比如一个20尺标准集装箱的货物从深圳运到欧洲港口,单程的海运杂费就远远超过1万元人民币。因为有这些担心,卖方自然希望买方能在签订合同以后就支付一部分定金预付款,或者在交货运输之前把货款结清。

作为买方,则担心卖方不能按时、按质、按量地交货。同时,也不愿意提前就把货款交给卖方,一来占用资金影响生意周转;二来万一卖方出现纰漏,买方隔着万水千山且人地生疏也很难费力追讨。因此与卖方相反,买方自然希望能先交货,查验无误了再付款。

虽然说有国际贸易惯例,有仲裁,有法律,可生意人都知道,打官司可是劳民伤财,胜负难料,不到万不得已,绝不会走这一步。再者,现在大多是有限责任公司,而且注册一家公司玩儿似的容易,真要出事了可找谁去?归根结底,国际贸易最头疼的就是一个"信用"。而货、款的问题,光凭双方的商业信用是很难协商解决的,尤其是刚接触没多久的客户。

如果有一个居中的担保人就好了。但找谁做担保人?银行。为什么找银行?因为银行有钱,实力雄厚比较信得过,出了事情也能担待得起。而且世界各国对银行的管理和要求一般都比较高,知根知底,不像普通的有限责任公司那样说垮就垮说跑就跑,相对稳妥安全一些。于是,国际贸易中就形成了一种独特的做法:买卖双方磋商交易以后,由买方出面,把交易的内容和要求,比如品名、数量、品质要求、金额、交货期等条款开列清单,交给某一家银行(通常就是买方的开户行),请其居中做担保人,根据这些条款开立一份证明给卖方。只要卖方按时、按质、按量交货,银行就监督买方付款。因为买方本身在此银行开户,或交纳了一定的保证金,所以这种银行监督下的收款是很有保障的。反过来对于买方而言,在卖方交货之前不需要支付任何预付款,卖方交货不及时或者不合格,就可以拒绝付款,也很稳妥,双方皆大欢喜。这样一来,国际贸易商之间的商业信用就得到了银行的担保证明。这份证明信用的文件,就是"信用证"(Letter of Credit),行话简称L/C。

在信用证中,单证是最核心的部分。一份信用证的主要内容也正是细致入微地规定单证的。包括需要哪些单证，每种单证需要几份，单证由谁出具，何时出具，甚至详细到单据上的字句如何表述。这样谨慎的做法，就是为了能够使这套单证最大程度地准确反映货物本身和交付过程的情况，从而制约卖方，避免造假的可能。卖方只要按照信用证的要求把这套单证交给银行，就等于是把货物交给了银行。银行不需要跑到仓库去验货，只需要检验这套单证即可。单证符合要求就意味着交货合格，就必须付款给卖方。

信用证简单说就是这么一个东西：列明了交易事项条款要求，由银行居中做担保，卖方拿到信用证以后，只要按照信用证的要求交货并准备好信用证上规定的所有单证，交给银行，就能安全顺利拿到货款。大家是不是想到了支付宝？是的，支付宝实际上就是借鉴了信用证提供第三方信用的模式。我们可以把信用证看作是一个更为规范的支付宝系统，只不过这个先收买家钱后付款给卖家的第三方不是支付宝平台，而是银行。

> **例示**
>
> **最常见的信用证操作步骤**
>
> 买方是一个美国公司，开户行是花旗银行；卖方是一家天津工厂，开户行是中国银行。美国公司向花旗银行提出开证申请；花旗银行接受申请，开立信用证，并传递给中国银行；中国银行接到信用证以后，通知天津工厂，并把信用证交给天津工厂；天津工厂据以备货制单，完成交货后，把全套单证交给中国银行。中国银行审核无误后，可以直接付款给天津工厂，或者暂不付款而将全套单证转交给花旗银行，由花旗银行审单付款。

在上例中：

（1）申请开立信用证的美国公司，叫作"开证申请人"（Applicant）。

（2）开立信用证的花旗银行，叫作"开证行"（Opening / Issuing Bank）。

（3）天津工厂因为受益于信用证的付款保障，叫作"受益人"（Beneficiary）。

（4）接到信用证并通知天津工厂的中国银行，叫作"通知行"（Advising/Notifying Bank）。

（5）如果中国银行直接付款给天津工厂，就叫作"议付行"（Negotiating Bank）。

（6）花旗银行最终承担付款责任，叫作"偿付行"（Paying / Reimbursing Bank）。

（二）信用证的业务流程

信用证业务的一般交易流程如图 5-1 所示。

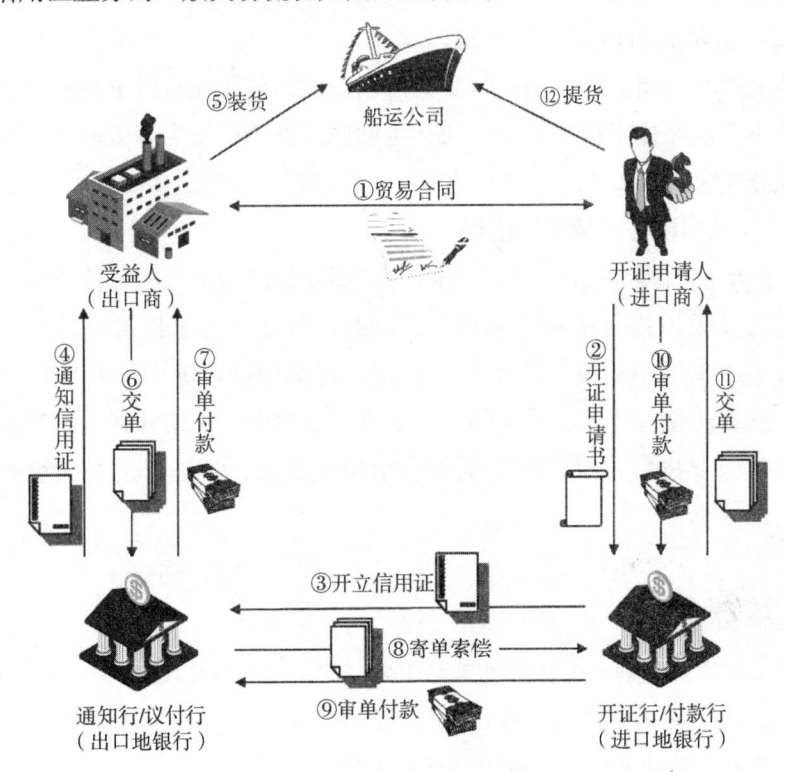

图 5-1　信用证交易流程

图示说明如下：

①进出口双方在贸易合同的支付条款中规定采用信用证方式结算。
②开证申请人（进口商）向开证行申请开立信用证。
③开证行开出信用证，并交出口地的通知行。
④通知行收到信用证后通知受益人（出口商）。
⑤受益人根据信用证办理货物装运。
⑥受益人缮制并取得信用证规定全部单据在有效期内向议付行交单议付。

⑦议付行审单,确认单证相符、单单相符后付款。
⑧议付行向开证行或开证行指定的付款行寄单索偿。
⑨开证行审核议付行寄来的单据无误后付款。
⑩开证申请人核验单据无误后付款。
⑪开证行向开证申请人交单。
⑫开证申请人付款赎单后,凭全套单据中的运输单据向承运人提货。

二、信用证的特点

从上面对信用证的介绍中,我们可以发现,信用证有以下特点。了解了这些特点,就抓住了信用证的本质,也就同以商业信用为基础的汇款和托收等付款方式区别开来了。

(一)信用证是一种银行信用

不同于前面提到过的汇款与托收等以商业信用为基础的付款方式,信用证付款方式是以银行信用作保证的,因此,开证行应承担第一性的付款责任。按《跟单信用证统一惯例》的规定,在信用证业务中,开证行对受益人的付款责任是首要的、独立的,即独立于进口商。即使开证人事后丧失偿付能力,只要出口人提交的单据符合信用证条款,开证行也必须承担付款责任。

案例

某出口公司收到一份国外开来的L/C,出口公司按L/C规定将货物装出,但在尚未将单据送交当地银行议付之前,突然接到开证行通知,称开证申请人已经倒闭,因此开证行不再承担付款责任。

问:出口公司如何处理?

(二)信用证是一份独立文件

信用证虽然是依据买卖合同开立的,但一经开立,即成为独立于买卖合同之外的合同,即独立于贸易合同(图5-2)。信用证各当事人的权利和责任完全以信用证条款为依据,不受买卖合同的约束。

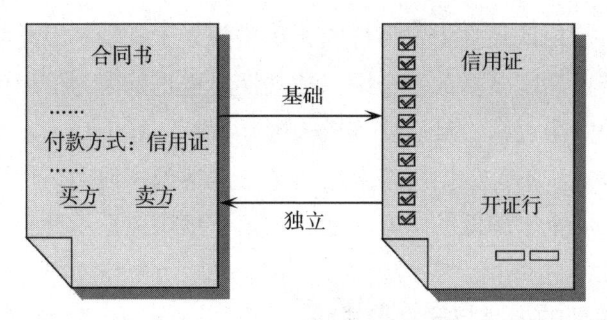

图 5-2　信用证与合同的关系

案例

某出口公司对美成交女上衣 600 件。合同规定绿色和红色面料的上衣按 3∶7 搭配，亦即绿色的 180 件，红色的 420 件。后美国开来的信用证上又改为红色的 30%，绿色的 70%。但该出口公司仍按原合同规定的花色比例装船出口，遭银行拒付。

问，银行为什么拒付？收到来证后，我方应如何处理？

（三）信用证是一种单据买卖

信用证业务是单据业务。银行处理信用证业务只凭单据，不问货物的真实状况如何，即独立于货物。银行以受益人提交的单据是否与信用证条款相符为依据，决定是否付款。如开证行拒付，也必须以单据上的不符点为由。这种相符必须是"严格相符"（Strict Compliance），不仅要单证一致，而且还要求单单一致。

案例

我某公司从国外进口一批钢材，货物分两批装运，每批分别由中国银行开立一份 L/C。第一批货物装运后，卖方在有效期内向银行交单议付，议付行审单后，即向外国商人议付货款，然后中国银行在单证相符的情况下对议付行作了偿付。我方收到第一批货物后，发现货物品质与合同不符，因而要求开证行对第二份 L/C 项下的单据拒绝付款，但遭到开证行拒绝。

问：开证行这样做是否有道理？

从上述三个特点中，我们可以看出，在信用证业务中，分别是开证行独立于进口商,信用证独立于贸易合同,单据独立于货物。因此,我们还可以把信用证的特点高度概括成三个字:独立性。也正是因为信用证的独立性决定了信用证的安全可靠,从而使其成为国际贸易结算中最为重要也最为常用的一种结算方式。不过,据调查发现,越是发达国家使用信用证的比例就越低,而经济发展水平越低的国家和地区,由于信用体系不健全,使用信用证的比例则越高。

三、信用证的内容与开立形式

传统的纸质信用证往往以信函的格式开立,模样就是 A4 纸大小,洋洋洒洒四五页甚至十几页不等的一份英文文件。里面的内容繁杂,既有与卖方直接相关的交货及制单要求指示,也有银行间协作的条款等(样本 5-1)。

(一)信用证的主要内容

信用证一般包括以下内容:

1. 对信用证本身的说明

对信用证本身的说明主要包括信用证的种类、编号、金额、有效期、到期地点,信用证有关当事人的名称、地址等。

2. 对汇票的说明

对汇票的说明(如使用汇票),一般要明确汇票的出票人、受票人、受款人、汇票金额、汇票期限、主要条款等内容。

3. 对货物的说明

对货物的说明主要包括货物名称、规格、牌号、数量、包装、单价、唛头等。

4. 对运输事项的说明

对运输事项的说明包括运输方式、装运港(地)、目的港(地)、装运日期、是否分批装运或转船等。

5. 对单据的要求

对单据的要求包括应附哪些单据及对有关单据的具体要求和应出具的份数。

6. 特殊条款

特殊条款一般书写在背面,规定交单日期或者要求某一特殊单据。

7. 保证文句

保证文句是指开证行对受益人即汇票持有人保证付款的责任文句。

样本 5-1 信用证

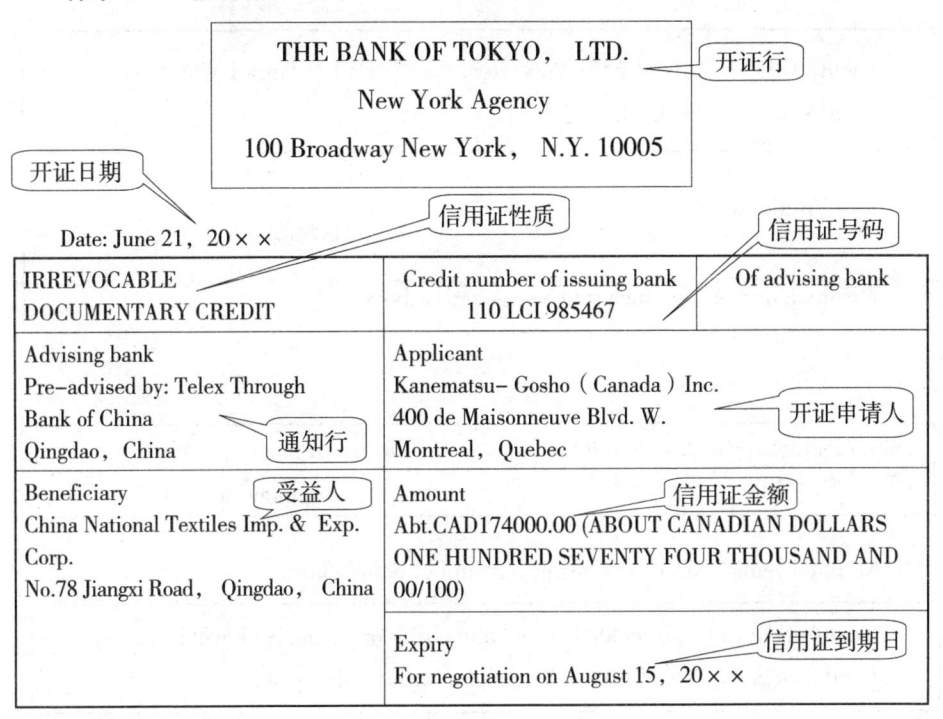

THE BANK OF TOKYO, LTD.
New York Agency
100 Broadway New York, N.Y. 10005

（开证行）
（开证日期）

Date: June 21, 20××

IRREVOCABLE DOCUMENTARY CREDIT	Credit number of issuing bank 110 LCI 985467	Of advising bank
Advising bank Pre-advised by: Telex Through Bank of China Qingdao, China	Applicant Kanematsu-Gosho (Canada) Inc. 400 de Maisonneuve Blvd. W. Montreal, Quebec	
Beneficiary China National Textiles Imp. & Exp. Corp. No.78 Jiangxi Road, Qingdao, China	Amount Abt.CAD174000.00 (ABOUT CANADIAN DOLLARS ONE HUNDRED SEVENTY FOUR THOUSAND AND 00/100)	
	Expiry For negotiation on August 15, 20××	

（信用证性质）（信用证号码）（通知行）（开证申请人）（受益人）（信用证金额）（信用证到期日）

Dear Sirs,

We hereby issue the Irrevocable Documentary Letter of Credit which is available by beneficiary's drafts on us for full invoice value at sight bearing the credit number and date of issue, and accompanied by the following documents:

（汇票条款）

Signed Commercial Invoice in quintuplicate;
Canadian Customs Invoice in quintuplicate;
Packing list in quintuplicate;
Weight and Measurement Certificate in quintuplicate;
Full set of clean on board Bills of Lading issued to order of shipper marked
　"Freight prepaid" and notify accountee.

（对单据的要求）

Evidencing shipment of: 【对货物的说明】

About 300000 yards of 65% Polyester, 35% Cotton Grey Lawn as per buyer's order No.S-0578,

CFR Montreal.

【对保险的说明】

We are informed insurance is to be covered by buyer.

【对运输的说明】

| Shipment from China to Montreal latest July 31, 20× × | Partial shipment permitted |
| | Transshipment permitted |

All other bank charges are for the account of beneficiary.

Documents must be presented to negotiating bank or paying bank within 15 days after the on board date of Bills of Lading, but within validity of letter of credit.

【议付日期】

Special Conditions: 【特殊条款】

Two sets of non-negotiable shipping documents must be airmailed direct to Kanematsu-Gosho (Canada) Inc., Montreal and beneficiary's certificate to this effect is required.

Special instructions for reimbursement: 【对偿付的特殊规定】

We will pay the negotiating bank as per their instructions upon receipt of documents. The amount of any draft drawn under this credit must, concurrently with negotiation, be endorsed on the reverse hereof, and the presentment of any such draft shall be a warranty by the negotiating bank that such endorsement has been made and that documents have been forwarded as herein required.

> 保证文句

> We hereby engage with the drawers, endorsers and bona fide holders of drafts drawn and negotiated under and in compliance with the terms of this credit that the same shall be duly honoured on due presentation to the drawee.

The advising bank is requested to notify the beneficiary without adding their confirmation.

Yours faithfully,
THE BANK OF TOKYO, LTD.

（二）信用证的开立形式

信用证的开立形式主要有信开本和电开本两种。

1. 信开本（To Open by Airmail）

信开本是指开证银行采用印就的信函格式的信用证，开证后以空邮寄送通知行。这种形式现已很少使用。

2. 电开本（To Open by Cable）

电开本是指开证行使用电报、电传、传真、SWIFT等各种电讯方法将信用证条款传达给通知行。电开本又可分为简电本和全电本两种。

（1）简电本（Brief Cable）。即开证行只是通知已经开证，将信用证主要内容，如信用证号码、受益人名称和地址、开证人名称、金额、货物名称、数量、价格、装运期及信用证有效期等预先通告通知行，详细条款将另航寄通知行。由于简电本内容简单，在法律上是无效的，不足以作为交单议付的依据。简电本有时注明"详情后告"（Full Details to Follow）等类似词语，如果有这种措辞，该简电本通知只能作为参考，不是有效的信用证文件，开证行应立即寄送有效的信用证文件。

（2）全电本（Full Cable）。即开证行以电讯方式开证，把信用证全部条款传达给通知行。全电开证本身是一个内容完整的信用证，因此是交单议付的依据。

小知识

什么是SWIFT

SWIFT(Society for Worldwide Interbank Financial Telecommunication)，即"环球同业银行金融电讯协会"，是国际银行同业间的国际合作组织，成立于1973年。过去银行进行全电开证时，一般都采用电报（CABLE）或电传（TELEX），各国银行的标准不一样，信用证格式也不相同，同时文字也较繁琐。而SWIFT系统为银行的结算提供了安全、可靠、快捷、标准化、自动化的通讯业务，从而大大提高了银行的结算速度。所以目前全球大多数银行都使用SWIFT系统（图5-3），信用证的格式也主要采用SWIFT电文。开立SWIFT信用证的格式代号为MT700和MT701。SWIFT具有以下几个特点：

（1）实行会员制。我国的大多数专业银行都是其成员。

（2）费用较低。同样多的内容，SWIFT的费用只有电传的18%左右，电报的2.5%左右。

（3）安全性较高。SWIFT的密押比电传的密押可靠性强、保密性高，且具有较高的自动化程度。

（4）格式标准化。对于SWIFT电文，SWIFT组织有着统一的要求和格式。

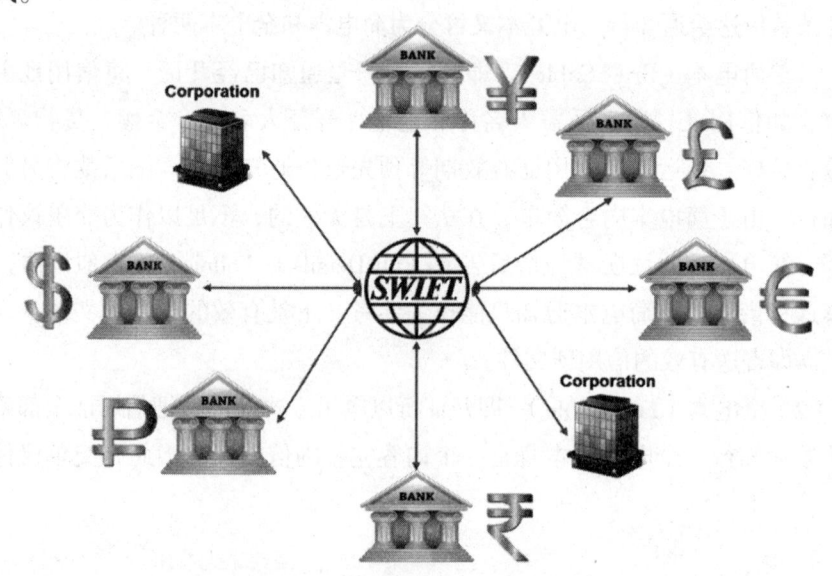

图5-3　SWIFT全球跨境支付网络

> **相关链接**

SWIFT电文表示方式

1. 项目表示方式

SWIFT由项目（FIELD）组成，如59 BENEFICIARY（受益人），就是一个项目，59是项目的代号，可以用两位数字表示，也可以用两位数字加上字母来表示，如51a APPLICANT（申请人）。不同的代号，表示不同的含义。项目还规定了一定的格式，各种SWIFT电文都必须按照这种格式表示。

在SWIFT电文中，一些项目是必选项目（MANDATORY FIELD），一些项目是可选项目（OPTIONAL FIELD）。必选项目是必须要具备的，如31D DATE AND PLACE OF EXPIRY（信用证有效期）；可选项目是另外增加的项目，不一定每个信用证都有，如39B MAXIMUM CREDIT AMOUNT（信用证金额最高限额）。

2. 日期表示方式

SWIFT电文的日期表示为：YYMMDD（年月日）。如2019年5月12日，表示为：190512；2020年3月15日，表示为：200315；2021年12月9日，表示为：211209。

3. 数字表示方式

在SWIFT电文中，数字不使用分节号，小数点用逗号","来表示。如5152286.36表示为：5152286,36；4/5表示为：0,8；5%表示为：5 PERCENT。

4. 货币表示方式

澳大利亚元：AUD，加拿大元：CAD，人民币元：CNY，丹麦克朗：DKK，欧元：EUR，英镑：GBP，港元：HKD，日元：JPY，挪威克朗：NOK，瑞典克朗：SEK，美元：USD。

目前信用证的开证和通知方式，大都采用SWIFT形式。SWIFT开立信用证采用固定格式MT700，该格式按照信用证条款内容的性质分门别类，并且以特定的格式书写：项目代号+项目名称+项目内容。

> **例示**
>
> 44C LATEST DATE OF SHIPMENT 190915
> （44C 最后装船期2019年9月15日）

下面让我们来看一个常见的 SWIFT 格式信用证（样本 5-2）。

样本 5-2　SWIFT 信用证

40A：Form of Documentary Credit：IRREVOCABLE（信用证类型）

20：Documentary Credit Number：764351（信用证编号）

31C：Date of Issue: 150812（开证日期 2015 年 8 月 12 日）

31D：Date and Place of Expiry: 150930 CHINA（到期日和到期地点）

51A：Applicant Bank: HONGKONG AND SHANGHAI BANK CORP（开证申请人的银行，注意并非开证行，详见表 5-2 注）

50：Applicant: KING HOME TRADE CO.,LTD（开证申请人）
　　　　　23567 DOMINGGO RD.
　　　　　COW CITY CAUSA TEL 467897623

59：Beneficiary: SHANGHAI DACHANGHANG CO., LTD（受益人）
　　　　18/F INGMAO BUILING
　　　　NO.88 XUJIAHU RD
　　　　SHANGHAI TEL 862188821903

32B：Currency Code, Amount:USD6200,00（币种和金额，注意数字中的逗号代表小数点）

41D：Available With...By...: ANY BANK FOR NEGOTITAON（兑付银行及方式）

42C：Drafts...at...: SIGHT（汇票付款期限）

43P：Partial Shipment　ALLOWED（分批装运）

43T：Transshipment　ALLOWED（转运）

44E：Port of Loading: SHANGHAI（装运港）

44F：Port of Discharge: ROTTERDAM（卸货港）

44C：Latest Date of Shipment: 150920（最迟装运日）

45A：Description of Goods and/or Services:（货物描述）
　　　GLASS CANDLEHOLDER ITEM NO.025 100PCS
　　　Packed IN 8 CTNS

46A：Documents Required:（所需单据）
　　+ IN THREE FOLD UNLESS OTHERWSE SPECIFIED:
　　+ SIGNED COMMERCIAL INVOICE 3 FOLD
　　+ INSURANCE POLICY OR CERTIFICATE, ENDORSED IN BLANK, COVERING ALL RISKS AND WAR RISKS
　　+ FULL SET CLEAN ON BOARD BILL(S) OF LADING MADE OUT OUR ORDER AND ENDORSED IN BLANK, MARKED FREIGHT PREPAID AND NOTFYING APPLICANT
　　+ PACKING LIST

> 47A: Additional Conditions: SHORT FORM A BLANK BACK B/L IS NOT ACCEPTABLE.（附加条款）
> 71B: Charges: ALL BANKING CHARGES OUTSIDE THE OPENING BANK ARE FOR BENEFICALARY'S ACCOUNT.（费用）
> 48: Period for Presentation: ALL DOCUMENTS MUST BE PRESEBTED WITHIN 10 DAYS AFTER DATE OF ISSUANCE OF THE B/L, BUT WITHIN THE VALIDITY OF THIS L/C VALIDITY OF THIS L/C.（交单期）
> 49: Confirmation Instruction: WITHOUT（保兑指示）

四、信用证的种类

理论上信用证有很多种类，比如根据是否允许受益人转让他人分为"可转让/不可转让信用证"，根据付款期限分为"即期/远期信用证"，根据是否可以中途撤销分为"可撤销/不可撤销信用证"等等。而实际上，最常用的就是"即期不可撤销信用证"，原因很简单，做外贸出口的，当然不喜欢货款被拖延，而信用证一经开出，更不希望会被中途撤销，否则就失去了实际意义。至于是否允许转让，则根据出口的渠道自由掌握。信用证属于什么类型，在信用证本身条款中会明确规定。

（一）根据是否有货运单据，分为跟单信用证和光票信用证

跟单信用证（Documentary Credit）是凭跟单汇票或仅凭单据付款的信用证。单据是指代表货物所有权或证明货物已交运的单据。光票信用证（Clean Credit）是指凭不附单据的汇票付款的信用证。国际贸易中通常使用的都是跟单信用证。

（二）根据开证行所负责任的不同，分为可撤销信用证和不可撤销信用证

可撤销信用证（Revocable Letter of Credit）是指开证银行可以不经受益人同意，也不必事先通知受益人，在议付银行议付之前有权随时取消或修改的信用证。这种信用证对受益人缺乏保障，所以在实际业务中不常采用。不可撤销信用证（Irrevocable Letter of Credit）是指信用证一经开出，在其有效期内，若未经受益人及有关当事人的同意，开证行不得片面修改或撤销的信用证。只要受益人提供的单据符合信用证规定，开证行就必须履行付款义务。按照UCP600（国际商会关于信用证的最新惯例，将在下文中专门介绍）第3条的解释，即使未作明示，信用证也是不可撤销的。由于这种信用证的银行

信用程度高，受益人权利较有保障，故在国际贸易中广为采用。

（三）根据信用证有无其他银行保兑，分为保兑信用证和不保兑信用证

保兑信用证（Confirmed L/C）是指出口人为了保证安全收汇，要求开证银行开出的信用证必须经另一家银行保证兑付。对信用证加以保兑的银行叫保兑行。保兑行一经保兑，就承担和开证银行同样的付款责任。保兑行通常是通知行，有时也可以是出口地的其他银行或第三国银行。未经另一家银行加具保兑的信用证就是不保兑信用证（Unconfirmed L/C）。

（四）按付款方式的不同，分为即期付款信用证、延期付款信用证、承兑信用证和议付信用证

根据UCP600第2条，信用证按款项支付方式可分为承付（Honour）信用证和议付信用证。其中，承付信用证又分为即期付款信用证、延期付款信用证和承兑信用证。延期付款信用证和承兑信用证都属于远期信用证，二者的区别在于：承兑信用证需要汇票，延期付款信用证可不使用汇票。

1. 即期付款信用证

注明"即期付款兑现"（Available by Payment at Sight）的信用证称为即期付款信用证（Sight Payment Credit）。证中一般列有"当受益人提交规定单据时，即行付款"的保证文句。即期付款信用证的付款行通常由指定通知行兼任。

2. 延期付款信用证

注明"延期付款兑现"（Available by Deferred Payment）的信用证称为延期付款信用证（Deferred Payment Credit）。此种信用证不要求受益人出具远期汇票，因此，在证中必须要明确付款时间，如"装运日后××天付款"或"交单日后××天付款"。由于此种信用证不使用远期汇票，故出口商不能利用贴现市场资金，而只能自行垫款或向银行借款。

3. 承兑信用证

承兑信用证（Acceptance Credit）是指由开证行或其指定的其他银行承兑的信用证，即当受益人向指定银行开具远期汇票并提示时，指定银行即行承兑，并于汇票到期日履行付款。这种信用证又称银行承兑信用证（Banker's Acceptance L/C）。承兑信用证一般用于远期付款的交易。但有时，买方为了便于融资或利用银行承兑汇票以取得比银行放款利率为低的优惠贴现率，在与卖方订立即期付款的合同后，要求开立银行承兑信用证，证中规定"远期汇票即期付款、所有贴现和承兑费用由买方负担"。此种做法对受益人来说，他虽然开出的是远期汇票，但却能即期收到全部货款。

4. 议付信用证

议付信用证（Negotiation L/C）是指开证行在信用证中，邀请其他银行买入汇票及／或单据的信用证。即允许受益人向某一指定银行或任何银行交单议付的信用证。所谓"议付"（Negotiation）是指定银行在相符交单（Complying Presentation）的情况下，在其应获偿付的银行工作日当天或之前，通过向受益人预付或者同意预付款项的方式购买汇票及／或单据的行为（UCP600第2条）。从本质上看，议付实际上是指定银行在开证行的授权下，通过买入汇票及／或单据方式代理开证行对受益人进行的一种预先融资。议付信用证又可分为公开议付信用证和限制议付信用证。

（1）公开议付信用证（Open Negotiation Credit）。公开议付信用证又称自由议付信用证（Freely Negotiation Credit），是指开证行对愿意办理议付的任何银行作公开议付邀请和普通付款承诺的信用证，即任何银行均可按信用证条款自由议付的信用证。

（2）限制议付信用证（Restricted Negotiation Credit）。限制议付信用证是指开证银行指定某一银行或开证行本身自己进行议付的信用证。在限制议付信用证中，通常有下列限制议付文句："本证限××银行议付。"

✦ 小贴士

议付与付款

议付与付款的主要区别在于在议付信用证项下，议付行如因开证行无力偿付等原因而未能收回款项时，可向受益人追索，而在任何信用证项下，开证行或付款行一经付款，就无权向受益人进行追索。

议付与押汇

出口押汇（Outward Documentary Bills Purchased）是交单行应国内出口商申请，以出口单据项下收汇权利作质押，向出口商提供的保留追索权的短期融资。

为了安全，银行通常将押汇行和议付行的地位统一起来。但事实上，押汇与议付有很大区别。第一，议付必须在议付信用证项下操作，出口押汇则不限制信用证种类。第二，议付的前提是单证相符，押汇不仅包括正点单据押汇，也包括不符点单据押汇。第三，议付行根据欺诈例外原则享受开证行的保护，押汇行为则只是押汇行与出口商之间的融资安排，若开证行拒付只能向出口商追索。

> **相关链接**
>
> 议付行的"欺诈例外"豁免权
>
> 在UCP框架下，合格有效的议付可以更好地保护议付行作为善意行事人的权利，尤其是避免被"欺诈例外"原则所伤害。所谓"欺诈例外"是指，一般情况下，信用证的独立性原则决定了只要单证相符开证行就必须付款。但是有一个例外，即欺诈例外，就是说，如果有欺诈发生，单证即使相符，开证行也可以不付款。例如，当进口商以受益人欺诈为由通过法律手段申请止付令以止付信用证项下付款时，已按开证行指示善意进行了议付的议付行可以凭借已按开证行指示善意行事的善意第三方身份享有"欺诈例外"的豁免权，要求开证行正常履行对其的付款义务，而不管受益人或其他相关方是否真的涉嫌欺诈。但如果该银行未按开证行指示行事，或根本就不是指定银行，那就没有以自身名义要求开证行偿付的权利，也无法以善意第三方的身份享有"欺诈例外"的豁免权。

（五）根据运用方式的不同，分为可转让信用证、不可转让信用证和循环信用证

可转让信用证（Transferable L/C）指开证行开立的写明"可转让"字样、受益人可以全部或部分转让给第二受益人的信用证（图5-4）。可转让信用证只能转让一次，转让费由第一受益人负责，但可同时转让给一个或一个以上的第二受益人。凡信用证上未注明"可转让"字样，即受益人不能将信用证的权利转让给他人的信用证，都是不可转让信用证（Non-transferable L/C），实际业务中多数是这种信用证。

循环信用证（Revolving L/C）是指当受益人全部或部分用完信用证内的金

额后，其金额能恢复到原金额，而再次被受益人使用，甚至可以多次使用，直至达到规定次数或累计总金额为止。循环信用证与一般信用证的不同之处就在于前者可多次循环使用，而后者则在一次使用后即告失效。循环信用证适用于分批均匀交货的长期供货合同。

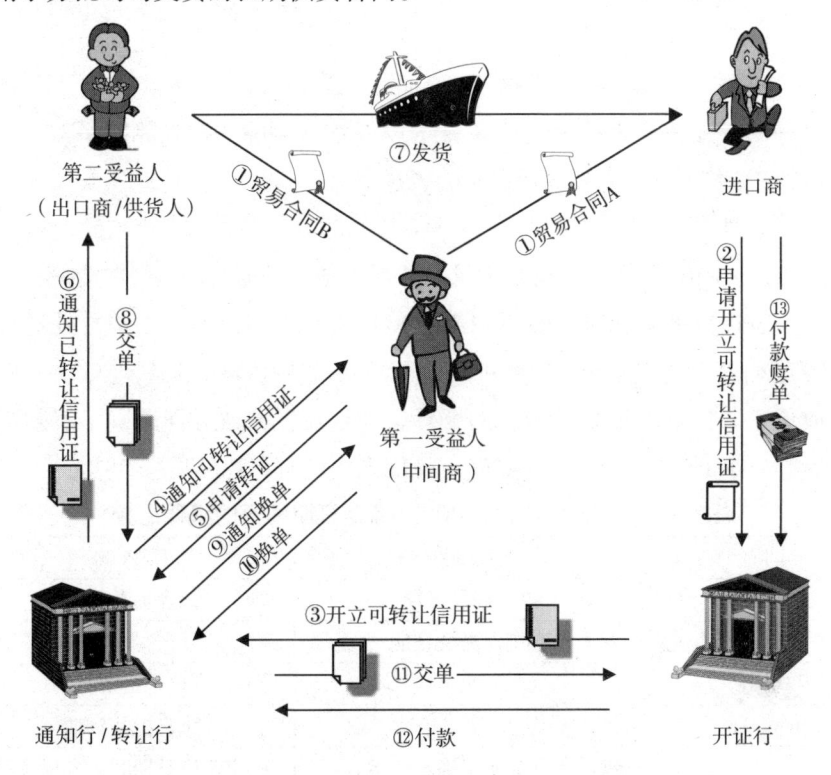

图5-4 可转让信用证流程（通知行为转让行）

五、国际商会《跟单信用证统一惯例》(UCP600)

《跟单信用证统一惯例》(Uniform Customs and Practice for Commercial Documentary Credits，简称UCP) 是国际商会（ICC）为信用证操作提供全球标准的一套国际规则。它不是一个国际性的法律条约，由于它已为各国银行普遍接受，属于一种国际惯例。凡是从事国际贸易的任何人，无论是销售商品、购买商品还是提供融资，都必须熟悉它。UCP于1933年问世以来，先后历经1951年、1962年、1974年、1983年、1993年数次修订。随着时代变迁、科技进步和国际贸易的发展，1993年的修订本，即UCP500（这个"500"指的是ICC出版物编号）的一些条款明显不适应贸易环境的变化，所以国际商会于

2002年年初成立统一惯例修改工作小组，经过三年多的努力，终于在2006年10月25日完成修订，作为国际商会第600号出版物（即UCP600）颁布，并于2007年7月1日正式实施。

UCP600比UCP500语言更简洁，行文更顺畅，更易于阅读理解，表现为以下几个特点：

（1）内容更简洁。由UCP500的49个条款简化为39个条款。对于UCP500中重复性的、无关紧要的词句或条款予以果断地删除。比如删除了L/C可撤销的概念、"除非信用证另有规定"的表述等。

（2）条理更清楚。UCP500分A—G七个部分，条款琐碎，层次感不强。UCP600对UCP500的条款进行了大量合并与重整，条理清晰，层次清楚。

（3）表达更准确。UCP600对UCP500中模棱两可、表达不清之处进行了准确描述和界定。对于UCP500中与操作实务不尽相符的条款进行了必要的补充或更正。比如增加了对概念的解释，在信用证修改方面明确了沉默不等于接受等。UCP500与UCP600对确定日期词语的解释比较见表5-1。

表5-1　UCP500与UCP600对确定日期词语的解释比较

词语	UCP500	UCP600
to, until, till	包含提及日期	包含提及日期
after	不包含提及日期	不包含提及日期
before	无	不包含提及日期
between	无	包含提及日期
from	包含提及日期（确定装运日期时）	确定装运日期时包含提及日期，确定到期日时不包含

六、合同中的信用证支付条款

在进出口合同中，如约定凭信用证付款，买卖双方应将开证日期、开证行、信用证的类别、金额、信用证的有效期和到期地点等事项做出明确具体的规定。

（一）开证日期

按时开立信用证，是买方的主要义务。如买卖合同对开证日期未作规定，买方应在"合理时间"内开证。"合理时间"究竟为多长，并不明确。为了避免理解不同而产生的纠纷，最好在买卖合同中予以明确规定。

> **例示**
>
> ➤ To be opened to reach the Sellers ... days before the month of shipment（在装运月份前××天开到卖方）
>
> ➤ To be opened to reach the Sellers not later than ... (month)... (day)（不迟于××月××日开到卖方）
>
> ➤ To be opened within ... days after receipt of the Sellers'advice that the goods are ready for shipment（接卖方货已备妥通知后××天内开证）

（二）开证行

为确保收汇安全，在买卖合同中，特别是出口合同中，一般应对开证行的资信地位做出必要规定。

> **例示**
>
> ➤ Through a bank acceptable to the Sellers（通过卖方可接受的银行）
>
> ➤ First class bank（第一流银行）

（三）信用证的类别

信用证种类繁多，随交易具体情况不同，对信用证种类要求也不同。必须在合同中加以明确。

> **例示**
>
> ➤ Irrevocable credit at ... days' sight（不可撤销信用证见票后××天付款）
>
> ➤ Irrevocable credit at ... days after the date of B/L（不可撤销信用证提单后××天付款）
>
> ➤ Irrevocable credit at ... days after the date of draft（不可撤销信用证出票日后××天付款）

（四）信用证金额

信用证金额是开证行承担付款责任的最高限额，应在买卖合同中做出规定。一般为发票金额的100%。如合同中对装运数量订有"约数"或"溢短装条款"的,则应要求买方在信用证内规定装运数量多交或少交的百分率或注明"约数",同时,对信用证金额作相应的增减或在金额前注明"约数"(about)字样,以利收足货款。

(五) 到期日和到期地点

信用证的到期日(Expiry Date)习称信用证的有效期(Validity),是指开证行承担即期付款、延期付款、承兑或议付责任的期限。

> **例示**
>
> Valid for negotiation until the 15th day after the month of shipment(议付有效至装运月份后第15天)

与到期日有密切关系的到期地点,是指被交付单据并要求付款、承兑或议付的银行所在地,即在信用证有效期内应向何地的指定银行交单为准。信用证到期有三种情况,即议付到期、承兑到期和付款到期。议付到期的地点一般在出口地,承兑和付款到期的地点则为开证行或其指定付款行所在地。为了便于掌握时间及时向银行议付,我方出口合同一般都规定到期地点在我国或在我国某地。

> **例示**
>
> Valid for negotiation in Beijing until…
> (在北京议付有效至……)

现将合同中信用证支付条款的具体订法,选择常用的举例如下:

例1:

The Buyers shall open through a bank acceptable to the Sellers an irrevocable sight letter of credit to reach the Sellers … days before the month of shipment, valid for negotiation in China until the 15th day after the month of shipment.(买方应通过卖方所接受的银行于装运月份前××天开立并送达卖方不可撤销即期信用证,有效期至装运月份后第15天在中国议付)

例2:

The Buyers shall open through a bank acceptable to the Sellers an irrevocable letter of credit at 30 days sight to reach the Sellers … days before the month of shipment, valid for negotiation in Beijing until the 15th day after the month of shipment.（买方应通过卖方所接受的银行于装运月份前××天开立并送达卖方不可撤销见票后30天付款的信用证，有效期至装运月份后第15天在北京议付）

第二节　催证、审证与改证

一、催证

在采用信用证方式结算货款的交易中，按时开证本是买方必须履行的重要义务。但是，由于种种原因，买方不按合同规定开证的情况时有发生。为保证按时履行合同，提高履约率，卖方有必要在适当的时候，提醒和催促买方按合同规定开立信用证。但催开信用证并不是每一个出口合同都必须做的工作，通常在下列情况下才有必要进行：

（1）签约日期和履约日期时间相隔较长，应在合同规定开证日之前，去信表示对交易的重视，并提醒对方及时开证。

（2）买方在出口合同规定的期限内未开立信用证，已构成违约，如卖方不希望中断交易，可在保留索赔权的前提下，催促对方开证。

（3）我方根据备货和承运工具的情况，可以提前装运时，则可商请对方提前开证。

（4）即使开证期限未到，但发现客户资信不好，或者市场情况有变，也可催促对方开证，有利于督促对方履行合同义务。

催证的方法，一般为直接向国外客户发函电通知，必要时还可商请银行或我驻外机构或代理商给予配合或协助催证。

> **例示**
>
> 催证函
>
> Dear Mr. Smith,
>
>   We have the pleasure of receiving your counter signed Sales Contract No. STC0011. But we wish to draw your attention to the fact that the date of delivery is approaching, but we still have not received your covering Letter of Credit.
>
>   For your information, our production schedule is almost full this two months, please do your best to expedite the establishment of your L/C, so that we may execute the order smoothly.
>
>   We hope to receive your favorable news soon.
>
> Yours faithfully,
>
> DALIAN SHIHONG TRADING CO., LTD.
>
> JOHN WONG
>
> （亲爱的史密斯先生：
>
>   很高兴收到您会签的第STC0011号销售合同。不过，希望提醒您注意，交货期已然临近，但我们仍未收到你方的信用证。
>
>   需要告诉您的是，我们近两个月的生产计划已经排得很满，请尽快开立信用证，以便我们顺利执行订单。
>
>   静候佳音。
>
>   此致
>
> 大连世鸿贸易有限公司
>
> 约翰·王）

二、审证

  信用证的内容繁杂，既有与卖方直接相关的交货及制单要求指示，也有银行间协作的条款等。对于初入行的新手而言，也没有必要逐条考证其含义。这就跟用钞票一样，只需要懂得辨认钞票上的金额，识别钞票真伪即可，至于钞票上的编码规律、图案含义、行长印鉴等，有兴趣再去慢慢琢磨吧。一般说来，从客户开证，到出口商这边收到信用证，快则1周，慢则10天。跟随信用证一起交来的，通常还有一页"信用证通知书"（样本5-3），这是出口商这

第五步 落实信用证

边的银行出具的，主要列明了此份信用证的基本情况，如信用证编号、开证行、金额、有效期等等，同时盖有银行公章。除此之外，还会有个"印鉴相符"章或"印鉴不符，出货前请洽我行"一类的章。因为信用证理论上有伪造的风险，因此银行间会预留密码和印鉴，以兹核对。不过现实生活中这种现象

样本 5-3 信用证通知书

中国银行 BANK OF CHINA   SHANGHAI BRANCH

ADDRESS:
CABLE:
TELEX:
SWIFT: BKCHCNBJ300
FAX:

信用证通知书
Notification of Documentary Credit

To:	WHEN CORRESPONDING PLEASE QUOTE OUR REF. NO.	(DD/MM/YY)
Issuing Bank 开证行	transmitted to us through: 转递行	
L/C No. 信用证号	Dated 开证日期	Amount 金额

Dear Sirs, 敬启者

We have pleasure in advising you that we have received from the a/m bank a(n)
兹通知贵司，我行收自上述银行

( )telex issuing   电传开立   ( )uneffective   未生效
( ) pre-advising of   预先通知   ( ) mail confirmation of   证实书
( ) original   正本   ( ) duplicate   副本

letter of credit, contents of which are as per attached sheet(s).

This advice and the attached sheet(s) must accompany the relative documents when presented for negotiation.
信用证一份，现随附通知。贵司交单时，请将本通知书及信用证一并提示。

( ) Please note that this advice does not constitute our confirmation of the above L/C nor
    does it convey any engagement or obligation on our part.
本通知书不构成我行对此信用证之保兑及其他任何责任。

( ) Please note that we have added our confirmation to the above L/C, presentation is restricted to ourselves only.
    上述信用证已由我行加具保兑，并限向我行交单。

Remarks: 备注:

This L/C consists of   sheet(s), including the covering letter and attachment(s).
本信用证连同面函及附件共   纸。

If you find any terms and conditions in the L/C which you are unable to comply with and/or any error(s), it is suggested that you contact applicant directly for necessary amendment(s) so as to avoid any difficulties which may arise when documents are presented.
如本信用证中有无法办到的条款及/或错误，请径直与开证申请人联系进行必要的修改，以排除交单时可能发生的问题。

Yours faithfully

For   BANK OF CHINA

225

很少见,因为信用证能通过SWIFT开立,基本就是真实的,印鉴不符的原因恐怕多半是交接操作问题。所以,碰到"印鉴不符"的情况,也不必紧张,必要时咨询一下银行即可。需要注意的是,信用证开出来之前,作为受益人,一定要与申请人——也就是客户预先商量好条款,特别是单证要求方面的条款。虽然说信用证开出后,发现不妥还可以提请银行修改,但因为修改也需至少几十美元的手续费,客户一般都不大乐意,彼此麻烦还可能伤了和气。所以,从一定意义上说,信用证的审核工作实际上在申请前就应该着手了。

(一)识别信用证条款编码(项目代号)

信用证本身的条款密密麻麻,如何下手审核呢?有个简便窍门。如前所述,信用证是通过SWIFT开立的,而SWIFT信用证有专门格式,这个格式按照信用证条款的内容性质分门别类,给予固定的编号。也就是说,每个条款在顶头位置都有一个编码,即项目代号,根据此代号就可以知道这个条款是说什么的了。比如看到代号为71B的项目,就知道是说明银行手续费划分承担的;而如果要查看信用证的最后交货装船期,只需直接查找44C即可。通过项目代号来识别,是初学者审核信用证的好办法。

信用证的项目(表5-2)可以根据需要选用,不过,有些项目是必选项目。此外还有些项目,是银行间内部联系所用,与受益人无直接关系,初学者不必深究。

表5-2　SWIFT信用证常见项目列表

M/O	代号(Tag)	项目名称(Field Name)
M	27	Sequence of Total(电文页次)
M	40A	Form of Documentary Credit(跟单信用证类别)
M	20	Documentary Credit Number(信用证号码)
O	23	Reference to Pre-Advice(预通知的编号)
O	31C	Date of Issue(开证日期)
M	40E	Applicable Rules(适用的规则)
M	31D	Date and Place of Expiry(到期日及地点)
O	51a	Applicant Bank(申请人的银行,并非指开证行,见表下注)
M	50	Applicant(开证申请人,一般为进口商)
M	59	Beneficiary(受益人,一般为出口商)
M	32B	Currency Code, Amount(币别、金额)
O	39A	Percentage Credit Amount Tolerance(信用证金额浮动范围)

续表

M/O	代号(Tag)	项目名称（Field Name）
O	39B	Maximum Credit Amount（信用证金额最高限额）
O	39C	Additional Amounts Covered（额外金额，如保险费、利息、运费等）
M	41a	Available With ...By...（兑付银行，兑付方式）
O	42C	Drafts at...（汇票期限）
O	42a	Drawee（付款人）
O	42M	Mixed Payment Details（混合付款指示）
O	42P	Deferred Payment Details（延迟付款指示）
O	43P	Partial Shipments（分批装运）
O	43T	Transshipment（转运）
O	44A	Place of Taking in Charge/Dispatch from.../Place of Receipt（接管地/发货地/收货地）
O	44E	Port of Loading/Airport of Departure（装货港或启运机场）
O	44F	Port of Discharge/Airport of Destination（卸货港或目的机场）
O	44B	Place of Final Destination/ For Transportation to.../Place of Delivery（最终目的地/运至……/交货地）
O	44C	Latest Date of Shipment（最迟装运日）
O	44D	Shipment Period（装运期限）
O	45A	Description of Goods and /or Services（货物及/或服务描述）
O	46A	Documents Required（所需单据）
O	47A	Additional Conditions（附加条件）
O	71B	Charges（费用）
O	48	Period for Presentation（交单期限）
M	49	Confirmation Instructions（保兑指示）
O	53a	Reimbursing Bank（偿付行）
O	78	Instructions to the Paying/Accepting/Negotiating Bank（对付款/承兑/议付行的指示）
O	57a	"Advise Through" Bank（第二通知行）
O	72	Sender to Receiver Information（附言，发报行给收报行）

注：（1）M/O 为 Mandatory 与 Optional 的缩写，前者指必选项目，后者为可选项目。

（2）页次是指本证的发报次数，用分数来表示，分母分子各一位数字，分母表示发报的总次数，分子则表示这是其中的第几次，如"1/2"，其中"2"指本证总共发报 2 次，"1"指本次为第 1 次发报。

（3）Issuing Bank 才是开证行，而 Applicant Bank 是指开证申请人的银行，即开证申请人的账户行。如果申请人不在其账户行开证，就必须在信用证中列出其账户行，以便其付款赎单时扣款。如果申请人通过其账户行开证，则信用证中就不会出现 51 这个代码和项目了。

(二)重点审核关键条款

通过条款编码阅读法,我们就能比较清楚地看信用证了。那么,拿到信用证以后该如何审核呢?可如下一步步进行。首先是重点核查一些关键条款:

(1)如果拿的是复印件,或预先审核传真件的,首先检查文件是否完整。特别注意看每页的末尾和下一页的开头是否语句衔接正常,以避免传真复印中的人为疏忽遗漏。

(2)检查40A条款,确认必须有"IRREVOCABLE"(不可撤销)字样。

(3)检查第59条款,受益人的名称是否正确无误。因为基本上所有的单证都会显示受益人名称,如果有误——哪怕是一个字母,都会导致所有单证不符。即便为了迁就信用证,某些自己缮制的单证可以将错就错,但那些需要国家机构出具的单证,却因为预先对受益人的名称有了备案而无法更改。

(4)检32B条款,是否金额准确。

(5)检查44C和31D条款,看是否能按照要求及时装船。44C和31D的时间间隔不能太短,一般要求在10天以上,而以15天左右为宜。因为货物上船以后,校对和领取提单需要一定的时间,特别是如果你的办公地点远离出口码头的时候。44C和31D是非常重要的条款,这个时间如果逾期的话,毋庸置疑将是足以导致信用证失效的重大不符点。同时可以参照48条款。不过目前的信用证,通常44C条款时间加上48条款时间就正好是31D条款时限。

✦ 小贴士

信用证的有效期、交单期、最迟装运期和双到期

1. 信用证有效期

信用证的有效期也称到期日,是指受益人向银行提交单据的最迟期限,信用证有效期后常跟地点,受益人所提交的单据应该在不晚于有效期规定的日期提交到有效地点对应的银行。

2. 交单期

信用证交单期是指运输单据出单后必须向信用证指定的银行提交单据要求付款、承兑或议付的特定期限。交单期可以在信用证中约定,也可以不约定,若在信用证中做出了明确约定,则必须按照约定期限进行交单;若无相关约定，那么交单期最迟应不迟于提单后 21 天，且无论是否约定交单期，交单的最晚期限都不能超过信用证有效期。

3. 最迟装运期

最迟装运期是指卖方将全部货物装上运输工具或交付给承运人的期限或最迟日期。一般来说，提单的出单日期即开船日不得迟于信用证上规定的最迟装运期，信用证未对最迟装运期做出相关规定的，则装运日期不得超过信用证的有效期。

4. 双到期

双到期是指信用证规定的最迟装运期和议付到期日为同一天，或信用证未规定装运期限，但在实际操作时最迟装运期和议付到期日一般为同一天。

一般情况下，信用证的到期日与最迟装运期应有一定的时间间隔，以便有时间进行制单、交单和议付等工作。但如果出现双到期的情况，应注意在信用证到期日前几天提早将货物装上运输工具或交给承运人，以便有足够的时间制备各种单据、交单和办理议付等手续。

一般来说，到期日（有效期）≥交单期＞最迟装船期。

（6）检查 45A，是否与合同一致，如果不一致，看是否能接受。特别是有时候客户出于避税等目的，喜欢在这个条款中将品名描述笼统化，比如把猪二层革改为"皮革"。可是在做出口商检的时候，国家商检部门却不允许如此简化，这样一来势必造成单证不符。因此要注意把握尺度，如无法按照客户要求的去做，就及时通知客户修改。

（7）重点审核 46A 和 47A。46A 是单证的种类要求，47A 则补充说明单证的做法以及其他要求。这两个条款是信用证最重要、最核心的部分，要逐字审阅，一个标点也不放过，不能有任何的含糊。有疑问的，求助银行和同行，或者与客户联系。其中以银行的意见为重，务必彻底搞清楚，万不可想当然。

对 46A，不妨单列清单，对单证的种类、名称、份数和出具机构逐一核对，看是否能及时、完整地做到。比如曾有过案例，要求普惠制原产地证（FORM A）一正三副。可实际上正常情况下普惠制只有一正两副。审核的时候忽略了这个细节，制单就会有麻烦。

47A 条款也一样。有时候不单涉及单证的缮制，还牵涉到费用。比如要求单证要贸促会/商会认证，无形中就会多负担一笔费用。

注意核对，看单证规定是否有前后矛盾冲突的地方。

（8）其他条款的审核。可依据条款编码审核，看看是否有误。注意银行费用的划分，公平原则是分摊，一般可接受"产生于开证申请人国家以外的费用由受益人承担"。有些客户会规定"除开证费以外所有费用由受益人承担"，这就有失公平了。

（三）注意开证行的资信

除了条款本身，对开证行要注意。特别是那些寂寂无名、闻所未闻的非洲、南美小银行。因为信用证靠的是银行信用，如果银行不可靠，出口商就面临财货两空的危险。因此，一般在开证前，与客户确认一下，或直接要求"通过欧洲/美国知名银行开证"。如果客户因为操作不便拒绝的话，可以接受小银行信用证，但要求找欧洲/美洲知名银行"保兑"。保兑的意思就是要求另一家可靠的银行作这份信用证的担保人，如果开证行无理拒付，则由做保兑的银行承担支付责任。

案例

通知行严把关，查处伪造保兑信用证诈骗案

某中国银行曾收到一份由印度尼西亚雅加达亚欧美银行发出的要求纽约瑞士联合银行保兑的电开信用证，金额为600万美元，受益人为广东某外贸公司，出口货物是200万条干蛇皮。但查银行年鉴，没有该开证行的资料，稍后，又收到苏黎世瑞士联合银行的保兑函，但其两个签字中，仅有一个相似，另一个无法核对。此时，受益人称货已备妥，亟待装运，以免误了装船期。为慎重起见，该中行一方面劝阻受益人暂不出运，另一方面抓紧与纽约瑞士联合银行和苏黎世瑞士联合银行联系查询，先后得到答复："从没听说过开证行情况，也从未保兑过这一信用证，请提供更详细资料以查此事。"至此，可以确定，该证为伪造保兑信用证，诈骗分子企图凭以骗我方出口货物。

资料来源：几则信用证实例的经验分享集合．http://www.ce.cn/，中国经济网 2006 年 07 月 26 日

因为欧洲美国地区相对而言司法体系与银行监管体系比较完整发达，所以商业银行的信誉总的说来要求高。保兑是要支付给银行保兑费的，但这样

给信用证上了"双保险",在客户不肯于大银行开证,又不愿意闹翻的情况下是个折中的选择。

信用证审核无误,就可以接受并据此操作了。我们已经牢记,外贸就是单证的交易,而信用证本身就是基于这个原理的。因此,一旦确认了信用证,就应该把信用证当成日后单证工作绝对的权威标准。为加深这一理解,甚至不妨极端地认为,按照信用证要求制作好单证,比按照约定备货出货更重要。即便货物出了问题,单证做得"漂亮",一样可以拿到钱;反过来,如果单证出了问题,即便货物再好,服务再尽心竭力,也一样会蒙受损失。所谓单证"漂亮",其标准就是"单证一致,单单一致",即单证和信用证要求的一致,单证与单证之间同样的内容栏表述一致。

三、改证

在信用证业务中,修改信用证是常有的事。但修改信用证的内容会直接影响到有关当事人的权利和义务,所以,信用证在其有效期内的任何修改,均须取得各有关当事人的同意,方能生效。修改信用证可由开证申请人主动提出,也可由受益人提出。如由开证申请人提出修改,经开证银行同意后,由开证银行发出修改通知书通过原通知行转告受益人,经各方接受修改书后,修改方为有效;如由受益人提出修改要求,则应首先征得开证申请人同意,再由开证申请人按上述程序办理修改。信用证修改的一般流程如图5-5所示。

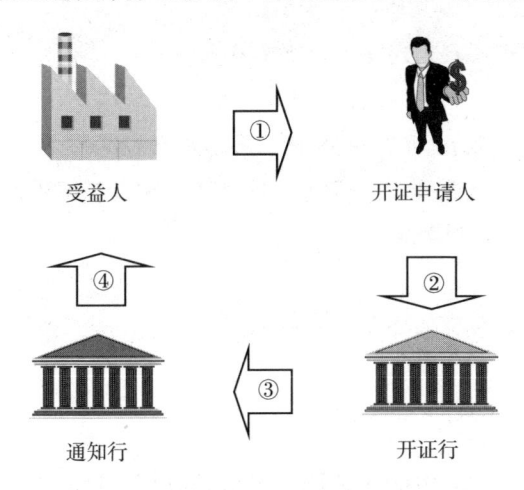

图5-5 信用证修改一般流程

图示说明如下:

①受益人（出口方）将需要修改的内容通知开证申请人，即书写审证修改函。

例示

改证函

Dear Sirs,

  Thank you for your L/C No.AB1234 issued by Federal Commercial Bank, Los Angeles Branch dated Apr.20, 2018.

  However, we are sorry to find it contains the following discrepancies.

  …

  The expiry date should be July 25, 2018 instead of July 15, 2018.

  Thank you for your kind cooperation. Please see to it that the L/C amendment reach us within next week. Otherwise we cannot effect punctual shipment.

  Yours truly,

  BEIJING CHONSHON TRADING CO., LTD.

  JACK LEE

（敬启者：

  感谢你方2018年4月20日通过联邦商业银行洛杉矶分行开来的第AB1234号信用证。

  但是，很遗憾我们发现了以下不符点：

  ……

  到期日应为2018年7月25日，而不是2018年7月15日。

  感谢你方真诚合作。请务必使信用证修改书在下周内到达我方。否则，我方将无法及时装运。

  此致

  北京昌盛贸易有限公司

  杰克·李）

②开证申请人向信用证的开证行申请修改信用证，即提交信用证修改申请书（样本5-4）。

样本 5-4　信用证修改申请书

致：开证行
地址：

信用证修改申请书

原信用证编号：	修改日期：
通知行名称： 地址：	修改地点：
受益人名称： 地址：	修改书编号：
信用证总金额：（大写） 信用证有效日期：	请以航邮/电传修改下列各项： 修改生效日期：
本修改书仅对信用证作部分修改并列明如下： 原信用证规定条款	申请修改条款
注意事项： 　其他条款照旧不作修改。 　本信用证修改书依照《跟单信用证统一惯例》2007年修订本，即国际商会第600号出版物开立。 　　　　　　　　　　　　　　　　申请人签章 　　　　　　　　　　　　　　　　地址 　　　　　　　　　　　　　　　　电话/电传	

③开证行审核同意后，根据修改申请书办理修改手续，然后向信用证原通知行发出信用证修改书，即 L/C Amendment（样本5-5），修改一经发出不能撤销。

样本 5-5　信用证修改书

致：通知行　　　　　　　　　　编号：

地址：　　　　　　　　　　　　开出修改书的日期 / 地点：

跟单信用证修改书

申请人： 地址：	受益人： 地址：

| 开证行：
查询号： ||

| 本修改书仅对信用证作部分修改
修改下列各项：

其他条款照旧不修改 ||

| 本信用证修改书依照《跟单信用证统一惯例》2007年修订本，即国际商会第600号出版物开立。 ||

请通知人：	
开证行名称及签章：	通知行名称及签章：
地址：	地址：

④ 通知行收到信用证修改书后，验核修改书的表面真实性并将其转达给受益人，即发出修改通知书（样本 5-6）。

如果我方出口企业通过审核，发现信用证中存在问题，例如有与买卖合同规定不同而又不能接受的条款，或者由于客观情况变化或其他原因，不能按信用证要求办理，就应及时通知开证申请人向开证银行办理修改信用证手续。在收到通知行转来的修改通知书以后，无论是我方主动提出要求修改的，还是开证申请人或开证行主动发出的，均应及时并认真地进行审核，以便确定予以接受还是拒绝。

出口企业在对信用证进行了全面细致的审核以后，当发现问题时，通常还应该区别问题的性质进行处理，有时还须同银行、运输、保险、检验等有关部门取得联系共同研究后，方能做出适当妥善的决策。一般来说，凡是属于不符合我国对外贸易法律法规，影响合同履行和收汇安全的问题，必须要求国外客户通过开证行修改，并坚持在收到银行修改信用证通知书并认可后才可装运货物；对于可改可不改的，或经过适当努力可以做到的，则可酌情处理，或不作修改，按信用证规定办理，或在照办的同时提请开证人注意，此次作例外处理，今后务必按合同规定开立信用证。

样本 5-6　信用证修改通知书

信用证修改通知书

通知行编号：_____

致_____公司（受益人）

兹收到_____银行_____年_____月_____日电文一件，内容如下：

兹对_____银行_____号不可撤销跟单信用证作如下修改：
总金额增加US$_____（大写）
最迟装船日期至_____年_____月_____日
议付最迟日期至_____年_____月_____日
其余条款维持不变
此修改生效
请书面回复可否接受此修改

通知行名称：
地址：
签章：

在一份信用证中，有多处条款需要修改的情形是常见的。对此，应做到一次向开证人提出，否则，不仅增加双方的手续和费用，而且对外影响也不好。其次，对于收到的任何信用证修改通知书，都要认真进行审核，如发现修改内容有误或我方不能同意的，有权拒绝接受，但应及时将做出拒绝修改的通知送交通知行，以免影响合同的顺利履行。按照UCP600的规定，一份信用证的修改通知书如有两个或多个内容，受益人要么全部接受，要么全部拒绝，不能接受其中的一部分而拒绝其余部分。

为防止作伪，便于受益人全面履行信用证条款所规定的义务，信用证的修改通知书应通过原证的通知行转递或通知（UCP600第9条d款）。如由开证人或开证行径自寄来的，应提请原证通知行证实。

对于可接受或已表示接受的信用证修改书，应立即将其与原证附在一起，并注明修改次数（如修改在一次以上），这样可防止使用时与原证脱节，造成信用证条款不全，影响及时和安全收汇。按UCP600规定，受益人接受或拒绝修改的通知可延至向指定银行或开证行交单时做出，但为了便于开证人及时了解受益人的意向，如已做出决定，似以将是否接受的决定提前告知开证人为好，也可以将拒绝或接受的通知在向指定银行或开证行交单前先行交付给通知行。

对于需经修改方能使用的信用证，原则上应在收到修改通知书并经审核认可后方可发运货物，除非有把握，绝对不可仅凭国外客户（开证申请人）"已经照改"的通知就装运货物，防止对方言行不一而造成被动损失。

有必要指出，凡国外客户开来的信用证，其内容与买卖合同规定不符而我方能够接受并凭以办理或信用证开到后经过修改，不论是哪一方主动提出的，只要涉及买卖合同内容的改变，原则上都应视同修改买卖合同。因此，应当向对方客户寄送合同修改书，以完善手续。

第六步　安排装运

漂洋过海到达客户手中,这是货物的最终归宿。在备妥货物并落实信用证后,出口企业应按照买卖合同和信用证规定,对外履行装运货物的义务。安排装运货物出口涉及的工作环节很多,其中以托运、投保和报关为主要环节。任何一个环节出了纰漏,都可能会对货物能否安全顺利抵达目的地产生重大影响。

第一节　托运

提单是物权凭证,谁合法持有提单,谁就可以提货。因此,在外贸整套单证中,提单最为重要。特别是因为提单是由第三方——船公司或货运代理公司出具的,我们无法直接控制,所以无论在费用上还是风险上都远甚于其他单证。而远洋运输,作为与外贸唇齿相依的行业,其中的复杂程度不亚于外贸,同样充斥着各种行业术语,操作上的弹性也很大。在整个外贸交易过程中,有一段时间货物是掌握在货运公司手中的,因此对远洋货运了解透彻,与货运公司配合默契,能极大地化解外贸的风险。承担远洋运输的船公司和货运公司,对我们的意义远远不止"运输"那么简单。他们既能让我们掌控全局,也有可能害得我们钱货两空。既能亲如兄弟,也可能恨之入骨。外贸和货运,就是一对欢喜冤家。

一、认识提单

(一)提单的基本常识

提单(Bill of Lading,简称 B/L)即提货单,就是发货人(出口商)把货物交给货运公司以后,货运公司出具给发货人的文件。拿着这份文件就可以提货了。提单一般有复写功能,一式六份,三份正本(上面有"Original"字样),三份副本(标明"Copy"字样)。除了"正本/副本"字样外,其他字句完全一样。正本一般是鲜艳彩色,而副本多半是黑白色,一眼就可以分辨清楚。任何一份正本提单都可以提货,一旦提货,其余的正本就失效了。副本只用作留档、记录、证明、核对等,不能用来提货。提单的样式大同小异。

通常 A4 大小（也就是普通杂志大小），上面除了有货运公司的名称、落款签名盖章外，还分好几个栏目内容（样本 6-1）。最基本的有：

1. 托运人（Shipper）

托运人通常就是发货人，即出口商。在信用证方式下，一般按信用证的受益人内容填写。

2. 收货人（Consignee）

收货人栏目可以填写具体的收货人，比如外商，也可以填"TO ORDER"（凭指示）或"TO ORDER OF SHIPPER"（凭托运人指示），意思是谁提货还没确定，到时候凭转让批示来定。

案例

2016 年 8 月，中国某出口公司与法国某公司签订了一份出口额为 18 万美元的出口合同，贸易条件为 FOB，即期信用证付款。8 月 15 日出口公司收到法国进口商开来的即期信用证，但信用证要求："提单的 Shipper 栏填写进口商的名称，Consignee 栏填写 To order。"中国出口公司要求修改信用证，即将托运人改为出口公司的名称，但法国进口商声称为了保护其商业秘密，必须在托运人栏填写该公司的名称。出口公司没有进一步要求改证。出口公司于 8 月底按照合同和信用证的要求，在信用证的有效装运期内装船，并取得了已装船清洁提单。出口公司在交单期内将全套单据提交银行办理结汇。不久银行通知出口公司开证行拒付货款，理由是提单背书不符。在出口公司与银行交涉期间，货物已被进口商提走。于是出口公司以承运人无单方货为由，要求船公司赔偿，但船公司以出口公司不是提单的托运人为由，拒绝承担赔偿责任。试分析此案的症结所在。

分析提示：

在 FOB 条件下，出口商在没有收到货款时，不能轻易答应在提单"托运人"栏内填写进口商的名称；若考虑进口商（中间商）的利益，应保证由进口商先在提单上背书，再将提单转让给出口商，由出口商再向银行结汇；承运人应承担无单放货的责任。

3. 通知人（Notify Party/Notify Address）

通知人就是货到码头后，货运公司该通知谁"货到啦，来提货吧"。注意，这个通知方只是起个传递消息的作用，并不具备提货的效力（除非他本身就是提单上注明的收货人）。所以，通知方写谁都无所谓，一般就依照外商的要求填写，写一个或两三个都行。

4. 船名航次（Ocean Vessel & Voyage）

远洋货轮都有自己的大名，比如"远东之星""昆士兰皇后"什么的。此外每次航行都会指定一个航次号，比如"V4.5E"，组合起来就类似于"FAREASTSTARV4.5E"，即远东之星号货轮的 V4.5E 航次。远洋运输在公海上长途跋涉，风险大，必须组织严密，因此知道船名航次，很容易在互联网上查到该船计划何时启程，何时抵达，途经什么港口等信息。

5. 装货港、卸货港、交货地点

装货港、卸货港、交货地点等据实填写即可。

6. 货物标志和号码、品名、重量、尺码、集装箱号、铅封号等

货物标志和号码、品名、重量、尺码、集装箱号、铅封号等栏目也要据实填写。货物标志和号码，即唛头，前面第四步中我们介绍过，指的是包装箱外面印制的简单字符图案，主要是为了便于在大堆的货物中识别辨认出来。唛头没有固定格式，按照客户的要求来做。也可以没有唛头，显示"N/M"（NO MARKS）字样。

7. 其他附加内容

其他附加内容比如注明运费是发货方支付还是收货人支付、货物何时装载上船、目的港提货处代理人名称、地址以及其他一些客户要求显示标注的字句内容。

提单内容的填写，由发货人把基本资料和要求告诉货运公司，货运公司填写以后经发货人确认无误再开出正本。

（二）几种常见提单类型

1. 记名提单（Straight B/L）与指示提单（Order B/L）

收货人栏目的填写内容不同，提单的性质就完全不同。填写具体收货人名称地址的，提单就变成了"记名提单"，如样本 6-1，只有这个记了名的收货人才能提货。这样一来，提单就只能卖给这个收货人，而不能转卖给其他

人了——其他人即使拿到提单，因名字不同也提不到货。所以，记名提单是不能自由转让的。更有甚者，因为记名提单只有这个收货人才能提货，因此在不少国家，只要有提单的复印件/传真件，并且证明自己就是提单上写的那个收货人，即便没有正本提单也能提货。这对于出口商可是很危险的。也就是说，对这些国家出口的时候如果做成记名提单，外商不用付钱买发货人手上的正本提单，凭传真件就能提货，那发货人搞不好就会钱货两空。所以，使用记名提单要谨慎。当然，如果客户已经付款，做成记名提单也无不可。或者是在信用证条件下，开证行又可靠，单证也没啥问题，那么记名提单的风险也不大。

外贸实务中，除了记名提单，常见的就是指示提单了，也就是上面说到的，在收货人栏目填写"TO ORDER"（凭指示）字样的提单。我们知道，外贸中多次转手倒卖是很常见的事，发货人在发货的时候未必知道谁是最终的提货人——外商有时也不想让发货人知道，所以写"TO ORDER"就方便多了。有了"TO ORDER"字样，这份提单就可以自由买卖转让，谁拿到提单谁就能提货。

2. 已装船提单（On Board B/L）、倒签提单（Anti-dated B/L）与预借提单（Advance B/L）

一份提单，必须由货运公司注明货物何时上船，用"ON BOARD"加日期来表示（详见样本6-1）。这个日期就是确定交货期的标准，所以非常重要。特别是在信用证操作中，如果这个日期不符合信用证规定的时限，将会成为重大的不符点，银行和客户很轻易就能拒付。不过话说回来，这个日期既然是货运公司自己注明的，自然就有得商量，有弹性，必要的时候，与货运公司沟通一下，灵活处理也是可以的。比如实际上是5月19号装船，但提单上显示5月16号，以配合信用证的要求。这就是传说中的"倒签提单"。理论上是违规操作，但实际上常常会用。在倒签提单的做法下，日期固然没问题了，可是如果按照正常程序，5月19日再出提单的话，加上单据传递的时间，就很可能超过信用证允许的交单时限了。解决的方法是不等船开，确认可以上船之后就先行出具体提单以便交单给银行。这种做法叫作"预借提单"。

样本 6-1　海运提单

Shipper: SHANGHAI DONGXU I/E COMPANY, 123 DONGXU ROAD, SHANGHAI, CHINA		B/L NO.　ORA00126 **BILL OF LADING**	
Consignee: 　　　TO ORDER		**ORIENTAL OCEAN SHIPPING COMPANY** TLX: 56789 ORENT CN Fax: *86(021) 9545 8986 18 Ocean Road, Shanghai, China	
Notify Party BANK OF CHINA, OSAKA: UNITED GARMENT CO., B-22F NO.20, *			
* Pre-carriage by	* Place of Receipt		
Ocean Vessel Voy. No. MILD STAR V.225	Port of Loading 　　　SHANGHAI	**ORIGINAL**	
Port of Discharge YOKOHAMA	* Final destination	Freight payable at	No. of Original Bs/L　THREE
Marks & Nos.	Number & Kind of Packages; Description of goods	Gross Weight Kgs	Measurement M³
		2040KGS	12.480 CUM
UNTD GRMT S/C 16ST-003 YOKOHAMA NO.1-160	STC 160 CARTONS OF T-SHIRTS AND KNITTED PANTS		
		FREIGHT PREPAID	
CONTAINER NO.: TWCU8734342	SEAL NO.: 0770024	* 7-CHOME UTSUBO HOMACHI,MISHI-KU, OSAKA, JAPAN L/C NO.CSK02-0089 SHIPPER'S LOAD AND COUNT	**CY TO CY**
TOTAL PACKAGES (IN WORDS) SAY ONE HUNDRED AND SIXTY CARTONS ONLY			
Freight and Charges	Shipped on board the vessel named above in apparent good order and condition (unless otherwise indicated) the goods or packages specified herein and to be discharged at the above mentioned port of discharge or as near thereto as the vessel may safely get and be always afloat. The weight, measure, marks, numbers, quality, contents and value, being particulars furnished by the Shipper, are not checked by the Carrier on boarding. The Shipper, Consignee, and the Holder of the Bill of Lading hereby expressly accept and agree to all printed, written or stamped provisions, exceptions and conditions of this Bill of Lading, including those on the back hereof. In witness whereof, the Carrier or his agents has signed the Bills of Lading all of this tenor and date, one of which being accomplished, the others to stand void. Shippers are requested to note particularly the exceptions and conditions of this Bill of Lading with reference to the validity of the insurance upon their goods.		
	Place and date of issue: 　SHANGHAI,　APRIL 20,　2016		
	As the carrier: 　　　　　　　　　ORIENTAL OCEAN SHIPPING COMPANY 　　　　　　　　　　　　　　*Wang Fang*		

*available only when document used as a through Bill of Lading

案例

我出口公司于2015年10月与荷兰P公司成交某商品2000公吨，每公吨单价为EUR345CIF鹿特丹，交货日期为11—12月。货物临装船时，发现包装有问题，必须整理，不得已商请船公司改配 B 轮，但 B 轮实际上于 1 月 18 日将货物装船，为了符合信用证的规定，该出口公司凭保证函向轮船公司取得了船日期为 12 月 31 日的海运提单，并向银行交单议付，收妥货款。B 轮于 3 月 21 日到达鹿特丹港，从提单日期推算，该轮在途达 80 余天，荷兰 P 公司认定提单日期存在问题，因此拒绝提货，并提出索赔。

分析提示：

本案关键在于此提单为倒签提单。即签发提单的日期（12 月 31 日）早于实际装船日期（1 月 18 日），而倒签提单是一种欺诈行为，是违法的。所以，对方拒绝提货，并提出索赔是合理的。

3. 船东提单（Master B/L）与货代提单（House B/L）

在实际操作中，发货人会碰上两种类型的提单：船东提单和货代提单。船东，就是自己有远洋货轮的货运公司。一条远洋货轮的造价不菲，能够拥有远洋船队的公司自然是实力雄厚。从某种意义上看，这样的公司也比较可靠，因为他们做长久生意，比较注重声誉，不会为一点蝇头小利而自毁名节，相对来说操作上就比较正规。另一种货运公司就是货运代理，简称货代。货代自己没有船，性质其实与普通贸易公司差不多。他们招揽货物以后，再一起拿到船东那里去订舱。我们可以把船东与货代的区别和关系看成批发商与零售商，商品就是远洋货轮的"舱位"。船东把舱位批发给货代，货代把舱位零售给发货人。

不难想象，船东虽然稳妥，但毕竟难免存在"店大欺客"现象，在服务的灵活性和殷勤程度上往往比不上货代。货代数量众多，分布广泛，与咱们做外贸的人士沟通起来非常方便，也比较愿意配合发货人的操作，特别是上面提到的类似于"倒签提单"这样的特殊运作。所以，实际工作中发货人跟货代打交道更为普遍。

需要注意的是，船东提单和货代提单表面看起来相似，发货人把正本提单卖给外商，外商凭提单取货。但实际上还是有差别的（表 6-1）。首先，提单本身就是一种"运输契约"，货运人把提单开给发货人，就等于签了一份承运合同。船东提单，是发货人与船东间的合同，而货代提单就不是。发货人把货物交给货代，货代再交给船东，货代与船东间有承运协议，船东只对货代负责而不会对货主负责，因为在货代提单的操作下，对于船东来说，货代才是货主。

表6-1　船东提单与货代提单的区别

比较项目	船东提单	货代提单
英文名称	MASTER BILL OF LADING (M B/L)	HOUSE BILL OF LADING (H B/L)
法律性质	物权凭证	非物权凭证
签发主体	船公司	货代公司（基于M B/L签发）
抬头	船公司名称	货代公司名称
目的港收货方式	可直接向船公司提货	换单提货，或者凭货代单直接找货代的代理提货
适用范围	适用于FCL货物（整箱货）	适用于LCL货物（拼箱货）
使用灵活度	较小	较大
货主安全感	较大	较小
费用	目的港提货一般不会产生什么费用	收取目的港客户的换单费

因此，凭船东提单，到了目的港可以直接提货；而货代提单则不行，需要将其拿到港口代理人那里换单，也就是根据货代提单开出提货通知，再去提货。表面上看，对于提货人而言，只不过就是多了一道手续而已，不影响提货，不算什么风险。但实际上，发货人却可以利用这一点更好地控制物权。比如，发货人把货代提单交给客户以后，突然发现客户有欺诈行为，可能会不给钱，这时发货人就可以请货代帮忙，通知目的港代理"扣住"货物，让外商即使拿着货代提单也暂时提不到货，给发货人争取宝贵的时间（无正式理由，目的港也不便强行扣货，只能拖延数日，不过对于外贸纠纷而言，这种拖延非常有利于出口商）。

简言之，如果货物运输本身不幸出了事，出口商追究货运公司责任的时候，显然实力雄厚的船东比普通的货代更有能力负责。平时货代则比船东能配合出口商的工作，在灵活处理提单和防范商业欺诈上，货代的帮助至关重要。此外，货代的运输价格也很有优势，常有折扣。

二、与货代打交道

国际货物运输，可以用空运和海运。空运费用很高，但交接简单，时间也很迅速，货物交给运输公司，很快就直接到客户手中了，没有特别的操作过程。此外，假如数量不大的话，利用国际快递如著名的 DHL、UPS、Fedex、TNT 等也可以交付外贸产品——国际快递的费用更为高昂。但国际快递的好处是非常省事，你无须自己去办理商检、报关等事宜，这对跨境电商、个人小额外贸是很方便的。但是对于常见的正规的外贸，绝大多数时候采用的是相对最廉价的集装箱远洋海运的方式。你可以租用一个集装箱，行话叫作整柜（FCL，Full Container Load），集装箱也称货柜。也可根据货物量的多少租用部分集装箱，行话叫作拼柜（LCL，Less than Container Load），与其他用户拼用一个货柜。

承担集装箱远洋运输业务的公司有两类：船公司和货代。两者的区别，如前所述，主要是船公司自己有远洋货轮，而货代没有。我们可以把船公司看成"批发商"，商品就是远洋货轮的舱位；而货代就是"零售商"，从船公司那里以较低的价格批发若干个舱位转售给需要运输的"消费者"——外贸商。或者反过来，从各个外贸商那里揽下舱位需求，再到船公司那里一总订舱。作为"消费者"的外贸商，固然可以直接找一些船公司订购舱位（简称订舱），但不难理解，绝大多数时候外贸商是跟货代打交道的。毕竟作为舱位"零售商"的货代，数量多，联系方便，操作灵活——说实话也更热情一些。所以，我们重点讲述与货代间的协作。

小贴士

进出口代理和货代是一回事吗

货代就是货运代理的简称，他们主营货物运输代理业务，不能直接帮你做进出口业务。

进出口代理公司因为拥有进出口权，所以做得比较多的就是进出口报关手续等。当然一些比较有实力的，就做"外贸综合服务平台"了，包括进口代理、出口代理、垫付退税、收汇结汇、信用证、融资等全平台业务，可以帮助没有进出口权的生产企业、外贸公司、外贸SOHO等。

简而言之，货代就是帮你完成货物运输代理业务，而进出口代理公司则是拥有进出口权，帮助没有进出口权的企业做进出口业务。

总之，进出口代理公司与货代有着本质区别，做外贸的小伙伴们不要混淆哦！

（一）选择货代

FOB条件下，由客户安排运输，出口商届时与客户指定的货代联系即可。

CFR/CIF 条件下，在与客户达成交易前，必须确定交货目的港。根据目的港，向货代询价——当然，你也可以货比三家，择优合作。货代报出的运杂费就是出口商核算 CFR/CIF 价格的重要参数之一。需要注意的是，考虑到从报价到成交，再备货出货，中间尚有相当长一段时间，而海运费是常常波动的，有时幅度甚至高达一两百美元/集装箱。所以出口商询价的时候，可以预计交货时间，请货代提供价格变动方面的参考意见。即便这样，很多货代也只能较为准确地报出一个月幅度内的运费，出口商还是要自己留些余地的。上面所说的寻找货代时的择优，绝不仅仅指价格。事实上，很多时候货代的服务质量比那十几美元的差价要重要得多。一个好的货代，能够及时提供运价信息，应急订舱，并解决付运过程中的突发事故——而这些环节一旦出问题，往往不是十几美元的损失。货代并不是全世界港口包打天下的。根据他的上一级合作方不同，各有专长优势。海运航线一般按照地域划分，有北美线、南美线、澳洲新西兰线、日韩线、印度和东南亚线、中东线、地中海线、欧洲线等。出口商不妨多方询问比较，根据不同的市场航线选择相应的货代。每条航线上的港口还有基本港（大型的主要港口）和非基本港之分。基本港设施好，航次多，运费价格便宜，而非基本港容易拥堵，航次少，运费反而更贵。例如欧洲的鹿特丹（ROTTERDAM）、汉堡（HAMBURG）都是著名的欧洲基本港（行话简称欧基港，EUROPEAN MAINPORT 缩写为 EMP）。

小贴士

如何选择好的货代

货代行业竞争激烈，货代公司数不胜数，良莠不齐。如何找到合适的货代呢？

1. 获取货代信息

（1）主动发布信息。在网上发布外贸商业信息，嗅觉灵敏的货代公司很快就会找到你毛遂自荐，相信很多外贸朋友都接到过这样的电话和传真。

（2）入驻网上各类专业论坛。比如阿里巴巴的商业论坛里就有专门的物流板块，那是货代朋友聚集交流的地方。福步外贸论坛，货代聚集地，注册账号发帖咨询，让货代主动添加自己或者自己加货代好友进行问价。

（3）搜索引擎搜索。在百度等搜索引擎上以你所在城市及主要出货港口，加上"海运"之类的词组和搜索，也能找到很多货代公司的信息。

（4）QQ群。每天都会有大量小广告，搜索"货代"也会有一大堆（真假自辨）。

（5）微信群。在出口贸易相关的群里问一下，自会有人推荐。

（6）贴吧。像"贸易吧""出口吧""空运吧""海运吧"这类，基本上都有货代公司在上面发帖推广。

（7）微博。只要你发布的微博包含"货代"两个字，就会有货代主动联系你。

（8）高德地图。搜索"货运代理"，可根据搜索结果上门考察并询价。

2. 选择货代技巧

（1）看优势航线。国际海运的航线很多，大致分为欧洲、地中海、美加、中东、印巴、东南亚（日韩）、中南美和非洲等。船东公司有各自的主营航线，在这些主营航线上船次多、价格优惠、代理点多，服务相对有保障。自然，所合作的船东不同，货代也就形成了各自的优势航线。根据你需要的航线，可以分别选择不同的货代。

（2）看价格。在货代介绍之后，留心比较他们自报的航线运价，看看是否真的比别人便宜些。价格比对时，还要注意，运费不但包括海运费，还有各类杂费，要问清楚货代所报价格的组成，以免误解。一般地，连同各种杂费的运费总开支，行话叫作AllIn价。AllIn价才是比较接近咱们实际支出的价格，最有参考价值。

（3）看服务水平。服务水平方面，初期主要在交谈中观察货代对国际运输和航线专业知识的了解程度，是否熟悉从订舱到报关出货的整个流程各个细节等等。还可以在网上以这家货代名字为关键词搜索一下，侧面了解情况：是否做过登记，是否得到船东认可等等。初步接触感觉良好的，可以尝试合作一些小单，以便进一步磨合了解。

（二）向货代订舱

确定大致的出运期后，就可以向货代订舱了。根据货物名称、数量、体积、重量、目的港等填写订舱委托书，或者把信息直接发给货代。如果是整柜，货代会协调安排调柜、集装箱拖车和装柜时间；如果是拼柜，货代会提供进仓单，通知出口商在约定的时限之前把货物送至指定仓库。船运要注意时限的要求。比如预计9月10日开船的，往往会提前两三天也就是8日左右作为截关期，即货物必须在截关期前完成报关事宜，否则无法放行装船。拼柜货物或集装箱交付给货代后，货代安排报关装船事宜。货代缮制集装箱货物托运单（又称订舱单，Booking Note，B/N），注明要求配载的船舶、航次，送交船公司或其代理，向其办理订舱手续。出运以后，出口商通过货代取得提单作为物权凭证和提货依据，然后再把提单交给国外的客户，等货物运抵目的港码头后，客户凭提单去码头提货。这就是最基本的流程，托运订舱流程如图6-1所示。偶尔也会有特殊情形，提单因某些原因未能及时开具并送抵收货人手中，而出口商又同意客户（收货人）提货的话，可以授意货代以电报通知的形式许可客户无单提货。这种操作称为电放（Telex Release），不再开具提单，已经开具的也要收回。但这属于特例了。在FOB条件下，由国外客户订舱，并告知我们承接该业务的货代联系方式，我们据以办理运输，行话叫作"指定货代"。因为远洋运费是到目的港后由国外客户支付，因此叫作"运费到付"（Freight Collect）。在CFR/CIF条件下，由我们自己订舱并支付费用，叫作"运费预付"（Freight Prepaid）。到付或预付会在提单上注明。出于可以理解的原因，谁去订舱，谁就是货代的客户，货代自然对客户更热情周到。那么是不是自己去订舱就一定好呢？也有风险。因为远洋航运的运费是不断波动的，有时候波动还很厉害，一个集装箱运到欧洲港口的运费，在短短两三个月内可能会涨价一两千人民币甚至更多。假如做CFR/CIF，就必须承担这种风险，而FOB条件下则由国外客户自己承担了。因此，很多出口商还是喜欢做FOB的。

案例

我某外贸公司以FOB中国口岸与日本M公司成交矿砂一批，日商即转手以CFR悉尼价售给澳大利亚的G公司，日商来证价格为FOB中国口岸，目的港悉尼，并提出在提单上表明"运费已付"。请分析日方为何这样做？我方如何处理才使我们的利益不受损害？

分析提示：

日商这样做的目的是想将运费转嫁由我方承担。我方可采取以下两种做法确保我们的利益不受损害：一是要求日方修改信用证，将"运费已付"改为"运费到付"；二是要求日方在装船前将中国口岸到悉尼的运费付给我方，在此基础上同意在提单上表明"运费已付"字样。

> **小知识**

什么是电放

电放的意思是电子放行,是指由托运人向船公司或货代公司提出申请并提供"电放保函"后,由起运港的船公司通过电子邮件或其他方式电传通知其目的港代理——某提单项下货物不需要凭正本提单放货,收货人可凭电放提单扫描件/传真件或凭身份证明提取货物。

电放提单上通常有 Telex Release、Surrendered 等字样。有"Surrendered"字样的电放提单,在目的港由托运人指定的收货人凭身份提货,而有"Telex Release"字样的电放提单,则是由收货人凭电放提单传真件提货。

SURRENDERED

TELEX RELEASE

电放省去了快递正本提单的环节,因此可以解决"货等单"的问题,尤其是近洋运输。因为近洋运输很容易出现货已经到目的港了,但是正本提单还没寄到的情况,这样就导致收货人没法清关提货——不但耽误时间,而且可能会产生额外费用如压港费、仓储费等。

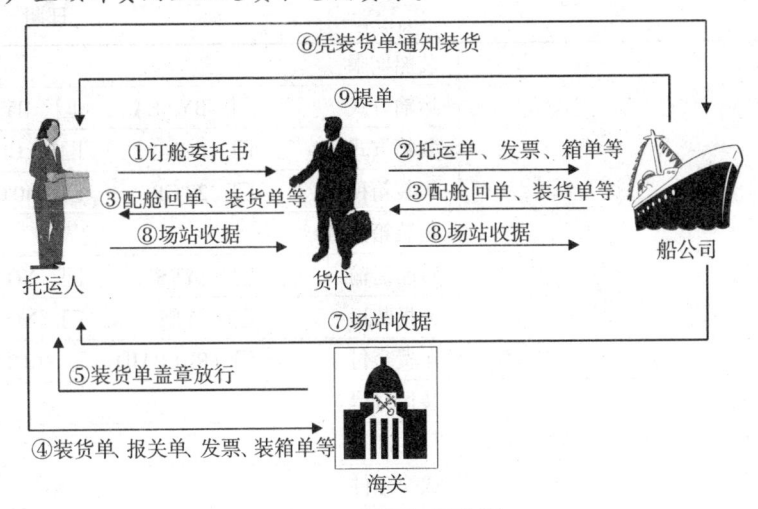

图 6-1 托运订舱流程

图示说明如下:

①托运人(出口商)在货、证备齐后,填制订舱委托书(样本 6-2),随附商业发票、装箱单等其他必要单据,委托货代代为订舱。

②货代接受订舱委托后,缮制集装箱货物托运单(样本 6-3),随同商业

发票、装箱单等其他必要单据一同向船公司办理订舱。

③船公司根据具体情况，如接受订舱则在托运单的几联单据上编上与提单号码一致的编号，填上船名、航次，并签署即表示已确认托运人的订舱，同时把配舱回单、装货单等与托运人有关的单据退还给托运人。

④托运人持船公司签署的装货单，填制出口货物报关单、商业发票、装箱单等连同其他有关的出口单证向海关办理货物出口清关手续。

⑤海关根据有关规定对出口货物进行查验，如同意出口，则在装货单上盖放行章，并将装货单退还给托运人。

⑥托运人持海关盖章的由船公司签署的装货单要求船长装货。

⑦装货后，由船上的大副签署场站收据（样本6-4），即收货单，交给托运人。

⑧托运人持场站收据，向船公司换取正本已装船提单。

⑨船公司凭场站收据，签发正本提单并交给托运人凭以结汇。外贸中常见的船公司见表6-2。

样本6-2 订舱委托书

出口货物订舱委托书

日期

发货人		装船期限				
		运输方式	☐ BY SEA		☐ BY AIR	
		装箱方式	☐ FCL		☐ LCL	
		集装箱种类	☐ 20'GP		☐ 40'GP	
		集装箱数量				
收货人		转船运输	☐ YES		☐ NO	
		分批装运	☐ YES		☐ NO	
		运费交付	☐ PREPAID		☐ COLLECT	
被通知人		装运口岸				
		目的港				
		成交条件				
		联系人				
		电话/传真				
标记唛码	货物描述	总件数		总毛重		总尺码

备注

> **相关链接**

"十联单"

"十联单"，即集装箱货物托运单，因一式十联得名。各联分别为：

第一联：集装箱货物托运单（货主留底）（B/N）

第二联：集装箱货物托运单（船代留底）

第三联：运费通知（1）

第四联：运费通知（2）

第五联：场站收据副本（装货单）(S/O)

第五联副本：缴纳出口货物港务费申请书

第六联：场站收据副本大副联

第七联：场站收据 (D/R)

第八联：货代留底

第九联：配舱回单（1）

第十联：配舱回单（2）

集装箱货物托运单一套多联，分别用于货代留底、船代留底、运费通知、装货单、缴纳出口货物港务费申请书、场站收据、场站收据副本大副联、配舱回单等。托运单虽有多联，然而对于出口商，其核心单据则为装货单、场站收据、场站收据副本大副联和配舱回单。

➢ 装货单（Shipping Order, S/O），又称"关单""下货纸"，是船公司或其代理向船上负责人（船长或大副）和集装箱装卸作业区签发的一种通知其装货的指示文件。装货单是装货前报关时必须向海关提交的单据之一。经海关查验盖放行章后，托运人才能凭其要求装货。

➢ 场站收据（Dock Receipt, D/R）是承运人委托集装箱堆场、集装箱货运站或内陆站在收到整箱或拼箱货后签发的收据。其作用类似于传统运输中的大副收据（Mate Receipt, M/R），托运人可凭其向船公司或其代理人换取正式提单。

➢ 场站收据副本大副联[Copy of Dock Receipt（for Chief Officer）]供港区配载使用，由港区或大副留存。

➢ 配舱回单（Booking Receipt）是对订舱委托的反馈，船公司完成配载后会在配舱回单上注明船名、航次和提单号码返还货代。

样本 6-3　集装箱货物托运单

SHIPPER（托运人）		BOOKING NO 订舱号	
		惠州市世航货运代理有限公司 Huizhou shihang freigth CO.,LTD 地址：广东惠州市惠沙堤1号水印尚堤B栋1001 电话：0752—2153655 传真：0752—5338996 直线：黄远明 13302627285	
CONSIGNEE（收货人）			
NOTIFY PARTY（通知人）		船公司：	运输条款：FOB SHENZHEN
PRE-CARRIAGE BY（前程运输）	PLACE OF RECEIPT（收货地点）	FREIGHT & CHARGES（运费及附加费）	
OCEAN VESSEL/VOYAGE（船名航次）	PORT OF LOADING（装货港）	USD	可否转船：
		RMB	
		HKD	可否分批：
PORT OF DISCHARGE（卸货港）	PLACE OF DELIVERY（目的地）	*** FREIGHT	☐ PREPAID ☐ COLLECT
MARKS & NO 标记与号码	NUM. AND KIND OF PACKAGES & DESCRIPTION 件数、包装种类与货名	GROSS WEIGHT （KG） 毛重（千克）	MEASUREMENT（CBM） 尺码（立方米）

托运条款 1.托运单是托运货物、安排运输和出具提单的依据，各项内容应由托运人认真、详细、正确填写。因填写错误、资料不全引起的货物不能及时出运、运错目的港、提单错误不能结汇、不能提货等一切责任、风险、纠纷、费用等概由托运人承担。 2.客户应及时、准确提供所需有关单证、资料。如无特殊要求，一律按可转船，可分批处理，运费到，预付不填按预付处理。 3.运费与附加费栏按双方协定的金额填写，运费支付人一栏不填的，托运人则是当然的运费支付人。 4.托运人需在我司要求的付款时间内结清全部费用，托运人承诺如不能按时支付全部运费，将按5%缴纳滞纳金，并且承运人有权采取任何措施收回运费，托运人必须承担由此引起的一切损失。	运费支付人/发票抬头：
	支付方式：
	☐ 汇款　　☐ 托收　　☐ 支票　　☐ 现金
	托运人： 　　　　　　　　　　　　签名　盖章
	日期：

样本 6-4　场站收据

Shipper （发货人）	D/R No.（编号）

Consignee （收货人）

场站收据

Received by the carrier the total number of containers or other packages or units stated below to be transported subject to the terms and conditions of the carrier's regular form of Bill of Loading（for Combined Transport or Port to Port Shipment）which shall be deemed to be incorporated herein.

Notify Party （通知人）

Date （日期）：

Pre-carriage by （前程运输）　Place of Receipt （收货地点）

Ocean vessel （船名）　Voy.No.（航次）　Port of Loading （装货港）

场站章

Port of Discharge （卸货港）　Place of Delivery （交货地点） | Final Destination for Merchant's References （目的地）

Container No.（集装箱号）	Seal No.（封志号）Mark & Nos.（标记与号码）	No.of Containers or Pkgs.（箱数或件数）	Kind of Packages; Description of Goods（包装种类与货名）	Gross Weight 毛重（千克）	Measurement 尺码（立方米）

Particulars Furnished by Merchants

TOTAL NUMBER OF CONTAINERS OR PACKAGES （IN WORDS）
[集装箱数或件数合计（大写）]

Container No.（箱号）　Seal No.（封志号）　Pkgs.（件数）　Container No.（箱号）　Seal No.（封志号）　Pkgs.（件数）

Received （实收）　By Terminal clerk （场站员签字）

FREIGHT & CHARGES （运费与附加费）	Prepaid at （预付地点）	Payable at （到付地点）	Place of Issue （签发地点）
	Total Prepaid （预付总额）	No. of Original B（s）/L （正本提单份数）	BOOKING （订舱确认） APPROVED BY

	Service Type on Receiving □-CY, □-CFS, □-DOOR	Service Type on Delivery □-CY, □-CFS, □-DOOR		Reefer Temperature Required.（冷藏温度）	℉	℃
TYPE OF GOODS （种类）	□Ordinary　□Reefer （普通）　（冷藏）	□Dangerous　□Auto （危险品）　（裸装车辆）	危险品	Glass: Property: IMDG Code Page: UN No.		
	□Liquid　□Live Animal　□Bulk　□_____ （液体）　（活动物）　（散货）					

253

表6-2 外贸中常见的船公司

船公司	国籍	代码	船代	提单格式	Logo
马士基	丹麦	MSK	马士基/联合	9位数/SGHX+5位数	MAERSK
地中海	瑞士	MSC	联东	MSCUU+7位数出口：177打头	msc
阳明	中国台湾	YML	外轮	出口：231/234/236	Y
东方海外	中国香港	OOCL	东方	OOLU+10位数	OOCL
海丰	中国	SITC	新海丰	SITGSHTYK+5位数	SITC
中远	中国	COSCO	中远	COAU+10位数	COSCO SHIPPING
达飞	法国	CMA	华港/联合	CN/WM/APLU/DR/CB/AC打头	CMA CGM
太平	新加坡	PIL	太平	SHAUHAN+7位数	PIL
长荣	中国台湾	EMC	航华	EGLV+12位数	
美总	美国	APL	联合	APLU+9位数	APL

第二节　投保

国际贸易货物要经过长距离运输，在交付买方手中之前，可能遭遇各种风险和损失。为了在遭受损失时能得到补偿，一般应在货物起运前向保险公司办理货物运输保险。如果需要卖方投保，例如按CIF价格成交的出口合同卖方需替买方办理保险，那么，在配舱就绪、确定船名、航次和装运期后，卖方须按照出口合同和信用证的规定及时向保险公司办理投保手续。

办理出口货运保险的流程如图6-2所示。

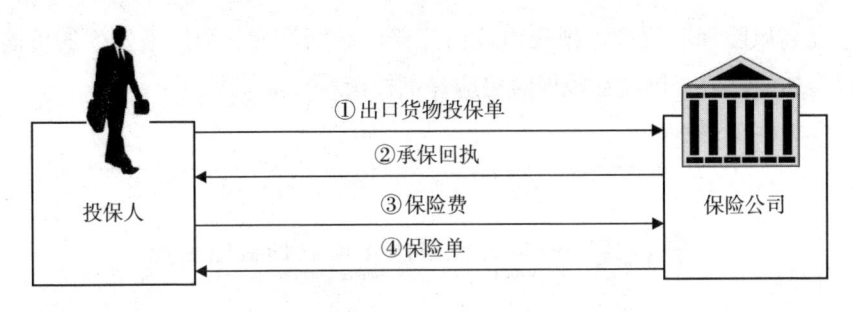

图6-2 出口货运保险流程

一、投保申请

在投保时，首先要详细了解本保险条款及相关内容；然后，在保险业务员的指导下，填写投保单（样本6-5）中的各项目，包括：发票号码、合同号码、信用证号码、标记、包装及数量、保险货物项目、保险金额（按发票金额加成110%）、装载运输工具、起运日期、赔款偿付地点、运输路线、转载地点、投保险别等，投保人签名盖章并写明投保人申请保险单正本份数、保险单或是保险凭证及投保日期。

投保时，需要特别注意以下几个问题：

（一）险别选择

1. 险别选择五要素

在投保时，投保人总是希望在保险范围和保险费之间寻找平衡点。要做到这一点，首先要对自己所面临的风险做出评估，甄别哪种风险最大、最可能发生，并结合不同险种的保险费率来加以权衡。多投险种当然安全感会强很多，但保费的支出肯定也要增加。出口商投保时，通常要对以下几个因素进行综合考虑：

（1）货物的种类、性质和特点。

（2）货物的包装情况。

（3）货物的运输情况，包括运输方式、运输工具、运输路线。

（4）发生在港口和装卸过程中的损耗情况等。

（5）目的地的政治局势，在2011年利比亚战争和2020年亚美尼亚和阿塞拜疆冲突期间，如果投保战争险，出口商就不必为货物的安全问题而心惊肉跳了。

综合考虑所出货物的各种情况非常重要，这样既可节省保费，又能较全面地提高风险保障程度。现在出口业务普遍利润微薄,而风险发生的可能性却有增加的趋势,因此在投保时更应仔细权衡。

样本 6-5 投保单

```
                PICC 中国人民财产保险股份有限公司
                    PICC Property and Casualty Company limited
        地址:                              邮编:100098
        ADD:
        电话(TEL):010-51577587              传真(FAX):58471155

                        货物运输保险投保单
                APPLICATION FORM FOR CARGO TRANSPORTATION INSURANE

    被保险人
    Insured:_____
    发票号(INVOICE NO.)
    合同号(CONTRACT NO.)
    信用证号(L/C NO.)
    发票金额(INVOICE AMORNT)            投保加成(PLUS)   110 %
    兹有下列物品向中国人民保险品公司北京市分公司投保。(INSURANCE IS REQUIRED ON THE FOLLOWING COMMODITTES:)

    | 标记          | 包装及数量  | 保险货物项目           | 保险金额        |
    | MARKS & NOS.  | QUANTITY   | DESCRIPTION OF GOODS  | AMOUNT INSURED |

    启运日期:                      装载运输工具:
    DATE OF COMMENCEMENT           PER CONVEYANCE
    自                    经                      至
    FROM                  VIA                     TO
    提单号:               赔款偿付地点:
    B/L NO.:              CLAIM PAYABLE AT
    投保险别:(PLEASE INDICATE THE CONDITIONS &/OR SPECIAL COVERAGES:)

    请如实告知下列情况:(如'是'在 [ ] 中打'√','不是'打'×') IF ANY, PLEASE MARK '√' OR '×':
    1、货物各类:  袋装[ ]    散装[ ]    冷藏[ ]   清体[ ]   活动物[ ]    机器/汽车[ ]   危险品等级[ ]
        GOODS:    BAG/JUMBO  BULK       REEFERR   LEQUID    LIVE ANIMAL  MACHINE/AUTO   DANGEROUS CLASS
    2、集装箱种类: 普通[ ]    开顶[ ]    框架[ ]   平板[ ]   冷藏[ ]
        CONTAINER ORDINARY   OPEN       FRAME     FLAT      REFRIGERATOR
    3、转运工具:  海轮[ ]    飞机[ ]    驳船[ ]   火车[ ]   汽车[ ]
        BY TRANSIT: SHIP     PLANE      BARGE     TRAIN     TRUCK
    4、船舶资料:   船籍[        ]       船龄:[           ]
        PARTICULAR OF SHIP:  REGISTRY            AGE

    备注: 被保险人确认本保险合同条款和内容已经完全了解。  投保人(签名盖章)APPLICANT'S SIGNATURE
         THE ASSURED CONFIRMS HEREWITH THE TERMS
         AND CONDITIONS OF THESE INSURANCE CONTRACTS
         FULLY UNDERSTOOD.
                                                        电话: (TEL)
         投保日期: (DATE)                                地址: (ADD)

                            本公司自用(FOR OFFICE USE ONLY)

         费率:                保费:                           备注:
         RATE                 PREMIUM
         经办人:              核保人:            负责人:
         BY
```

相关链接

我国海洋货物运输保险的险别

依据"中国保险条款"(CIC),我国的海洋运输保险险别分为基本险和附加险两类。基本险可单独投保,附加险不能单独投保。

基本险包括平安险(FPA)、水渍险(WPA,WA)和一切险(All Risks)。在投保平安险的情况下,保险公司对由于自然灾害所造成的单独海损不负赔偿责任,而对于因意外事故所造成的单独海损则要负赔偿责任。如在运输过程中运输工具发生搁浅、触礁、沉没、焚毁等意外事故,则不论在事故发生之前或之后由于自然灾害所造成的单独海损,保险公司也要负赔偿责任。水渍险承保责任范围包括:平安险所承保的全部责任;被保险货物在运输途中,由于恶劣气候、雷电、海啸、地震、洪水等自然灾害所造成的部分损失。一切险(All Risks)除包括平安险和水渍险的各项保险责任外,还包括被保险货物在运输过程中由于一般外来原因所造成的全部或部分损失。三种险别一切险责任范围是平安险、水渍险加一般附加险的总和,所以从上述三种基本险别的责任范围来看,平安险<水渍险<一切险。

另外,附加险包括11种一般附加险(投保了一切险,就不必加保一般附加险)和8种特殊附加险。

2.何时选用一切险

一切险是最常用的一个险种。买家开立的信用证也多是要求出口方投保一切险。投保一切险最方便,因为它的责任范围包括了平安险、水渍险和11种一般附加险,投保人不用费心思去考虑选择什么附加险。但是,往往最方便的服务需要付出的代价也最大。就保险费率而言,水渍险的费率约相当于一切险的1/2,平安险约相当于一切险的1/3。是否选择一切险作为主险要视实际情况而定。例如,毛、棉、麻、丝绸、服装类和化学纤维类商品,遭受损失的可能性较大,如沾污、钩损、偷窃、短少、雨淋等,有必要投保一切险。有的货品则确实没有必要投保一切险,像低值、裸装的大宗货物如矿砂、钢材、铸铁制品,主险投保平安险就可以了;另外,也可根据实际情况再投保舱面险作为附加险。对于不大可能发生碰损、破碎或容易生锈但不影响使用的货物,如铁钉、铁丝、螺丝等小五金类商品,以及旧汽车、旧机床等二手货,可以投保水渍险作为主险。有的货物投保了一切险作为主险可能还不够,还需投保特别附加险。某些含有黄曲霉素的食物,如花生、油菜籽、大米等食品,往往会因含有这种毒素,超过进口国对该毒素的限制标准而被拒绝进口、没收或强制改变用途，从而造成损失，那么，在出口这类货物的时候，就应将黄曲霉素险作为特别附加险予以承保。

3. 主险与附加险灵活使用

案例

2016年某公司出口一批钢材裸装到中美洲国家，向保险公司投保了海洋货物运输水渍险。货物抵达目的地后，发现短卸5件。收货人即联系保险单所列检验理赔代理人进行检验清点，该检验人出具检验报告证实短卸事实，收货人于是向保险公司索赔。但是该段运输只投保了水渍险，短卸并不在承保范围内，保险公司爱莫能助。

上述案例中，如果针对该货品投保水渍险附加偷窃提货不着险，就可以解决问题。加保的保费一般按一切险的80%收取。保险公司在理赔的时候，首先要确认导致损失的原因，只有在投保险种的责任范围内导致的损失才会予以赔偿，故此，附加险的选择要针对易出险因素来加以考虑。例如，玻璃制品、陶瓷类的日用品或工艺品等产品，会因破碎造成损失，投保时可在平安险或水渍险的基础上加保破碎险；麻类商品，受潮后会发热、引起霉变、自燃等带来损失，应在平安险或水渍险的基础上加保受热受潮险；石棉瓦、水泥板、大理石等建筑材料类商品，主要损失因破碎导致，应该在平安险的基础上加保破碎险。另外，货主在选择险种的时候，要根据市场情况选择附加险，如到菲律宾、印度尼西亚、印度的货物，因为当地码头情况混乱，风险比较大，应该选择偷窃提货不着险和短量险作为附加险，或者干脆投保一切险。

常见商品投保险别见表6-3。

表6-3 常见商品投保险别

商品种类	主要商品	应保险别
电器电子类	电视机、空调、冰箱、计算机、手机等	平安险或水渍险加保碰损险和偷窃提货不着险
机械类	自行车、摩托车、汽车配件	水渍险加保破碎、碰损险和偷窃提货不着险。如置于甲板还要加保舱面险

续表

商品种类	主要商品	应保险别
纺织类	服装	一切险或在水渍险基础上加保沾污险、淡水雨淋险
粮谷类	粮食、豆类、花生仁、饲料	一切险或在水渍险的基础上加保短量险、受潮受热险
食品类	铁皮罐头、玻璃罐头、坛装食品	一切险或在平安险、水渍险的基础上加保破损、破碎、碰损、锈损险
冻品类	冻猪肉、冻牛羊肉、冻鸡鸭、冻鱼虾	冷藏货物险
五金类	小五金	水渍险

(二) 保额确定和保费计算

1. 保额确定

保险金额（Insured Amount）是指投保人与保险公司之间实际投保和承保的金额，是保险费的计收依据，是投保人或其受让人索赔和保险人理赔的最高限额。保险金额的计算公式为：

保险金额 = CIF（CIP）价 × (1 + 投保加成率)

CIF = CFR / [1 − (1 + 投保加成率) × 保险费率]

保险金额并非是投保货物的成本价格，而是以成本为基础，包括保险费、运费以及预期利润。实际上，保险金额就是 CIF 价，因此保险公司承保出口货物，保险金额一般是 CIF（CIP）价加成 10% 的金额，即将买方预期利润和有关费用加入货价内合并计算。

2. 保费计算

保险费是保险金额与保险费率的乘积。保险费率是计收保险费的依据，不同的险别有不同的费率。目标市场不同，费率亦不同，出口商在核算保险成本时，不能"一刀切"。举例来讲，如果投保一切险，欧美发达国家的费率可能是 0.5%，亚洲国家是 1.5%，非洲国家则会高达 3.5%。保险费的计算公式为：

保险费 = 保险金额 × 保险费率

如按 CIF（CIP）价加成投保：

保险费 = CIF（CIP）价 × (1 + 投保加成率) × 保险费率

案例

某批 CIF 总金额为 USD30000 货物，投保一切险（保险费率为 0.6%）及战争险（保险费率为 0.03%），保险金额按 CIF 总金额加 10%，请问投保人应付多少保险费？

保险费 =CIF 价 ×（1+ 投保加成率）× 保险费率
　　　　=30000×（1+10%）×（0.6%+0.03%）
　　　　=207.9（美元）

二、取得保险单

保险公司接受投保申请后，由业务经办人及核保员审核；经审核同意后，保险公司签发保险单（样本 6-6），投保人缴纳保险费。

保险单据是保险人与被保险人之间订立保险合同的证明文件，它反映了保险人与被保险人之间的权利和义务关系，也是保险人的承保证明。当发生保险责任范围内的损失时，它又是保险索赔和理赔的主要依据。

相关链接

保险单的形式

保险单一般分为保险单、保险凭证与暂保单。

➢ 保险单（Insurance Policy）：俗称"大保单"，是一种正规的保险合同，除载明上述投保单上所述各项内容外，还列有保险公司的责任范围以及保险公司与被保险人双方各自的权利、义务等方面的详细条款。是使用最广泛的一种保险单据。

➢ 保险凭证（Insurance Certificate）：俗称"小保单"，是一种简化的保险单，除其背面没有列入详细保险条款外，其余内容与保险单相同，保险凭证也具有与保险单同样的法律效力。

➢ 暂保单（Cover Note，Binder）：一种临时性的保险单，是投保人在不了解保险货物装载船名及起航日期的情况下先行办理投保时，保险人所签发的一种非正式的保险单，待投保人获得装运细节后，换取正式保险单。依据 UCP600，在信用证支付方式下，银行不接受暂保单。

样本 6-6　保险单

```
                                    PICC    中国人民保险公司 上海市分公司
                                            The People's Insurance Company of China, Shanghai Branch
                                            总公司设于北京  一九四九年创立
                                            Head Office: Beijing  Established in 1949
货物运输保险单
CARGO TRANSPORTATION INSURANCE POLICY
发票号      (INVOICE NO.)
合同号      (CONTRACT NO.)              保单号次  SH02/PYCK200031000000748
信用证号    (L/C No.)                   POLICY NO.:
被保险人:
INSURED    SHANGHAI DONGXI IMPORT/ EXPORT COMPANY
中国人民保险公司（以下简称本公司）根据被保险人的要求，由被保险人向本公司缴付约定的保险费，按照本保险单承保险别和背面所载条款
与下列条款承保下述货物运输保险，特立本保险单。
THIS POLICY OF INSURANCE WITNESSES THAT THE PEOPLE'S INSURANCE COMPANY OF CHINA (HEREAFTER CALLED "THE COM-
PANY") AT THE REQUEST OF THE INSURED AND IN CONSIDERATION OF THE AGREED PREMIUM PAID TO THE COMPANY BY THE
INSURED, UNDERTAKE TO INSURE THE UNDERMENTIONED GOODS IN TRANSPORTATION SUBJECT TO THE CONDITIONS OF THIS
POLICY AS PER THE CLAUSES PRINTED OVERLEAF AND OTHER SPECIAL CLAUSES ATTACHED HEREON.
```

标记 MARKS & NOS.	包装及数量 QUANTITY	保险货物项目 DESCRIPTION OF GOODS	保险金额 AMOUNT INSURED
AS PER INVOICE NO. DX-16-46576	160 CARTONS	T-SHIRTS AND KNITTED PANTS	USD100000.00

```
总保险金额:
TOTAL AMOUNT INSURED   U.S.DOLLARS ONE HUNDRED THOUSAND ONLY
保费      AS ARRANGED     启运日期:                       装载运输工具:
PREMIUM                   DATE OF COMMENCEMENT  AS PER B/L   PER CONVEYANCE   HENGHE V.248
自                        经                            至
FROM      SHANGHAI        VIA                           TO   YOKOHAMA
承保险别:
CONDITIONS
        Covering All Risks and War Risks as per Ocean Marine Cargo Clauses and War Risks Clauses (1/1/
        1981) of the People's Insurance Company of China (Abbreviated as C.I.C.-All Risks & War Risk).

所保货物，如发生保险单项下可能引起索赔的损失或损坏，应立即通知本公司下述代理人查勘。如有索赔，应向本公司提交保单正本(本保险单
共有 3 份正本)及有关文件。如有一份正本已用于索赔，其余正本自动失效。
IN THE ENEVT OF LOSS OR DAMAGE WHICH MAY RESULT IN A CLAIM UNDER THIS POLICY, IMMEDIATE NOTICE MUST BE GIVEN
TO THE COMPANY'S AGENT AS MENTIONED HEREUNDER. CLAIMS, IF ANY, ONE OF THE ORIGINAL POLICY WHICH HAS BEEN
ISSUED IN 3 ORIGINAL(S) TOGETHER WITH THE RELEVENT DOCUMENTS SHALL BE SURRENDERED TO THE COMPANY. IF ONE OF
THE ORIGINAL POLICY HAS BEEN ACCOMPLISHED, THE OTHERS TO BE VOID.

THE NIPPON FIRE & MARINE INS. CO. LTD.,MARINE CLAIMS DEPT.       中国人民保险公司  上海市分公司
45, SEKIGUCHI, 1 CHOME, BUNKYOU KU, TOKYO, JAPAN                 THE PEOPLE'S INSURANCE COMPANY OF CHINA
TEL: 81 3 3272-8111                                              SHANGHAI BRANCH
赔款偿付地点
CLAIM PAYABLE AT     JAPAN IN USD
出单日期
ISSUING DATE   APRIL 20, 2016                                    GENERAL MANAGER

地址: 中国上海中山南路700号
ADD: 700 ZHONGSHAN ROAD(S) SHANGHAI CHINA  经办: SF  复核: TK   电话(TEL):63243439 63563561
邮编(POST CODE):200040                                          传真(FAX): 86-21 63568811 63764678
```

投保人缴付保险费，是保险合同生效的前提条件。在被保险人支付保费前，保险人可以拒绝签发保险单据。保险费是保险人经营业务的基本收入，也是保险人所掌握的保险基金（即损失赔偿的基金）的主要来源。

🟊 小贴士

除了购买货运险，这两款保险也不可忽视

凡是外贸出口一般都要买上一份货运险，然而，有两种保险很重要，却往往被人们忽视。

（一）出口产品责任保险

无论您的产品销往哪国，该国的法律都会要求您对由于您的产品所造成的损失，或者伤害负责。总之，您的法律责任将随着您所销售的每一件产品遍布全球。承担这种责任风险的保险就是出口产品责任保险。不论自有品牌企业，还是OEM企业都面临着因产品责任而被起诉的风险，一旦发生风险，消费者并不会因产品在国外制造而不追究生产商的责任。之前，国内一家OEM企业为美国某健康用品公司生产儿童爽身粉的瓶子，由于质量不过关导致瓶子变色，这家美国公司只好召回所有产品，同时向中国厂商索赔，为此，这家OEM企业赔偿了100多万美元。现在很多国际买家（例如家居类Wayfair，Homedepot；家电类BestBuy；办公用品类OfficeMax；全品类Walmart；等等）通常会要求中国的生产商（供应商）投保出口产品责任保险，并将国际买家列为附加被保险人共同享有产品责任的保险利益。如果企业在出口前事先购买了保险，一旦发生赔付纠纷，保险公司将可提供法律援助，企业也可转移风险。

（二）出口信用保险

据商务部研究院调查，中国出口企业的坏账率约为5%，每年损失400亿美元，损失率是发达国家平均水平的10—20倍。有效控制收汇风险成为亟待解决的问题。中国出口信用保险公司（简称中国信保）以政策性保险公司的身份，责无旁贷地帮助中国出口企业规避对外贸易中所面临的风险，并通过一系列出口信用保险产品与服务为广大企业提供切实的保障与支持。所谓出口信用保险是国家为了推动本国的出口贸易，保障出口企业的收汇安全而制定的一项由国家财政提供保险准备金的非营利性的政策性保险业务。主要承保被保险人在经营出口业务时面临着来自进口国家或地区的政治风险和买家的商业风险（图 6-3），而这些风险往往是一般商业保险公司不愿或无力承保的。对于出口企业来说带来的好处有：

（1）增加商业机会，扩大经营规模。

（2）获得融资便利，缓解资金紧张。

（3）建立信用管理机制，减少呆坏账款。

（4）弥补收汇损失，确保可持续发展。

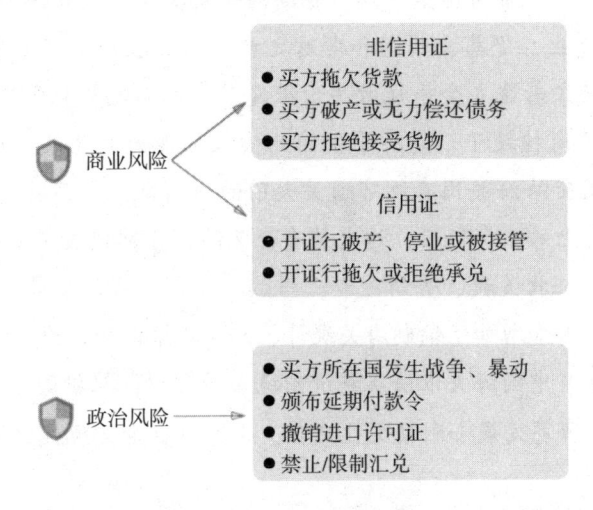

```
                    非信用证
                    ● 买方拖欠货款
                    ● 买方破产或无力偿还债务
          商业风险  ● 买方拒绝接受货物

                    信用证
                    ● 开证行破产、停业或被接管
                    ● 开证行拖欠或拒绝承兑

                    ● 买方所在国发生战争、暴动
                    ● 颁布延期付款令
          政治风险  ● 撤销进口许可证
                    ● 禁止/限制汇兑
```

图 6-3　中国信保可承保风险

第三节　报关

报关是指进出口货物出运前向海关申报的手续。按照我国海关法规定：凡是进出国境的货物，必须经由设有海关的港口、车站、国际航空站进出，并由货物的发货人或其代理人向海关如实申报，交验规定的单据文件，请求办理查验放行手续。经过海关放行后，货物才可提取或者装运出口。

小知识

你知道海关关徽的含义吗

关徽是中华人民共和国海关的专用标志,由商神手杖与金色钥匙交叉组成。

商神手杖是古希腊神话中赫尔墨斯的手持之物。赫尔墨斯是诸神中的传信使者,兼商业、贸易、利润和发财之神,及管理商旅、畜牧、交通之神。传说赫尔墨斯拿着这支金手杖做买卖很发财。人们便称赫尔墨斯为商神,金手杖也便成了商神杖了。商神手杖因此被人们视为商业及国际贸易的象征。钥匙则是祖国交给海关用来把守通关大门的权力象征。另外,不知大家是否注意到了钥匙上的三个锯齿,这也是有含义的,分别代表了海关的三大职能,即货运监管、征收关税、查缉走私。当然,随着时代的发展,海关的职能也在动态变化,比如增加了编制海关统计、知识产权保护、出入境检验检疫等。

关徽寓意着中国海关依法实施进出境监督管理,维护国家的主权和利益,促进对外经济贸易发展和科技文化交往,保障社会主义现代化建设。

目前,我国采用报关自动化系统进行作业处理。海关利用电子通关系统,可实现无纸审单、放行。出口企业在办理报关时,可以自行办理报关手续(自理报关),也可以通过专业的报关行或国际货运代理公司来办理(代理报关)。通常需要经过出口申报、配合查验、缴纳税费、装运货物四个环节(图6-4)。

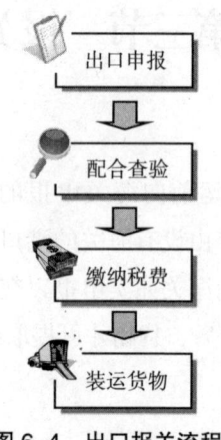

图6-4 出口报关流程

一、出口申报

申报，也就是通常所说的狭义上的报关。出口申报，就是出口企业准备申报单证，在规定期限、地点向海关报告，接受海关审核的行为。

★ **小贴士**

报关员、报关人员与海关工作人员傻傻分不清

报关员是2014年海关总署取消报关员全国统考之前报关人员的正式称谓，在此之前从事报关职业必须参加全国统考，考试合格取得报关员资格证书、受聘于相关企业并在海关注册才可从事报关工作。

现在从事报关的都称为"报关人员"，没有任何硬门槛，不需要参加任何硬性的考试，只要在海关备案即可。自2018年4月20日起，报关企业在海关注册登记或备案后，同时取得报关报检资质。同时，海关将检验检疫报检人员备案与报关人员备案合并为报关人员备案。也就是报关人员备案后同时取得报检资质。

好多外行都以为当上报关员（报关人员）就成为海关工作人员了，这简直就是一个天大的误解。报关人员，又称海关经纪人，是代表所属企业向海关办理进出口货物报关纳税等通关手续的企业员工。海关工作人员是国家公务员，是国家行政执法人员。

（一）申报方式

我国目前已全面实行电子申报。货物的收发货人或其代理人根据《中华人民共和国海关进出口货物报关单填制规范》和海关监管、征税、统计等要求录入电子报关数据并通过网络传输方式向海关传输电子数据，进行电子申报。中国国际贸易单一窗口是报关单整合申报的主要平台。申报人可以从单一窗口标准版门户网站（https://www.singlewindow.cn/）或互联网+海关门户（http://online.customs.gov.cn/）进入"货物申报"页面（图6-5）。

一般情况下，出口货物应当在货物的出境地办理海关手续。货物需要转关运输时，经海关同意，可以在启运地办理海关手续。另外，对于经管道等特殊方式输送出境的货物，经营单位应当按照海关的要求定期向指定的海关申报并办理有关出口海关手续。

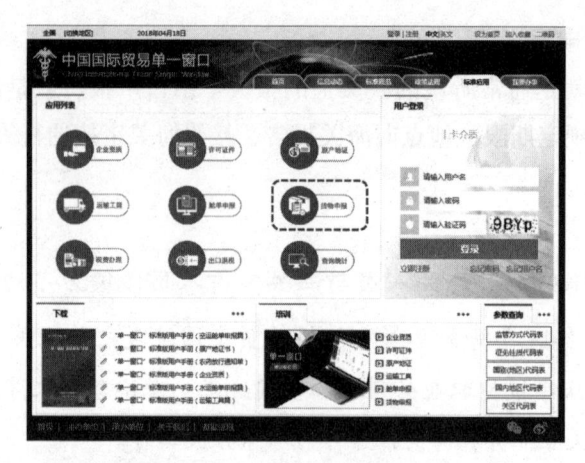

图 6-5　单一窗口"货物申报"页面

> **相关链接**

何为出口转关

出口转关是指出口货物的发货人或其代理人在启运地已办理出口海关手续，运往出境地口岸，由出境地海关监管出境，如图 6-6 所示。

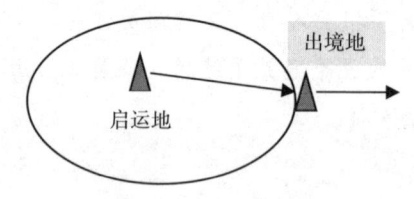

图 6-6　出口转关

海关总署自 2019 年 1 月 1 日起全面推行转关作业的无纸化。出口转关货物运抵出境地海关监管作业场所后，监管作业场所经营人应当向海关申报出口物流信息电子数据。点击单一窗口的货物申报—转关无纸化—【出口物流信息】进行申报。出口转关货物运抵出境地海关监管作业场所后，出境运输工具名称、航次（班）、提/运单号待定或者已发生变化时，企业可以向海关申请将相关电子数据数据项变更为实际出境的运输工具名称、航次（班）、提/运单号。

（二）申报期限

出口货物应当在货物运抵海关监管区后，装货的 24 小时以前进行申报。

至于装货24小时以前到什么程度，是2天还是5天，或是更长，可由报关人根据口岸仓储能力自定，海关一般不予过问。

确定申报时间是否在合理的申报期限内，申报日期的确定（表6-4）就显得尤为重要。申报日期是指申报数据被海关接受的日期，自该日起，申报数据产生法律效力。

表6-4　申报日期的确定

报关形式	申报日期
先电子数据报关单申报，后提交纸质报关单	海关计算机系统接受申报数据时记录的日期
仅以电子数据报关单方式申报	
电子数据报关单被退回，重新申报	海关重新接受申报的日期
先纸质报关单申报，后补报电子数据	海关在纸质报关单上登记的日期
仅提供纸质报关单申报	

（三）申报单证

申报单证可以分为主要单证、基本单证、特殊单证和预备单证。

1. 主要单证

主要单证就是由报关员自行填写或由自动化报关预录入人员录入后打印的出口货物报关单（样本6-7），为必备单证。

样本6-7　出口货物报关单

2. 基本单证

基本单证是指货运单据和商业单据，亦为必备单证。如商业发票、装箱单、装货单等（关于这些单据的具体情况将在本书后续章节中介绍）。

3. 特殊单证

特殊单证主要是指配额许可证以及其他各类特殊管理证件等。需要指出的是，自2020年1月1日起，在全国范围内对属于限制出口管理的货物实行出口许可证件申领和通关作业无纸化。出口上述货物的出口单位可自行选择无纸作业或者有纸作业方式。

相关链接

出口配额的申请

虽然目前我国大部分商品可以自由出口，但仍然有部分商品的出口受到一定限制——出口配额限制。出口配额限制有两种形式：配额许可证管理和配额招标管理。

商务部一般每年会依法公布货物出口配额总量及配额管理有关事项。出口配额管理货物的对外贸易经营者应向商务部申请取得配额（全球或者地区配额），凭配额证明文件或者配额招标中标证明文件申领出口许可证，凭出口许可证向海关办理货物出口报关验放手续。申请人需将申请材料提交给所在地方的省级地方商务主管部门，由省级地方商务主管部门对申请材料进行核实并转报商务部。商务部依法对受理的申请进行审查并将配额分配给符合条件的申请人。

4. 预备单证

预备单证主要指贸易合同、原产地证明等。这些单证，海关在审单、征税时可能需要调阅或收取备案。

（四）集中审单

报关人向海关递交报关单后，海关接受报关，审单。海关计算机系统根据预先设定的各项参数对电子报关数据的规范性、有效性和合法性进行电子审核，审核结果将通过现场大屏幕显示器或计算机网络等通信手段通知申报人。然后，通关管理处审单中心对需人工审单的报关单数据进行人工审核，并将审核结果通知申报人。

我国海关建立了三位一体的审单作业系统。审单作业系统包括计算机电子审单、直属海关审单中心专业化审单和隶属海关现场接单审核，它们是既分工协作又相互制约的报关单证和数据处理系统。通关管理处审单中心自收到电子报关数据之时起，一般1个工作日内完成对报关单电子数据的审核工作，并根据审核结果发送审结、退单等信息。

二、配合查验

审单环节，审查的是"单单相符"，而在查验环节审核的则是"单货相符"。海关依法对出口货物进行查验，报关单位应派员到场予以协助和配合。

（一）海关查验

海关查验是指海关依法确定货物的性质、价格、数量、原产地和货物状况是否与报关单相符。

1. 查验地点

查验一般在监管区内进行。特殊情况下，海关申请核准可派员到监管区以外查验。

> **案例**
>
> 国内M厂计划出口若干批次无牌打印机配件，在提供给报关员的报关资料中注明为无牌。但根据中间商要求，在产品说明书上注明了专供×××牌打印机使用（×××牌系某国际知名品牌）。头两个货柜，海关没有查验，顺利通关。但在第三个货柜出口时，遇上海关查验，结果发现了问题，海关扣下了该货柜。M厂感觉自己很冤枉，表示愿意承担所有费用，并补打上该品牌重新申报。但问题并非如此简单，M厂申报不一致是问题的一方面，更重要的是×××品牌早已在海关知识产权备案系统中备了案，按照规定M工厂理应首先获得该品牌持有者的授权，同时还得在海关知识产权系统作为被授权人进行备案之后才能生产并出口。当然，中间商也没有这样的授权。最终，工作人员把该货柜送往海关缉私科，M厂面临的不仅是要把之前的两个货柜退回，还将面临法律的制裁。

2. 查验时间

查验时间一般约定在海关正常工作时间内，允许例外。"紧急验放"货物，可以优先安排查验。

3. 查验方法

海关的查验方法主要有：彻底查验或抽查，人工查验和设备查验。

（1）彻底查验：对一票货物逐件开拆包装、验核货物。

（2）抽查：按一定比例有选择地验核情况。

（3）人工查验：包括外形查验和开箱查验。外形查验，即从外部特征状况进行查验；开箱查验，即从集装箱、货柜车箱中取出查验。

（4）设备查验：利用技术设备为主进行验核。

4. 复验

初次查验未能查明、涉嫌违规、发货人对查验结论有异议经海关同意的，可以依法对已完成查验的货物进行复验。查验和复验不得为同一关员。

5. 径行开验

径行开验是指海关在当事人不在场的情况下，自行开拆货物包装进行查验。必须有监管场所经营人或者运输工具负责人到场，并签名确认。在以下两种情况下，海关可以径行开验：

（1）涉嫌违规走私的。

（2）查验时，收发货人或其代理人未到场。

（二）配合查验

海关查验货物时，出口企业应当到场，配合海关查验，做好如下工作：

（1）按要求搬移货物、开拆包装、重新封装货物。

（2）如实回答询问及提供必要的资料。

（3）协助海关提取货样。

（4）核查"查验记录单"是否符合实际情况，并签字确认。

（三）货物损坏赔偿

货物损坏赔偿仅限于查验过程中，由于关员责任造成的直接经济损失。赔偿金额根据被损货物及其部件的受损程度确定，或者根据修理费确定。事后发现货物有损的，不负责赔偿，必须查验现场提出。

小贴士

哪些情况海关不赔

以下不属于海关赔偿范围：

（1）进出口货物收发货人造成的。
（2）在正常时间内发生变质或失效的。
（3）海关正常查验时产生的不可避免的磨损。
（4）在海关查验之前或之后发生的损失。
（5）不可抗力造成的损失。

三、缴纳税费

出口货物通过海关查验，确定货、证无误后，海关按照《中华人民共和国进出口税则》的规定，对出口货物计征关税。不过由于征收出口税会影响出口企业的国际竞争力，因此货物在出口时，很少征税。出口关税的计算公式为：

出口关税税额＝完税价格 × 关税税率
完税价格＝FOB ÷（1+出口关税税率）

案例

广州某外贸企业从摩托车厂购进摩托车600辆，直接报关离境出口澳大利亚。摩托车出厂价每辆5000元，离岸价每辆700美元（汇率1∶8.02）。出口关税税率为3%，请计算这批摩托车应交出口关税税额是多少？

出口货物完税价格＝（700×600×8.02）/（1+3%）
　　　　　　　　＝3270291.26（元）

出口关税税额＝完税价格×关税税率
　　　　　　＝3270291.26×3%＝98108.74（元）

出口货物发货人或其代理人在规定时限内，持缴款书或收费票据到指定银行缴纳税费（也可在网上进行电子支付）；收到缴款成功信息后，即可申请放行。

四、装运货物

出口货物发货人在缴纳税费或提供担保后，海关在出口装货凭证（场站收据、装货单、运单）签盖"海关放行章"。然后凭以在海关监管仓库办理装运。在电子申报方式下，海关做出放行决定时，通过计算机将"海关放行"

电子数据发送给出口货物发货人或其代理人。出口货物发货人或其代理人从计算机上自行打印海关通知放行的凭证（样本 6-8），凭以将出口货物运到运输工具上离境。

样本 6-8　放行通知书

2021/7/29　　　　　　　　　　　　　　放行通知书

通关无纸化出口放行通知书

宁波外运国际货运代理有限公司

你公司以通关无纸化方式向海关发送下列电子报关单数据业经海关审核放行，请携带本通知书及相关单证至港区办理装货/提货手续。

海曙海关海关审单中心
2021-05-09

预录入编号：310120210518552887　　海关编号：310120210518552887

出口关别 (3104) 北仑海关	备案号		出口日期 2021-05-13	申报日期 2021-05-09
收发货人 (3302210027) 浙江新景进出口有限公司	运输方式 (2) 水路运输	运输工具名称 A DAISEN		提运单号 BALAD18NGRT0140
生产销售单位 (3302210027) 浙江新景进出口有限公司	监管方式 (0110) 一般贸易	征免性质 (101) 一般征税		结汇方式
许可证号	运抵国（地区）(NLD) 荷兰	指运港 (NLD066) 鹿特丹（荷兰）		境内货源地 (33029) 宁波其他
批准文号	成交方式 C&F	运费 美元/4200/总价	保费 null//	杂费 null//
合同协议号 AD12501AW21059A	件数 23	包装种类 再生木托	毛重（千克）15160.00000	净重（千克）14700.00000
集装箱号 BURU3201536*21(1)	随附单证			生产厂家

项号	商品名称、规格型号	数量及单位	最终目的国（地区）	单价	总价	币值
1	插销/0/0 不锈钢制 无品牌 无型号 无杆径	11400.00000 千克	荷兰 (NLD)	2.27560	25941.67000	美元 (USD)
2	销子/0/0 不锈钢制 无品牌 无型号 无杆径	3300.00000 千克	荷兰 (NLD)	1.76840	5835.62000	美元 (USD)
	/					
	/					
	/					
	/					
	/					
	/					
	/					
	/					
	/					
	/					
	/					

兹申明，以上通知由我公司根据海关电子回执打印，保证准确无讹。

宁波外运国际货运代理有限公司（签印）
2021年07月29日

[打印]

第七步 制单结汇

人常说：国际贸易就是单据贸易，可见单据在外贸中的重要性。为了安全及时收汇，货物装运后，出口企业应立即按照信用证的规定，正确缮制各种单据（有的单据和凭证在货物装运前就应准备好），并在信用证规定的交单到期日或以前，将各种单据和必要的凭证送交指定银行要求付款、承兑或议付，办理结汇手续。

第一节　制作单据

一、制单流程与基本原则

（一）制单流程

外贸制单的流程大致如图 7-1 所示。

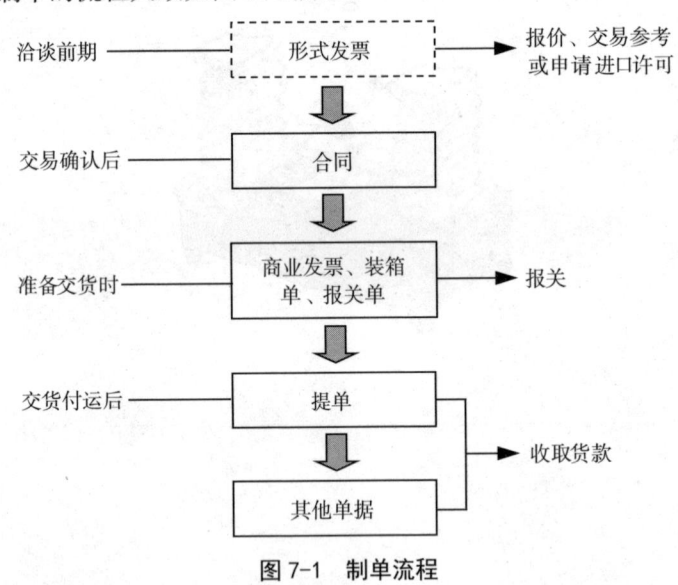

```
洽谈前期    ----> 形式发票 ----> 报价、交易参考
                               或申请进口许可
                    ↓
交易确认后   ---->   合同
                    ↓
准备交货时   ----> 商业发票、装箱 ----> 报关
                  单、报关单
                    ↓
交货付运后   ---->   提单
                    ↓              ----> 收取货款
                   其他单据
```

图 7-1　制单流程

注：虚线所指单据为非必备单据。

（1）外贸洽谈前期，制作形式发票用于报价、交易参考或客户申请进口许可等。

（2）交易确认以后，制作外贸合同。

（3）准备交货的时候，制作商业发票、装箱单、报关单等报关出口材料。

（4）交货付运后，得到三证三副提单。

（5）制作、申办、整理客户所需的全套单据，如发票、装箱单、商检证、产地证、受益人证明等以收取货款。

（6）凭收汇银行水单、报关单等办理退税。

无论是否操作信用证，单据都比较重要。外贸单证通常是成套的，即根据客户的要求，相关的单证作为一套，用于交付、转卖和货款收付。

（二）制单基本原则

单证制作的基本原则是"单证一致，单单一致"，即单证制作符合信用证要求（在信用证操作时），同一套的单据间，在相同栏目的内容一致。比如，货物的数量，无论在发票、装箱单还是其他单据的数量栏中，填写都应一致，包括计量单位；在提单中显示了唛头（货物外包装箱上印刷的用于识别的标志符号，我们在前面装运货物中讲过），发票中就不能显示"N/M"（无唛头）。此外，每份单据都会标明出具日期，而外贸操作中对各种单据的日期有相应的规定，要求签发日期应符合逻辑性和国际惯例。

关于各种单据的时间顺序可参见图7-2。

小贴士

外贸各种单据的时间顺序

一般情况下，作为收款用的全套单据，日期以提单上的ON BOARD DATE为基准，来确定各单据的日期。各单据日期关系如下：

➢ 发票（INVOICE）：日期一般早于所有单证。

➢ 装箱单（PACKING LIST）：一般与发票同日，必须在提单日之前。

➢ 提单日（ON BOARD DATE）：不能超过L/C规定的装运期。

➢ 保单（INSURANCE POLICY）：签发日应早于或等于提单日期，不能早于发票。

➢ 产地证（C/O，FORM A）：不早于发票日期，不迟于提单日。

➢ 商检证（INSPECTION CERTIFICATE）：日期不晚于提单日期，但也不能过早于提单日。

➢ 受益人证明（BENEFICIARY CERTIFICATE）：等于或晚于提单日。

➢ 装船通知：等于或晚于提单日后三天内。

➢ 船公司证明（FORWARDER CERTIFICATE）：等于或早于提单日。

➢ 汇票（DRAFT）：日期应晚于提单、发票等其他单据，但不能晚于L/C的有效期。

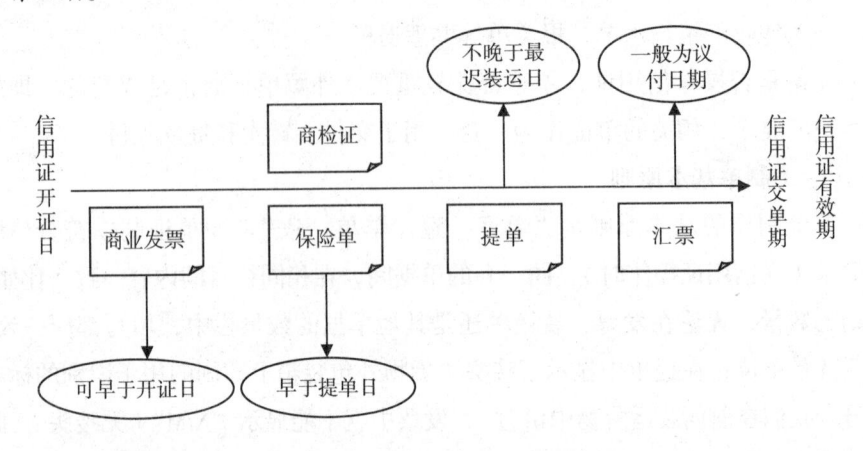

图7-2 外贸各种单据的时间顺序

二、常见单据制作

（一）汇票

汇票（Draft）是由出票人签发并委托付款人按约定的付款期限（即期或远期）对指定的受款人无条件支付一定金额的票据，相当于一种无条件支付命令。汇票根据出票人的不同，可以分为银行汇票和商业汇票。在信用证业务中，经常使用的是由出口商出具的商业汇票。由出口商填写，付款人签字以确认付款。信用证一般不规定汇票份数，通常皆为两联，都需提供。汇票范例见样本7-1。

相关链接

汇票的使用程序

汇票的使用程序随其是即期汇票还是远期汇票而有所不同。即期汇票一般需经过出票、提示和付款几个程序；远期汇票则还需要承兑（图7-3）。

另外，汇票如需转让，还要经过背书（Endorsement）。背书是转让汇票权利的一种手续。在国际金融市场上，汇票又是一种流通工具，经过背书可以不断地转让下去，在转让人与受让人之间构成了"前手"和"后手"之分。所有的转让人都要承担法律责任。

```
        出票
         ↓     远期
        提示  ⇄  承兑
         ↓即期  ↙
        付款
```

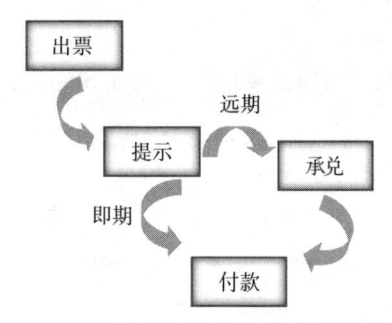

图 7-3　汇票的使用程序

汇票如遭拒付（Dishonor），则有追索环节。拒付也称退票，是指汇票在提示付款或提示承兑时遭到拒绝。另外，在付款人或承兑人拒不见票、死亡、宣告破产或因违法被责令停止业务活动等情况下，使得付款在事实上已不可能，也构成拒付。汇票被拒付，持票人除可向承兑人追索外，还有权向所有"前手"（包括出票人）追索。

样本 7-1　汇票

BILL OF EXCHANGE

凭　　　　　　　　　　　　　　　　　　　信用证
Drawn under……………………………………　L/C NO. ……………
日期
Dated…………………… 支取　　Payable with interest @…… %…… 按……息……付款
号码　　　　汇票金额　　　　　　　　　上海
NO. …………… Exchange for ▓▓▓▓▓▓▓▓ Shanghai ……………20…………
见票…………… 日后（本汇票之正本未付）付交
　　At ……………… sight of this SECOND of Exchange（First of Exchange being unpaid）pay to the order of
金额
the sum of ▓▓▓▓▓▓▓▓▓▓▓▓▓▓▓▓▓▓▓▓▓▓▓▓▓▓▓▓▓▓▓▓▓▓▓
此致：
　　To……………………………………………

制作汇票注意事项：

（1）汇票号码：一般用本批货物的商业发票号码。

（2）汇票金额：可以与信用证金额不一致，比如小于或等于信用证金额，但通常应与发票金额保持一致。汇票的币种应与信用证的币种相同；在汇票的"Exchange for"后填写小写金额，在"the sum of"后填写大写金额，汇票开立的金额大小写必须完全一致。

（3）汇票期限（TENOR）：即期——AT SIGHT，远期——AT ×××DAYS AFTER SIGHT，AT ××× DAYS AFTER DATE OF DRAFT，AT ××× DAYS AFTER DATE OF B/L，ON ×××，2021（固定日期付款或板期付款）。

（4）受款人（Payee），又叫收款人或抬头，一般有三种制法：

➤ 指示式抬头：Pay to the order of ××× Bank

➤ 限制式抬头：Pay ××× only

➤ 来人抬头：Pay bearer

汇票的受款人多半为银行。信用证方式下，受款人通常是议付行或出口商往来银行；托收方式下，受款人一般是托收行。在出口业务中，无论采用哪种结算方式，对外签发的汇票一般都做成指示式抬头，如 Pay to the order of Bank of China（付中国银行或其指定人）。

小知识

中国主要银行英文名称

➤ 中国银行　Bank of China（BOC）

➤ 中国工商银行　Industrial & Commercial Bank of China（ICBC）

➤ 交通银行　Bank of Communications（BCM）

➤ 中国农业银行　Agriculture Bank of China（ABC）

➤ 中国建设银行　China Construction Bank（CCB）

（5）出票条款（Drawn Clause）：是指汇票的出票依据，一般在票面显示"Drawn under..."或"Drawn against..."字样。出票条款在信用证和托收项下有所不同：信用证项下通常包括信用证开证行、信用证号码、开证日期；托收项下，通常填写合同号、品名、数量、起运地和目的地，并以"for collection"结尾。

（6）受票人（Payer 或 Drawee）：应为银行。可以是开证行（信用证未明确时）、通知行（Drawn on yourself，信用证是开证行对通知行在讲话）。按 UCP600 第 6 条 c 款规定："信用证不得开立成凭以申请人为付款人的汇票兑付。"

（7）出票人（Drawer）：是受益人。

（8）出票地点、日期（Place and Date of Issue）：是信用证汇票的议付地点、时间，时间不能迟于信用证的交单期。

（9）利息记载：远期汇票有时有规定付款人承担这一段时间的利息。如果有此条款，则应载明利率、计算的起讫时间。

（二）商业发票

商业发票（Commercial Invoice），简称发票（Invoice），是全套货运单据的中心。需要注意的是，外贸的发票概念和国内的财务发票大不相同。外贸发票是出口商自己制作、出具的文件，用于说明此票货物的品名、数量、单价、总值，以及其他说明货物情况的内容。发票格式不拘，但必须包括上述要素，并全名落款。发票必须注明一个发票号码（自己拟定）和出票时间。可以按照需要一式几份，由若干正本和副本组成的，应注明"ORIGINAL""COPY"字样。发票的末端通常有 E.O.E. 字样，意为"有错当查"，即此份发票如有错漏允许更改。发票式样见样本 7–2。

样本 7–2 商业发票

好友工艺品进出口公司
GOOD FRIEND ARTS AND CRAFTS IMP. & EXP. CO.
301 SAN TIAO XIANG, CHAOZHOU, GUANGDONG, CHINA

INVOICE　　　　　　　　　　ORIGINAL

TO:　　　　　　　　　　　　　　　　INVOICE No.:
　　　　　　　　　　　　　　　　　　DATE
　　　　　　　　　　　　　　　　　　D/C No.:
　　　　　　　　　　　　　　　　　　S/C No.:

ISSUING BANK: _____
FROM _____ TO _____

MARKS	DESCRIPTION	QUANTITY	UNIT PRICE	AMOUNT

TOTAL
ADDITIONAL CONDITIONS:

好友工艺品进出口公司
GOOD FRIEND ARTS AND CRAFTS IMP. & EXP. CO.
广银芳

发票大致可分为首文、本文和结文三大部分，具体内容如下：

1. 首文部分

（1）发票名称：一般在出口业务中使用的、由出口方出具的发票大多是商业发票，所以并不要求一定标出"Commercial"（商业）字样。但一定要醒目地标出"Invoice"（发票）字样。

（2）发票号码：由出口商自己编制，汇票号码与发票号码保持一致。

（3）开票日期：一般在信用证开立之后，但也可以在此之前。

（4）合同或信用证号码：一批货多个合同的都要填写。

（5）买方名称、地址：信用证中必须以申请人为抬头人。

（6）运输工具及航次：查船公司的下货纸或者装货单。

（7）起运港（地）与目的港（地）：与托运单、海运提单一致。不能笼统，避免重名，如果运到内地则写明"IN TRANSIT TO"。

2. 本文部分

（1）货物描述（DESCRIPTION）：货物名称、规格、包装等与货物有关的描述必须与信用证中的货物描述（DESCRIPTION OF GOODS）完全一致，必要时要照信用证原样打印，不得随意减少内容，否则有可能被银行视为不符点。但有时信用证货物描述的表述非常简单，此时按信用证打印完毕后，再按合同要求列明货物具体内容。

（2）运输唛头：一般由卖方自行设计，但若合同或信用证规定了唛头，则须按规定。若无唛头，应注明"N/M"。

（3）数量：按合同标明装运货物数量，必须标明数量单位如 piece、set、kg 或 meter 等。

（4）单价（UNIT PRICE）与总值（AMOUNT）：对应不同货物标明相应单价，注意货币单位及数量单位。总价即实际发货金额，应与信用证规定一致，同时还应注明贸易术语。

3. 结文部分

结文部分根据不同情况一般包括运费、保险费的批注、特定文件号码批注（许可证等）、证明文句（如出口到RCEP[①]成员国的原产地自主声明）、开票依据（根据信用证或合同等）、开票人签章（信用证不作要求则无须签章）、开票人的名称及地址。

[①] RCEP 即《区域全面经济伙伴关系协定》，是由包括中国、日本、韩国、澳大利亚、新西兰和东盟十国共15方成员制定的自由贸易协定，将于2022年1月生效。RCEP生效实施后，将成为世界上参与人口最多、成员结构最多元、发展潜力最大的自贸区，也是全球规模最大的自贸区。传统上企业只有拿到官方授权的签证机构如海关签发的原产地证，才能享受优惠关税。而根据RCEP成员国内的原产地规则，经核准企业不用等原产地证签发，只要把原产地自主声明打印在发票上就可以享受相关的关税优惠税率。

（三）装箱单

装箱单（Packing List）与外贸发票对应，性质一样，主要用于说明货物的包装情况，如品名、数量、包装方式、毛重、体积。视产品类别的需要还可以加上其他详细说明，如净重等。样式与发票相仿，只是不需要注明货物价值。通常需要若干正本和副本。装箱单见样本7-3。

装箱单主要栏目的填制可参照商业发票，在制作时应注意下列问题：

（1）装箱单上的总件数和总重量，应与发票上的总件数和总重量相一致。

（2）单据名称必须与信用证规定相符，其具体名称有：装箱单（Packing List）、重量单（Weight List）、尺码单（Measurement List）、包装说明（Packing Specification）、包装提要（Packing Summary）、重量证书（Weight Certificate）、磅码单（Weight Memo）、花色搭配单（Assortment List）等。

样本7-3 装箱单

ZHENGCHANG TRADING CO., LTD.
NO. 168 XUSHI ROAD HUZHOU ZHEJIANG

PACKING LIST

Date:
Invoice No.:
Contract No.:

Marks & Numbers	Descriptions	Quantity	Weight		Measurement
			Net	Gross	

ZHENGCHANG TRADING CO., LTD.

（3）在装箱单上一般不注明货物的单价、总价等，只需列明货物的名称、数量及重量等，因为进口商把商品转售给第三者时只要交付装箱单和货物，不愿泄露其购买成本。

（4）需要引起注意的是"Numbers"或"Nos."应填写不同货号商品的包装序列号。例如：一批商品共有两个货号，包装件数分别为50件和100件，则填写该栏时应对应不同的货号分别填入"1—50"及"51—150"。

（5）装箱单的日期应与发票日期相同，或略迟而不能早于发票上的日期。

（6）装箱单的最末一份一般应由出口商加盖公章。

（四）原产地证

原产地证包括一般原产地证（Certificate of Origin）和普惠制原产地证（GSP FORM A）。原产地证可以说是货物的"出生证"，是证明出口货物生产和制造地的证明文件，是出口产品进入国际贸易领域的"身份证"。货物进口国据此对进口货物给予不同的关税待遇和决定限制与否。可不要小看了这个证书，对出口商而言，有没有它可能意味着适用优惠幅度差异巨大的不同税率，一念之差损失的可是数额不菲的真金白银啊！

小知识

最惠国税率是最优惠的税率吗

最惠国待遇是WTO确定的国际贸易的基本原则之一。而最惠国税率则是各成员国根据这一原则相互给予的关税优惠税率，但其并不一定是最优惠的税率，而且往往是各种优惠税率中最不优惠的税率。

根据WTO有关规定，对于几个结成区域性经济集团（比如2020年11月包括中国在内15国参加的RCEP，即区域全面经济伙伴关系）的国家相互给予的待遇可以作为最惠国待遇的例外，也就是说，这些国家间可以提供比最惠国待遇更为优惠的待遇，这个待遇非该集团成员的WTO成员是享受不到的，具体到关税上就是协定税率。协定税率一般都低于最惠国税率。

另外，还有一种优惠税率叫特惠税率，是为照顾最不发达国家而由一国单方面给予的，比如我国给予老挝、柬埔寨及缅甸的特惠税率待遇。在一般情况下特惠税率是各种优惠税率中优惠幅度最大的。

而对于原产于最惠国税率、协定税率、特惠税率以外国家或地区的进口货物，以及原产地不明的进口货物，则适用普通税率。普通税率一般比最惠国税率高1—5倍，甚至有个别商品高10倍、20倍的，因而被认为是歧视性税率、最高税率。正因为如此，普通税率一般只对未建交的国家或已建交但未签订贸易协定的国家采用（以上税率以我国为例介绍）。因此根据优惠幅度由低到高分别是：

普通税率＜最惠国税率＜协定税率＜特惠税率

1. 一般原产地证

中国的原产地证有固定印刷格式，一般由海关（2018年关检融合前是出入境检验检疫局）或贸促会即中国国际商会出具（样本7-4）。出口企业申请办理此证，首先要在当地办理企业备案登记，然后才有资格申请签证。

一般原产地证书的填写方法如下：

（1）填写出口公司的详细地址和名称。

（2）填写给惠国最终收货人名称和地址。

（3）运输方式和运输路线，应注明启运地、目的地以及运输方式等内容。

（4）目的地或最终目的国，即填写货物最终到达的国家。

（5）签证当局填写。正常情况时，此栏空白。如果是"后发"，加盖"ISSUED RETROSPECTIVELY"的红色印章。应当注意日本一般不接受"后发证书"。

（6）填写唛头和包装号码。此栏填写商品包装上的装运标志，应完整、规范并与其他单据上的装运标志一致。当唛头过长时，可超出本栏，延续到第7栏内。一般不能简单填写"As per Invoice No ×××"或类似内容。当无唛头时，填写"N/M"。

（7）货物描述及包装种类。该栏目填写应包括三项内容：

①最大包装件数。包括大小写两种方式，如"ONE HUNDRED（100）packages"。

②商品名称。最大包装件数和商品名称用"of"连接，如"ONE HUNDRED（100）packages of Door Locks"。

③使用终止符号"***"将上述内容的下一行填满。

（8）HS编码。该栏应按照商品在"商品名称和编码协调制度"（Harmonized Commodity Description & Coding System）中的编码填写，应该与报关单中的商品编码一致。

样本7-4 一般原产地证

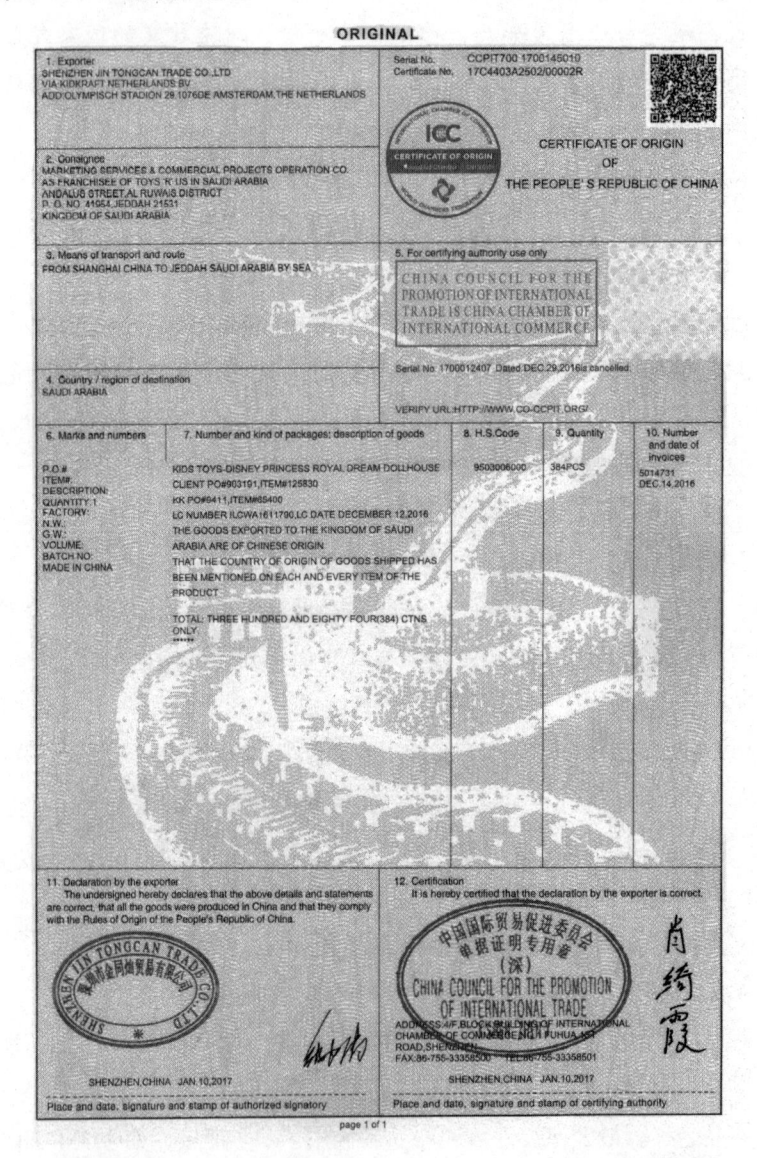

（9）数量或重量。应按提单或其他运输单据中的毛重数量填写。

（10）发票号码和日期。应填写两项内容：发票号码和发票日期。此栏不得空白。

（11）出口商申明。本栏必须由出口公司指派的专人签字并签署地点、时间。该日期不能早于发票的签发日期，一般与发票的日期相同；同时不能迟于装运日期和第 12 栏签证机关的签发日期。

（12）签证机关栏。此栏由签证当局填写机构的名称、地点和时间等。如中国国际贸易促进委员会，2020 年 10 月于上海。

2. 普惠制产地证

普惠制是发达国家给予发展中国家出口制成品和半制成品普遍的、非歧视的、非互惠的一种关税优惠制度。普惠制产地证主要书面格式为 GSP FORM A（样本 7-5），是依据给惠国要求而出具的能证明出口货物原产自受惠国的证明文件，并能使货物在给惠国享受普遍优惠关税待遇。现由海关（2018 年关检融合前由出入境检验检疫局）出具，出口企业办理此证首先要在当地海关办理企业注册登记，然后才能申请签证。

GSP FORM A 的填制方法如下：

（1）填写出口公司的详细地址和名称。

（2）填写给惠国最终收货人名称和地址。

（3）运输方式和运输路线。应注明启运地、目的地以及运输方式等内容。

（4）此栏由签证当局填写。正常情况时，此栏空白。如果是"后发"，加盖"ISSUED RETROSPECTIVELY"的红色印章。应当注意日本一般不接受"后发证书"。

（5）项目号。本栏根据品名的个数顺序写出。例如出现第一个品名，本栏填"1"，出现第二个品名，本栏填"2"，依次类推。

（6）唛头和包装号码。此栏填写商品包装上的运输标志，应完整、规范并与其他单据上的运输标志一致。当唛头过长时，可超出本栏，延续到第 7 栏内。当无唛头时，填写"N/M"。

（7）货物描述及包装种类。该栏目填写应包括三项内容：

①最大包装件数。包括大小写两种方式，如"ONE HUNDRED（100）packages"。

②商品名称。最大包装件数和商品名称用"of"连接，如"ONE HUNDRED（100）packages of Door Locks"。

③使用终止符号"***"将上述内容的下一行填满。

当一份 FORM A 的货物不止一种时，第 5、第 6、第 7 栏要做到一一对应。

样本 7-5　普惠制产地证

（8）原产地标准，该栏应按照普惠制产地证申请书对货物原料的成分比例的不同填写"P""W""F"等字母。

➢ 完全自产，无进口成分，应填写"P"。

➢ 含有进口成分，应填写"W"，但经过出口国充分加工的产品输往欧盟等国时，应在"W"后加注出口产品在"海关合作理事会税则目录"（Customs Cooperation Council Nomenclature，CCCN）中的税目号。

➢ 出口加拿大的商品，如含有进口成分占产品出厂价的 40% 以下，使用"F"。

➢ 出口到澳大利亚、新西兰的产品，此栏可以空白。

（9）数量或重量。应按提单或其他运输单据中的毛重或数量填写。

（10）发票号码和日期。应填写两项内容：发票号码和发票日期。此栏不得空白。

（11）签证机关。此栏由签证当局填写机构的名称。如"中华人民共和国天津海关"。

（12）出口商申明。本栏目包括：产品原产国、进口国（给惠国）国名和出口公司指派的专人签字及申报地点、时间。该日期不能早于发票的签发日期，一般与发票的日期相同；同时不能迟于装运日期和第11栏签证机关的签发日期。

小知识

你知道哪些国家给予中国普惠制待遇吗

目前，世界上有41个普惠制给惠国，它们是欧盟27国（比利时、塞浦路斯、捷克、丹麦、德国、希腊、西班牙、爱沙尼亚、法国、匈牙利、爱尔兰、意大利、拉脱维亚、立陶宛、卢森堡、马耳他、荷兰、奥地利、波兰、葡萄牙、斯洛伐克、斯洛文尼亚、芬兰、瑞典、保加利亚、罗马尼亚和克罗地亚）以及英国、瑞士、挪威、列支敦士登、土耳其、日本、加拿大、澳大利亚、新西兰、俄罗斯、乌克兰、白俄罗斯、哈萨克斯坦和美国。

除美国外，上述其他40国均曾给予过中国普惠制待遇。但是需要指出的是，根据海关总署2021年第84号公告，自2021年12月1日起，我国海关不再对输欧盟成员国、英国、加拿大、土耳其、乌克兰等32个国家货物签发普惠制原产地证书。这则公告，对于普通百姓似乎没有引起太多注意，但是对于我国很多制造型企业尤其是出口企业却事关重大。因为其背后是世界32国将中国视同发达国家进行贸易，不再给予普惠制关税优惠。

据了解，目前仍然保留给予我国普惠制待遇的国家仅剩挪威、新西兰、澳大利亚3国。32国取消给予我国普惠制待遇，暂时会让一些出口企业失去关税优惠，带来一定的压力，但总体来说这种影响是有限的：由于中国制造产品的竞争力越来越强，单纯的关税政策已经很难影响到中国产品国际贸易的全局，因此并不会影响我国出口企业未来长期对更大市场机会的争取。

（五）装船通知

装船通知（Shipping Advice），即"电抄"，是船开前或不迟于船开当日，由发货人出具给收货人的关于装船情况的通知。格式不限，但应包括下列内容：收货人（Consignee）、发货人（Consigner）、货物名（Goods）、提单号（B/L Number）、集装箱/铅封号（Container/Seal Number）、船名（Vessel Name）、航次（Voy）、目的港（Port of Destination）、起航日（ETD，即 Estimated Time of Departure）和预计抵达日（ETA，即 Estimated Time of Arrival）等项目内容。范例见样本 7-6。

样本 7-6　装船通知

SHANGHAI TEXTILES IMPORT & EXPORT CORPORATION
27. CHUNGSHAN ROAD E.1.
SHANGHAI CHINA
TEL: 8621-65342517　FAX: 8621-65724743

SHIPPING ADVICE

Nov. 20th, 2020

Messer: CRYSTAL KOBE LTD.,
Dear Sirs:
　　Re: Invoice No.: STP015088　　　　　　　　L/C No.: L-02-I-03437
　　We hereby inform you that the goods under the above mentioned credit have been shipped. The details of the shipment as stated below.

Commodity:	LADIE'S 55% ACRYLIC 45% COTTON KNITED BLOUSE
Quantity:	120 CARTONS
Amount:	USD 23522.50
Ocean Vessel:	ZHELU V.031118SE
Bill of lading No.:	CSA1505
E.T.D.:	On / or about Nov.25th,2001
Port of Loading:	SHANGHAI
Destination:	NEW YORK

We hereby certify that the above content is true and correct.

SHANGHAI TEXTILES IMPORT & EXPORT CORP.
× × ×

（六）受益人证明

受益人证明（Beneficiary's Certificate），即"函抄"，也叫受益人声明，只出现在信用证下（受益人是信用证操作方式中的术语，一般指出口商）。如果不是信用证操作的话，一般叫作厂商声明（Supplier Declaration）或出口商证明（Exporter's Certificate）等类似表述。受益人证明主要用于不便或无法用官方文件证明的，客户要求做到的事宜，或其他一些类似于保函（保证承担某些责任或某些可能产生的责任的声明）的内容。书写上无规定格式，只需要列标题为BENEFICIARY'S CERTIFICATE，行文上有"We hereby certify that..."后面加上客户所需声明的内容，再落款盖章即可。范例见样本7-7。

样本7-7　受益人证明

BENEFICIARY'S CERTIFICATE

Date:

To whom it may concern:（敬启者）

　　We hereby certify that:（我们在此特证明）

　　1. All drums are neutral packing.（所有圆桶均为中性包装）

　　2. No Chinese words or any hints to show the products made in China.（无任何中国字或迹象表明此产品产于中国）

　　3. No any printing materials are allowed to fill in drums.（圆桶上没有任何印刷资料）

ABC Trading Company

（七）寄单证明

寄单证明（Beneficiary's Certificate for Dispatch of Documents）由受益人根据信用证规定，在货物装运前后一定期限内，邮寄给规定的收受人以全套或部分副本单据（个别的要寄正本单据），并单独出具寄单证明或将寄单证明内容列明在发票内，作为向银行议付的单据。范例见样本 7-8。

样本 7-8　寄单证明

CERTIFICATE

Dalian, ...

No. ...

To whom it may concern:

Re: Credit No. ...

This is to certify that one extra copies of shipping documents under credit No. ... has been sent to the accountee (and/or their nominee) as stipulated in the above credit.

_____

（Signature）

（八）船公司证明

船公司证明主要是指有关运输方面的证明，如船籍或航程证明、船龄证明、船级证明等，受益人可向船公司或其代理索取。范例见样本 7-9。

此外，在实务中偶尔还会见到其他的单据，例如海关发票（Customs Invoice）。海关发票是出口商应进口商海关要求出具的一种单据，基本内容同普通的商业发票类似，其格式一般由进口国海关统一制定并提供，主要用于进口国海关统计、核实原产地、查核进口商品价格的构成等。其格式可在各国海关的官方网站上下载（例如加拿大海关发票）。又如领事发票（Consular Invoice）。由进口国驻出口国的领事出具的一种特别印就的发票。这种发票证明出口货物的详细情况，为进口国用于防止外国商品的低价倾销，同时可用作进口税计算的依据，有助于货物顺利通过进口国海关。出具领事发票时，领事馆一般要根据进口货物价值收取一定费用。这种发票主要为拉美国家所采用。

样本 7-9 船公司证明

CERTIFICATE

To whom it may concern:

This is to certify that the carrying vessel "Kota Sejati" fully owned by us is not more than 25 years old and fits for long sea sailing and that she is not included in the Iraqi government black list.

Inv. No.
L/C No.
in transit to Baghdad

船公司盖章
提单日期

三、单证错误与遗失的处理

（一）单证错误的补救

单据制作应从一开始就养成良好习惯。按照老外贸业务员的做法，交易确定以后，及时为交易归档，预先按照单据栏目整理出填制内容，如客户名址、货物品名描述等。等到制单的时候，直接调用即可，避免了临时打字的拼写错误可能。根据这个原理，市面上也出现了各种外贸制单软件，可预先输入资料，按照单证类别自动生成。除了制单人为错误外，因为外贸过程中环节甚多，不同部门的操作中难免会有疏漏误差，或因情况改变而导致的错误。比如，原定出货100箱，也按照这个数量制作了商检和报关单据，可实际装运的时候发现仓库记录错误，实际发货量只有98箱，或者是在装卸过程中损坏了2箱等。对于这样的情形，可以视情况灵活处理。信用证项下操作的，完全依靠信用证制单；非信用证的，根据单证交付的对象不同见机行事。因此可分为将错就错和分套处理两类方式。所谓将错就错，就是虽然与实际不符，仍按照事先约定的条件制单，因此造成的影响另外与客户协商解决。比如，在货物短少的情况下，仍按照全数缮制单证。这多见于信用证项单证错误的处理。所谓分套处理，就是根据单证交付对象的不同，分别制作内容不同的单证。比如在报关数量和金额与实际有误差的情形下，给海关的单证按照原报关资料，给客户的单证则按照实际的数量和金额缮制。如果提单上的数量与报关数量一致，则可略微调整单价，在总数量不变的情况下减少总金额，使之符合实际收取的货款。此外，因为报关等数据失误，导致实际收汇和报关金额不一致，如何处理，取决于公司在外管的企业管理类别。公司在外管的企业管理类别为 A 类的，报关金额与收汇金额不一致影响不大，在监测系统进行差额报告即可；公司在外管的企业管理类别为 BC 类的，则超过额度部分无法结汇（结汇额度根据报关金额产生），需前往主管外管局申领申请表以办理结汇手续。

案例

工作失误造成单证错误的案例

一份信用证规定了唛头，由于唛头正好在信用证的下方，同一页打不下了，开证行在最后一行，打上了 P.T.O. 三个字母，受益人的制单员对此也未深究，把 P.T.O. 三个字母也包括在单据的唛头中，结果导致开证行拒付。最后才搞明白，原来 P.T.O. 是 Please turn over 的缩写，也即"请见下一页"。这表明制单是一份极为细致专业的工作，制单员的粗心大意或不求甚解往往容易造成单证不符。

（二）单证遗失的处理

单证遗失，可能是出口商制作和保管单证不善造成的，也可能是单据在交付邮政或快递公司转递过程中遗失的。而目前，我国对邮政及快递公司遗失文件的赔偿制度尚不完善，一般以邮资的若干倍来计算。而外贸单证的特殊性使得这个赔偿数额无论如何也无济于事。因此，发生类似事情的时候，追究责任意义不大，关键还要靠自己去尽力补救。

首先要防患于未然，企业内部建立起比较清晰的单证制作和传递流程。业务员自己缮制保管单证的，要注意归档管理。一些老业务员喜欢在交易确立以后就制作客户档案，列明所需单证、办理时间和单证收取记录，这是个很好的经验。公司有专门单证员的，不但单证员自己要有记录册，还要与业务员建立起单证交接登记本，避免转交过程中的"真空"缺漏。所有的单据，都复印一份，以备万一出纰漏时可以对照原单处理。

单证遗失后，要第一时间处理。属于自己缮制的发票、装箱单等，即刻补制，属于国家机构或第三方出具的，及时通知出具人，办理补单手续。比如提单遗失后，可以通过货代补发提单，或电放（收货人无须正本提单，凭货代电报指示放货）形式解决。但办理起来较为棘手，各个船公司规定不同，通常根据与出口商的关系而定。因为补发提单对货代而言风险很大，如果因此出现冒领或其他纠纷——比如出口商恶意欺诈，将原提单交付客户或银行以后，谎称遗失，借以扣留货物，货代难脱干系。不过，如果是"记名提单"（提单上限定具体的提货人）遗失比较好办，只要提货人证明自己身份即可电放，但如果是"指示提单"（提单上暂未指定收货人）就麻烦了。如果货代信任发货人，那么通常发货人一封保函（担保因此出现的所有责任由发货人自己承担）即可解决；而如果彼此不熟悉，则货代通常会要求在出具保函的同时提供相当于货值或双倍的担保金，担保金期限甚至长达一年。这对于货主而言将是个沉重的负担。提单一般三正三副，因此，除非客户要求"全套提单"，否则尽量争取保留一份正本提单，避免遗失风险。

案例

一个指示提单遗失的实例

一份指示提单在交付快递公司后遗失，发货人请求电放，船公司要求发货人首先提供遗失声明，再到公安局报案，取得报案登记后，在船公司指定的刊物上声明提单作废，然后再交纳200%的货值担保金。最后在买卖双方的配合下，因提货人信誉不错，船公司才最终许可免交担保金，但此过程也耗时耗力。

需要指出的是，随着单证电子化工作的不断推进，单证遗失的风险也在逐步消除。比如，报关的全面电子化使得传统纸质报关单遗失的风险成为历史。不过，旧的风险消除了，可能又会产生新的风险，比如网络与系统风险。

单证缮制正确完整，就为收取货款奠定了基础。然而，如何在交付货物单证后顺利收回货款，仍是我们特别需要重视的。货款不能及时、安全收回，所有业务都是一场空。

第二节　交单结汇

出口企业在货物装运后，按照信用证的要求，正确缮制各种单据，并在信用证规定的有效期和交单期内，将单据及有关证件提交银行凭以收取外汇，并将所得外汇出售给银行换取人民币的过程即为出口结汇。结汇在不同的支付方式下，其程序有所差异。信用证支付方式下的结汇，出口企业只需将符合信用证要求的所有单证交给议付行，后续工作均由银行负责。出口交单结汇的流程如图7-4所示。

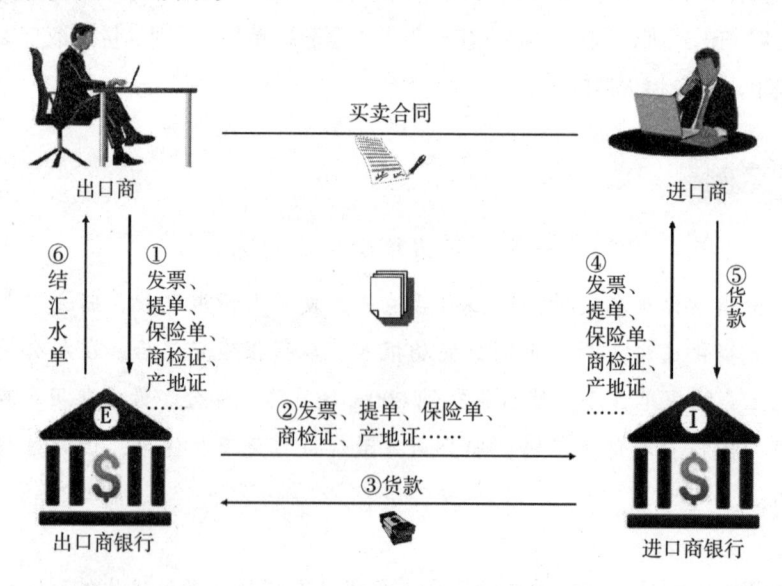

图7-4　出口收汇单据流程

图示说明如下：

①出口商将整套出口结汇单据（包括外销发票、海运提单、保险单、商

检证书、出口货物原产地证等）发送给出口地银行。

②出口地银行将该整套单据发送给进口地银行。

③进口地银行在单据符合信用证要求的情况下，通过出口地银行向出口商付款（在托收方式下，则由进口商付款后，进口地银行才向出口商付款）。

④进口地银行向进口商发送整套单据，并由进口商向其付款。

⑤进口商向进口地银行付款。

⑥出口地银行收到货款后，向出口商发送结汇水单。

一、交单

交单是指出口商（信用证受益人）在规定时间内向银行提交符合信用证条款的全套单据。这些单据经银行审核确认无误后，根据信用证规定的不同付汇方式，由银行办理结汇。

（一）交单注意事项

由于银行的付款、承兑和议付均以受益人提交的单据完全符合信用证条款的规定为条件，所以交单应严格做到完整、明确、及时。具体而言，需要注意以下事项：

（1）单据的种类和份数与信用证的规定相符。

（2）单据的内容正确，包括所用文字与信用证一致。

（3）交单时间必须在信用证规定的交单期和有效期之内。

（二）交单方式

为了提高单证质量，保证安全及时收汇，我国银贸双方本着密切配合、相互支持的原则，根据业务的实际情况，采用两种不同的交单方式，即两次交单与一次交单。

1. 两次交单

两次交单，也叫预审交单，在运输单据签发前，先将其他已备妥的单据交银行预审，发现问题及时更正，待货物装运后收到运输单据，可以当天议付并对外寄单。

2. 一次交单

一次交单，即在全套单据备齐后一次性送交银行。不过，在一次交单情况下，货物已发运。银行审单后若发现不符点需要退单修改，耗费时日，容易造成逾期而影响收汇安全。

二、结汇的做法

目前，我国的银行采取的出口结汇方式有三种：

1. 收妥结汇

收妥结汇又称"先收后付"或"先收后结"，是指出口地银行收到出口公司的出口单据后，经审查无误，将单据寄交国外付款行索取货款，待收到付款行将货款拨入出口地银行账户通知书（Credit Note）时，即按当时外汇牌价，折成人民币拨给出口公司，目前，我国银行一般采用收妥结汇方式，尤其是对可以电讯索汇的信用证业务，因为在电汇索汇时，收汇较快，一般都短于规定的押汇时间。

2. 定期结汇

定期结汇是指出口地银行根据向国外付款行索偿所需时间，预先确定一个固定的结汇期限（7—14天不等），到期后主动将票款金额折成人民币拨交出口公司。

3. 出口押汇

出口押汇也称"买单结汇"，是指议付行在审单无误的情况下，按信用证条款买入受益人（出口公司）的汇票和单据，从票面金额中扣除从议付日到估计收到票款之日的利息，将余款按议付日牌价，折成人民币拨给出口公司。议付行向受益人垫付资金，买入跟单汇票后，即成为汇票持有人，可凭票向付款行索取票款。银行同意作出口押汇，是为了对出口公司提供资金融通，有利于出口公司的资金周转。

出口押汇方式下，出口地银行买入跟单汇票后，面临开证行自身的原因或单据的挑剔而拒付的风险。因此，目前我国银行只对符合以下条件的出口信用证业务作押汇：

（1）开证行资信良好。
（2）单证相符的单据。
（3）可由议付行执行议付、付款或承兑的信用证。
（4）开证行不属于外汇短缺或有严重政治经济危机的国家和地区。

三、单证事故的处理

单证一旦出问题，信用证的安全性就大大降低。碰到类似的信用证事故如何处理呢？

1. "单证不一致"的防范与处理

单证不一致，即单据缮制没有完全符合信用证的规定。这是最常见的事故。其结果就是直接导致不符点，甚至导致单据被拒付。在单证交易中，业务员应该树立起"信用证至高无上"的观念，即使信用证中出现错别字或明显的语法错误，只要不导致产生歧义，在无法修改的情况下，也要将错就错地照样搬到所有单证中去。

再者，同一票货物，按照需要可能会制作几套单证，分别交给海关和银行等部门。这几套单证在某些方面有出入，并不影响银行对自己那套单证的审核与付款。因此，其他单证可以略有差池，但给银行的这一份则一定要完全与信用证一致，这是单证不一致事故处理的最高原则。至于其他国家机构，只要不是蓄意欺诈，对操作上的失误，还是允许有一定的灵活性的。

特别对于出口商自己缮制的单据，比如受益人证明，则不必拘泥实际操作情况。当然，客户的要求尽量满足，不能做到的事先讲明，因意外而导致失误的（例如提单传递迟误，导致未能按照客户要求及时寄出提单复印件之类），必要的时候，说明一下请客户谅解即可。但单证则完全按照信用证要求出具。

对于不是自己出具，而是第三方如货运公司出具的提单一类，事先务必与他们仔细核对草稿，并书面确认。拿到正本以后，再检查一次，看是否与确认的草稿一致。出现问题的，在分清责任的同时，火速更换。对于日期时效方面的不符，请货运公司协作，虚打日期以迁就信用证。

对于国家机构比如海关出具的单据，不易灵活处理，因此要慎重一些。信用证条款中对这类单证有特别要求的，先与海关沟通咨询，看是否能满足客户要求。无法完全满足的，坚决要求修改信用证条款。因外贸市场灵活多变，品质要求也参差不齐，对于海关提出异议的产品，可以通过客户确认的保函形式协商解决。

2. "单单不一致"的预防与处理

单单不一致，指同一套单证里不同单据相同栏目的内容不一致。这个问题通常是部门分工协作制单中的疏漏造成的。预防的方法，就是事先编制交易档案，按照栏目分别归类，像一个数据库一样，根据交易编码，各部门或者各单证直接调用。此外，审单证的时候，不但要逐张审核，还可以"横"

审,即比对不同单证同一栏目内容。

实务中,也允许有些地方在合理范围内某些栏目单单不一致。比如品名描述栏,在发票中也许细致翔实,按照同类产品不同款式逐一分列,而提单和原产地证中就简单合并了。一般的限度是只有类别一样的产品才能合并。所谓类别一样,以海关商品编码(即所谓 H.S. CODE,国际通行的商品分类编码,避免因各国表述不同造成的分类混乱)为依据。这种单单不一致,一般都不予计较。但碰到有风险的交易,存在客户有意挑刺的可能时,尽量避免这样做,以免节外生枝。

3. 不符点的处理

单证缮制与信用证规定的差异一概称为不符点(Discrepancies)。轻微的不符点比如某个字母或标点符号的错误,不造成歧义,对交易性质无实质影响的,一般开证行也会接受,仅对每一个不符点扣罚几十美元就算了。可较大的错误,特别是数量、金额、交货期方面的错误,问题就严重了。开证行会通知出口商(受益人)不符点的情况,并暂时中止执行信用证支付。待受益人与客户(开证申请人)协商,客户愿意接受不符点并同意付款了,才会支付(同时不符点费用照扣)。可见,不符点有直接导致信用证失效的可能。

一般情况下,在把单证交付国外开证行之前,国内出口商的开户银行(信用证通知行)会应出口商要求预先审核一遍,发现错误及时更改。但此时货物已经出运,很多情况既成事实,不符点无法更改了。此时,在确认客户会接受的前提下,可以"不符点交单",承担不符点扣款,完成信用证。但这样做的风险很大,万一客户不接受或中途变卦,出口商难免蒙受损失。所以不符点交单要特别慎用。出现此情形的时候,最好先与客户联系,请客户确认接受不符点。必要的话,请客户出具"公司信"(Office Letter,一种抬头落款齐全,内容完整的正式商业信函),届时提供给国外开证行。更稳妥的方法,如果国内银行议付的话,由国内银行通过 SWIFT 接洽开证行,告知不符点,请开证行与客户(开证申请人)联系,让客户向开证行确认接受不符点,开证行再向国内银行确认。这种操作方式称为"电提不符点"。

4. 不符点拒付的处理

不得已不符点交单,或者开证行自己判断为不符点的,有可能导致单据被拒付。

　　这样的事故中,首先要区分责任,判断开证行拒付是否有合理依据并符合程序。所谓合理依据,就是开证行提出的不符点应有站得住脚的理由,或是否出于误会。否则可通过国内银行回复解释申辩。程序上,开证行必须在5个工作日内审核单证并一次性提出不符点,否则即使有不符点也无权再提。

　　确有不符点的,看看是否来得及换单,把修改正确的单证补交上去。只要修改后的单据在信用证规定的有效期内提交到指定银行,且新提交的单据没有新的不符点,则视为单据不存在不符点,开证行必须付款。但这种情况下必须争分夺秒。此外,尽早安排出货也是预防措施之一,早出货早出单,就有活动的余地。

　　无法及时更改的,即可与客户联系,说明情况,请客户接受不符点。多数情况下,客户也是通情达理的,毕竟是做生意,一般说来客户也等着收货,以便安排销售。

　　尤其需要注意的是,发生单据拒付的时候,要密切关注货物下落。在信用证业务中,相关各方处理的是单据,而不是与货物有关的货物及/或服务,之所以如此,最主要的原因是信用证所涉及的单据尤其是作为货权单据的提单,使得信用证的当事人能够控制货权,对单据的买卖,就意味着对货权的买卖,所以UCP600规定,银行拒付后必须要么持单听候指示,要么将单据退还交单者,也即是说开证行拒付后不经受益人或议付行同意,不得擅自向开证申请人放单,否则其必须付款。另外,关注货物下落还可以了解到开证申请人是否已凭开证行的提货担保提取货物,凭保提货虽然构不成开证行拒付后必须付款的责任,但如受益人或议付行要求退单,然后向船公司索要货物,船公司因无法提供货物,必然转而找开证行,要求其履行提货担保项下的责任,则开证行信誉损失不说,还可能承担比货款更多的经济损失,所以在这种情况下,一经向其说明已知客户凭其提货担保提货的事实,开证行往往会妥协付款。

5. 信用证"软条款"的处理

　　有一些信用证事故,是一开始就因为信用证的条款不合理而埋下隐患的。信用证操作中,有些条款表面看起来无伤大雅,实则暗藏杀机,需要格外警惕。常见的问题就是所谓的"软条款"。

案例

某市中国银行分行收到新加坡某银行电开信用证一份，金额为100万美元，购花岗岩石块，目的港为巴基斯坦卡拉奇，证中有下述条款：

（1）检验证书于货物装运前开立并由开证申请人授权的人签字，该签字必须由开证行检验。

（2）货物只能待开证申请人指定船只并由开证行给通知行加押电通知后装运，而该加押电必须随正本提单议付。

问：该信用证可不可以接受？

分析提示：

此为信用证"软条款"，不可接受。从上述条款中可以看出，由开证申请人验货并出具检验证书及指定装船条款，实际上是开证申请人控制了整笔交易，受益人（中国出口公司）处于受制于人的地位，信用证项下开证行的付款承诺是毫不确定和很不可靠的。后来经调查，该开证申请人名称中有"AGENTIES"字样，这是一家代理商公司，开证申请人是一家实际资本仅有3元（新加坡元）的皮包公司。

软条款，是指某些在信用证中出现的可能导致开证行解除付款责任而令受益人在无过错情况下蒙受损失的条款。软条款是外贸行业的俗称，并没有学术上的标准定义。软条款本身并不违背UCP600原则，也不一定会给受益人造成损失。其风险是潜在性的，表现形式也多种多样。

比如说一个典型的软条款：3份正本提单中，有一份直接寄给开证申请人。我们知道，凭借一份正本提单，就可以提货了。这个条款一经执行，就意味着客户可以在银行议付单证以前就径直去提货。假如客户蓄意欺诈，或对货物不满意，此时就有可能有意挑剌拒绝赎单，信用证受益人即出口商将面临财货两空的危险。

例示

1/3 original B/L should be sent to the applicant by DHL within 48 hours after shipment.（3份正本提单中，有一份在装运后48小时内用DHL直接寄给开证申请人）

还有一些不大明显的软条款，如上述案例中货物须经开证人检验，出具检验认可报告方可付运，检验报告作为议付单证之一。这个条款的风险在于，假如交货前因市场变化，客户有意毁约，会故意拖延检验，不出具检验报告，导致无法装运并提交单证议付。

> **例示**
>
> Inspection cert issued and signed by applicant（whose signature must be in conformity with the record in issuing bank）certifying goods are in good condition.
> ［开证申请人（其签名必须与开证行的记录一致）签发的商检证证明货物状况良好］

软条款的表现形式虽然五花八门，但其中有个共同的特点，就是让信用证在不同程度上丧失执行的独立性和不可撤销性。也就是说，有了软条款的信用证，客户可以通过各种手段在实际执行过程中单方对其予以废止。

因此，外贸业务员应该炼就火眼金睛，学会识别软条款。这其中有诀窍，就是牢记两个不可撤销跟单信用证的原则：

（1）不能让客户有可能在付款赎单前自行提货。

（2）开证以后，所有单证你可以单方收集办理，不需要依赖客户。

凡是违背了这两条原则的，基本上就是软条款了。再举两个例子来强化概念。比如：

➢ 信用证中规定提单使用的不是 B/L（Bill of Lading），而是 FCR，一种法律上不能作为物权凭证的提货证明。这种条款下客户可能通过与货运代理公司勾结，先行提货。

相关链接

FCR是什么

FCR 的英文全称为：Forwarders Certificate of Receipt，即货运代理人收讫货物证明。

我们都知道，海运提单（OBL：Ocean Bill of Lading）有三大属性或功能：（1）承运人（船公司或 NVOCC）收到货物后出具的货物收据——货物收据。

（2）委托人与承运人所签署的运输契约的证明——运输单据。

（3）代表所载货物的所有权凭证——物权凭证。

而FCR仅仅是货运代理人收讫货物证明，也就是说FCR只具备海运提单三大属性当中的第一个属性（货物收据），而不具备运输合同以及物权凭证的功能。从字面含义看，FCR仅是货运代理人收到货物后出具的收据，而不是运输单证。所以FCR和海运提单有本质区别。

➢ 信用证规定在FOB条件下，由信用证申请人在出货前通知所订的运输航线航次，并出具申请人开出的订舱通知。这种条款下，客户可以通过不订舱或不及时订舱的方式导致无法装运或无法及时装运取得提单，造成交单时的重大不符点。

类似条款，都可以用上面提及的两个原则加以识别。

软条款的弊病还不止于此。本来信用证是一个很好的结算工具和融资手段。很多时候，企业可以凭借一份可靠的信用证去银行贷款，或者在交单银行尚未拿到货款前预先贴现（银行收取一定的利息，预先将总金额的部分或全部垫支给受益人），这样能极大缓解出口商的资金压力。但只要出现了软条款，信用证就不"可靠"了，银行多半不愿意再进行贷款或贴现。

那么，是否出现了软条款一概拒绝？也不尽然。软条款并不是死条款，完全可以磋商。排除蓄意诈骗的情况外，客户申请开证的时候加上软条款也只是出于方便操作和节省费用的考虑，并非恶意。比如一份正本单证径寄开证申请人条款，常见于日韩及东南亚地区的客户交易。因为这些地区离中国很近，海运几日可抵，如果正常操作单证银行议付，那么等到单证到客户手中时，货物已经堆放在目的港码头多日，将造成高额费用。再者，有些软条款是客户出于需要多年来形成的贸易习惯，不接受这些条款往往意味着不得不放弃交易，这对双方都是损失。

因此，在确定是软条款，提高警惕慎重处理的前提下，可酌情考虑接受，或附加其他条款来加以制约，争取既满足了客户的需要，又最大限度降低风险。比如，对方是信誉良好的老牌商号，开证行也知名可靠，可以考虑接受。又如"正本提单径交开证人"的条款，可以在接受的同时，附加条款，限定提单的收货人为"凭开证行指定",这样即使客户得到正本提单,也须由银行背书(在提单背面签字盖章,表明执此提单者已经获得银行许可),避免了客户绕开银行私自提货的风险。或修改为"副本提单径交开证申请人",这样客户可以在提供担保的情况下凭副本提单提货,而所提供的担保也同时保障了受益人出口商的权益。

即便如此,凡是出现了软条款的信用证,都需要格外仔细,认真考量开证申请人、开证行的信誉,注意货物质量,细致缮制单证,严格把关,即使标点符号也尽量不要出错,尽可能剔除一切可能导致单证不符点的因素。

外贸始终是存在风险的,再谨慎也不能担保100%的安全。不过,只要我们透彻了解各种结算方式,特别是信用证的原理与运作,就能把风险降至最低。再次强调,外贸是单证交易,缮制一套干净无误的单证,外贸交易就成功了一大半。

第八步　出口退税

出口退税是国家鼓励出口的优惠政策，相当于国家派发给出口企业的红利。出口企业在办理货物装运出口以及制单结汇以后，应及时办理出口退税手续。当然，出口退税也并非想退就能退。出口退税因货物而异：一方面，出口退税的范围因货物种类而异；另一方面，出口退税的力度和程序也会因货物类型不同而异。另外，出口退税具有政策性，其内容和申报手续也时有变化。因此，对于外贸人员不仅需要知道哪些货物可以退税，还需要熟悉可退税货物各自的特点，同时还必须时刻关注和把握国家退税政策的动向。

第一节　什么是出口退税

一、出口退税的概念

出口产品退（免）税，简称出口退税，其基本含义是对出口产品退还其在国内生产和流通环节实际缴纳的增值税和消费税。出口产品退税制度主要是通过退还出口产品的国内已纳税款来平衡国内产品的税收负担，使本国产品以不含税成本进入国际市场，与国外产品在同等条件下竞争，从而增强竞争能力，扩大出口创汇。出口退税实际上是被许多国家和地区广泛采用的"国际惯例"。

（一）退什么税

我国的出口货物退（免）税，是指对我国报关出口的货物退还或免征其在国内各生产和流转环节按税法规定缴纳的增值税和消费税。

（二）能退多少

出口退税的税点不是统一的，不同的商品有不同的退税率。国家鼓励出口的产品，有较高的退税率，相应地，国家不鼓励出口的产品，退税率就很低，有些产品的退税率甚至为零。

退税额 =（增值税发票金额）/（1+ 增值税率）× 出口退税率

2019年3月20日，财政部、税务总局与海关总署发布《关于深化增值税改革有关政策的公告》（2019年第39号），对增值税征退税率进行了调整，并对 2019 年 6 月 30 日前出口货物服务如何适用退税率进行了明确。

增值税一般纳税人发生增值税应税销售行为或者进口货物，原适用 16% 税率的，税率调整为 13%；原适用 10% 税率的，税率调整为 9%。

小贴士

出口退税率和商品的关系

（1）国家鼓励出口的产品，科技含量高的，电子机械类都是顶格退税，退税率为 13%。

（2）国家不鼓励出口的，比如能源类的产品，出口退税率低。铁矿石、煤炭这一类，退税率为 0。

案例

一顿操作猛如虎，退税我是二百五

二哥税税念公司是一家新外贸企业，上个月出口一批货物，这是公司第一次出口，会计小张认真梳理了一遍退税流程，准备把退税办下来。报关单拿到了，购进的发票供应商也开过来了，小张在平台进行了退税勾选处理。万事俱备，只欠最后在退税申报系统申报了，当小张兴冲冲在系统录出口、进货明细时，发现输入商品码后退税率竟然没有显示。小张蒙圈了，问了一大圈才知道，退税率在系统不显示，说明该商品不符合退税规定，退税率为零。小张进一步查询了出口退税率，发现真的为 0，由于第一次办理退税，这个一直以来被小张忽略了。政策说了，出口退税率为 0，如果是取消出口退税的货物，就适用征税政策，视同内销，计提销项，抵扣进项。但在实际工作中，有一些商品，出口退税为 0，是一直都不享受出口退税，对于这部分商品，除了特殊情况，可以享受免税政策。当我们遇到出口退税率是 0 的时候，如何判断后续的处理方式？最简单的就是通过查询该商品的标识来定夺。这个标识在电子税务局退税模块或者出口退税申报系统都有。退税模块中如果商品标识是禁止或不退税商品，那么就适用征税政策。如果是免税商品，那么就适用免税政策。申报系统如果标识是 1，就代表征税。特殊标识是 2，那就是免税。所以，现在事情很清楚了，小张公司出口的这批产品适用征税政策。但是问题又来了，这笔进项税小张已经进行了退税勾选，数据是无法取到增值税申报表附表 2 作抵扣处理的。这个又怎么办呢？目前基本都是采取开具转内销货物证明来实现抵扣。通过申报系统申请出口转内销证明和增值税发票综合服务平台出口转内销发票勾选的一通操作，终于能填写申报表抵扣了。小张算是松了口气，也长了知识，以后出口之前一定要先查询一下商品的出口退税率，如果为0，就不勾选退税了，以免这么麻烦，不要再当二百五了。

案例来源：会计头条APP，作者二哥税税念。2020-10-23 11:55

原适用16%税率且出口退税率为16%的出口货物劳务，出口退税率调整为13%；原适用10%税率且出口退税率为10%的出口货物、跨境应税行为，出口退税率调整为9%。

用一句话概括这次增值税退税率调整，就是"征退16%同降为征退13%，征退10%同降为征退9%，其他退税率不变"。

此次退税率调整范围仅仅限于原征退税率一致（16%或10%）的情况，原来征退税率不一致的，只对征税率进行了调整，退税率没有调整。

调整后，现行的出口退税率仍为5档（不包括离境退税），分别是13%、10%、9%、6%、0。调整情况见表8-1、图8-1和图8-2。

表8-1 出口退税率调整前后对照表

序号	调整前		调整后		调整情况
	征税率	退税率	征税率	退税率	
1	16%	16%	13%	13%	征退税率同降
2	10%	10%	9%	9%	
3	16%	13%	13%	13%	征税率降低，退税率不变，征退税差额减少
4	16%	10%	13%	10%	
5	16%	6%	13%	6%	
6	10%	6%	9%	6%	
7	16%	0	13%	0	征税率降低，征税额减少
8	10%	0	9%	0	
9	6%	6%	6%	6%	无变化
10	免税	0	免税	0	

注：退税率为0包括两种情况，出口免税（出口免税不退税），出口征税（出口视同内销），实操中应注意区分，不要陷入不退税就要征税的误区，别忘了还有一个"亲兄弟"叫出口免税。

表 8-1 中 1—2 行的情况是本次调整范围,征税率、退税率同时降低。这种情况对出口企业来讲,购进时的进项税额和出口后的应退税额都会减少,特别是对于生产企业,按照免抵退税方法计算的免抵税额也会随之减少,对税务机关的免抵调库产生影响,税务机关应特别关注。3—6 行的情况是征税率降低,退税率不变。这种情况对出口企业来讲,会造成征退税差额减少,从而降低企业成本。7—8 行是取消出口退税的货物。随着征税率的降低,应征税额也随之减少。

总体来说,这次退税率调整后,退税额度和规模会有所下降,但是退税水平不会变化或略有提高,而且可以减少资金占用,降低企业税收负担,降低出口成本,对出口企业来讲是利好消息。

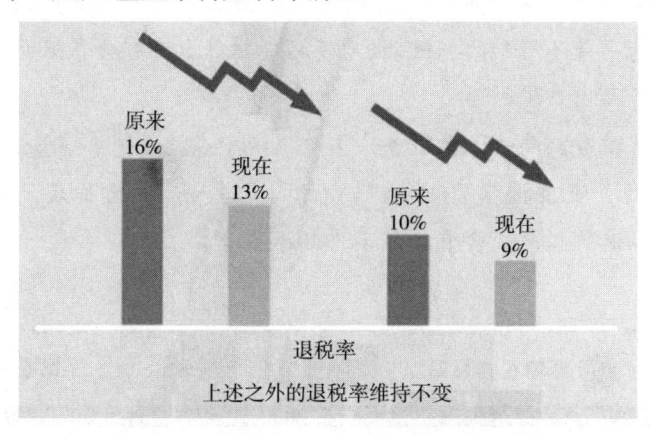

图 8-1 2019 年出口退税率调整的基本规定

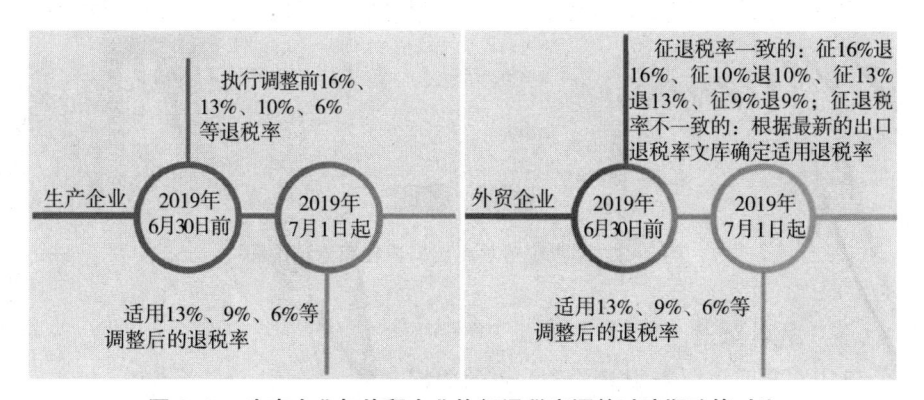

图 8-2 生产企业与外贸企业执行退税率调整过渡期政策对比

相关链接

出口退税率如何查询

1. 确定产品 HS 编码

（1）首先要确认该商品的主要功能用途成分是什么。对于普通商品而言，功能用途决定了它的归类属性。

（2）关注章节描述。在商品归类工作中，章节描述特别重要。

（3）注意同类比对套用。一般来讲，凡是商品总能找到同类型的东西。你的产品可能比较新，报关行、海关还没有接触到，这时提供同类产品比较说明就非常重要。

（4）学会使用"未列名"。"未列名"其实是海关给很多产品预留了一个通道，因为未来是不可知的，HS 编码不可能把什么都包含在里面。

2. 查询产品出口退税率

登录国家税务总局—纳税服务—出口退税率查询（图 8-3）。

常规商品，百度搜索"HS 编码查询"，输入产品名称后，点击查看详情，查看产品具体信息，会直接显示产品退税率。

图 8-3　国家税务总局出口退税率查询页面

（三）凭什么退

凭什么退即出口货物退（免）税的依据。

各国的出口货物退（免）制度是基于国际贸易规则体系和本国税收法律、

法规的框架建立的。

世界贸易组织《关税与贸易总协定》第六条规定:"一缔约国领土的产品输入到另一缔约国领土,不得因其免纳相同产品在原产国或输出国由于消费时所须完纳的税捐或因这种税捐已经退税,即对它征收反倾销税或反补贴税。"这就是说:一个国家可以对本国的出口产品退还或免征国内税,别国不得因此而对该国产品采取报复措施。

世界贸易组织《补贴与反补贴协议》明确规定:"补贴是其成员境内由某一政府或任何公共机构做出财政支持或任何形式的收入支持或价格支持,由此给予的某种利益。"该协议的附录二还规定:"间接税减免计划允许对在出口产品生产中的消费投入而征收的前期累积间接税进行免征、减征或延期支持。同样,退税计划允许对在出口产品生产中的消费投入而征收的进口费用进行减征或退还。"因此,出口货物退(免)税额只要不超过已征或应征的间接税,就不是出口补贴,是完全符合世界贸易组织的规定的。

《中华人民共和国增值税暂行条例》第二条规定:纳税人出口货物,税率为零;《中华人民共和国消费税暂行条例》第十一条规定:对纳税人出口应税消费品,免征消费税。国家税务总局于2005年发布施行的《出口货物退(免)税管理办法(试行)》规定:出口商自营或委托出口的货物,除另有规定者外,可在货物报关出口并在财务上作销售核算后,凭有关凭证报送所在地国家税务局批准退还或免征其增值税、消费税。

(四)怎么退

怎么退说的是出口货物退(免)税的方式问题。在出口业务中,企业类型不同退税的方式也不同。生产企业执行的是出口免抵退税政策,而外贸企业执行的是出口免、退税政策。

相关链接

外贸企业与生产企业

外贸企业,通俗来讲就是"倒买倒卖"的商贸型进出口企业。其业务范围包括内贸与外贸业务,但只有外贸业务享受免退税优惠。外贸企业除了自身业务外,也可代理其他企业(包括一般纳税人或小规模纳税人)的进出口业务。

这里的生产企业指的是生产型进出口企业，出口产品由自己生产，当然也可以外购，但须视同自产产品出口。原来生产企业只能自营或委托出口，但不能代理其他企业出口。不过，2012年7月1日起，国家新政已允许生产企业代理出口。

外贸企业与生产企业在许多方面有相同或相似之处，如必须单证齐全的出口货物才能参与退税计算，单证的收齐期限、退税方式都是一样的，贸易方式的涵盖范围也基本相同。二者的主要区别如下：

（1）出口货物来源不同。

（2）退税计算方法不同。外贸企业计算退税以购进货物的增值税或消费税专用发票的进项税额为基础，而生产企业则以出口货物的出口专用发票上的FOB价格折算的人民币价格为基础。

（3）使用的退税系统不同。

免、抵、退税是指对生产企业出口的自产货物在生产销售环节实行免税，出口货物所耗用的原材料、零部件等已纳税款在内销货物的应纳税额中抵顶，未抵顶完的税额部分按规定予以退税的一种退（免）税方式。

外贸企业的免、退税政策分为以下三种方式：

1. 又免又退

一般纳税人，既有销项，又有进项，为把税负归零，自然是销项免，进项退，又免又退。

2. 只免不退

如果出口的货物没有进项，自然是只免销项，进项没有就不用退了。比如小规模纳税人、免税产品，都是没有进项的情况。只免不退，就达到了税负归零的目的。

3. 不免不退

针对的是不鼓励出口的货物。比如原油，自己都不够用，还得进口，能让你出口就不错了，就不要想出口退税的事了，更何况还有禁止出口的货物。

（五）何时退

何时退指的是出口货物退（免）税的期限问题。

退（免）税期限是指货物出口行为发生后，申报办理出口退（免）税的时间要求。过去外贸企业申报出口退税，要受诸多时限限制。然而，2019 年、2020 年以来国家税务总局动作频繁，其中就涉及出口退税时限方面的规定，为企业创造了更为宽松的政策环境。

1. 增值税扣税凭证的认证期限

出口货物的进项增值税专用发票必须取得并通过税务部门认证，之前要求的认证期限是开票之日起的 360 天之内。这个期限从更早的 90 天，到 180 天，再到 360 天，当我们还在想下一个政策抵扣期限是否改为 720 天的时候，在 2019 年年底，国家税务总局公告 2019 年第 45 号文件，直接取消认证期限了。这对纳税人来说是重大利好。要知道自从有了抵扣期限之后，企业财务部门与非财务部门、企业与企业之间、企业与税局之间就不断就这个问题扯皮。

2. 出口退税申报期限

2020 年 1 月 20 日，财政部、税务总局两部门联合发布了 2020 年 2 号公告，其中第四条对出口退税申报等相关业务办理期限做出新规，简单来讲就是：对于出口退税申报和"代理出口货物证明"的开具，只要凭证和信息齐全，就可以来办理。同时，每年 4 月份也无须办理出口退税延期申报申请和出口退税凭证无相关电子信息备案。但需注意，出口货物收汇或者不能收汇申报手续仍需按期办理。

纳税人出口货物、劳务，发生跨境应税行为，未在规定期限内申报出口退税的，在收齐退税凭证及相关电子信息后，即可申报办理出口退税。

例如，2019 年出口的货物，即使在 2020 年 4 月增值税纳税申报期前未进行出口退（免）税申报，在退（免）税凭证及相关电子信息齐全之后，可随时办理出口退（免）税。

3. 出口退税延期申报申请

自 2020 年 2 号公告实施之日起，出口退税延期申报申请和出口退税凭证无相关电子信息备案无须办理。

4. 代理出口货物证明办理期限

纳税人出口货物、劳务，发生跨境应税行为，未在规定期限内开具"代理出口货物证明"的，在收齐退税凭证及相关电子信息后，即可申请开具。

例如，2019 年委托出口的货物，即使受托方于 2020 年 4 月 15 日前没有来申请开具"代理出口货物证明",在退税凭证及相关电子信息齐全之后,可随时来申请开具证明。

5. 收汇或者不能收汇申报手续

出口收汇资料是企业办理出口退税的凭证之一,由于国家税务总局公告2013年第30号和国家税务总局公告2018年第16号里关于收汇规定仍继续有效,因此出口企业仍应在货物报关出口之日次月起至次年4月30日前的各增值税纳税申报期内收汇或者办理不能收汇申报手续。

二、出口货物退(免)税的基本规定

(一)出口货物退(免)税的基本条件

外贸企业出口货物享受退(免)税优惠需具备一些基本条件:

(1)出口货物已经报关出口、只有完成报关手续并已离境的出口货物才允许参与退免税计算。

(2)购进货物的进项增值税专用发票必须通过税务部门认证。没有认证或认证未通过的进项增值税专用发票,不允许参与退税计算。

(3)出口企业必须开具销售发票且对出口货物作了销售收入账务处理。

(4)外贸企业委托其他企业代理出口货物,需要有代理企业从主管退税部门开来的"代理出口货物证明"。

(5)从事进料加工、来料加工业务的外贸企业,其加工手册或电子账册必须已经在海关核销。

(6)出口货物的货款要及时回收。虽然现在实行年度总量核查制度,但如果出口金额与收汇金额差额较大,就会被国家外汇管理局列为重点监控企业,如此必然会对企业的退免税造成很大影响。

(7)申报退免税的纸质资料或电子资料要齐全。2005年,国家税务总局开始推进出口收汇核销单的无纸化试点工作。2012年,海关总署推行无纸化通关试点工作。2015年,国家税务总局推行出口退税无纸化申报试点工作。2018年,国家税务总局要求,按照企业自愿的原则,于2018年12月31日前,实现出口退(免)税管理类别为一类、二类的出口企业全面推行无纸化退税申报。也就是说,以后满足条件的企业进行出口退税申报时,不需要再向税务部门提供纸质资料,只需要通过网络提交电子数据资料即可。需要说明的是,各地税务部门可能对政策的落实情况不完全一样,有些地方也许会要求提供部分纸质资料。而且所谓的无纸化仅限于申报环节，纸质资料还是必不可少的，只不过这些纸质资料改为由企业存档备查了。

（二）出口货物退（免）税的企业范围

取得一般纳税人资格的生产企业或外贸企业，可以享受出口退税的优惠政策。未取得一般纳税人资格的企业，其出口业务虽不退税，但可以免税。外贸企业因企业的性质、规模等不同，执行的出口优惠政策也不同。一般纳税人外贸企业出口业务一般都可以享受退免税政策。小规模纳税人外贸企业，不论是自营出口还是委托代理出口货物，只能免税而不能退税。关于一般纳税人与小规模纳税人的区别见表8-2。

表8-2　一般纳税人与小规模纳税人的区别

项目	一般纳税人	小规模纳税人
标准	年销售额>500万元（人民币）	年销售额≤500万元（人民币）
	健全的会计核算	不能正确核算进项、销项、应纳税额
	能按规定报送有关税务资料	不能按规定报送有关税务资料
计税方式	一般计税，一些情况下简易计税	简易计税
税率	13%、9%、6%、0（一些情况下适用5%、3%）	5%、3%
发票使用	购进货物对方可以开具专票	购进货物对方一般不开具专票
财务处理	进项税可以抵扣	进项税不能抵扣，金额全部计入成本
应交税金计算	销项税额-进项税额	应税销售额×征收率
申报期	月度申报	按季申报

注：销售收入未达到500万元，若满足其他两个条件也可以申请一般纳税人。

由于小规模纳税人不能开具增值税专用发票，所以外贸企业从小规模纳税人企业购买的货物出口后不能退税。生产企业从小规模纳税人企业购入的货物，因没有可抵扣的进项税，所以也不能退税。但无论外贸企业还是生产企业，如果小规模纳税人能够提供税务局代开的税率3%的增值税专用发票，就可以进行出口退税。不过外贸企业退税是按出口货物退税率与征收率更低的一项来计算的，也就是就低不就高。例如，现在的小规模纳税人增值税的征收率一般为3%，如果购进的出口货物的退税率高于3%，按3%计算退税；如果购进的出口货物退税率低于3%，则按退税率计算退税。因此，从小规模纳税人企业购进货物时，务必要把退税率这一因素考虑进去。对于退税率比较高的出口货物，尽量不要从小规模纳税人企业购买，除非货物的价格较低。

（三）出口货物退（免）税的货物范围

外贸企业适用于出口退（免）税政策的货物，不像生产企业那么复杂，但也要符合国家的有关政策。这里主要是指出口货物必须是国家政策允许退（免）税的货物。国家限制出口的货物或零税率的货物出口后应该按规定缴纳出口增值税、出口关税等。

企业出口货物报关单的商品代码与申报系统的商品代码必须一致。如果遇到海关调整商品代码而申报系统未及时升级时，企业可按报关单上的代码申报，但要附送"海关出口商品代码、名称、退税率调整对应表"及电子数据。

企业出口货物的进项增值税专用发票的计量单位至少要与出口报关单上第一计量单位、第二计量单位及申报的计量单位之一相符，且进项增值税专用发票上的要与出口报关单上的货物名称一致。如果出口货物由多种零部件组成，出口企业应针对出口货物报关单、增值税专用发票上不同商品名称的相关性及不同计量单位的折算标准，向主管税务部门提供书面报告，加以说明。

我们可以把上面关于出口退税的基本规定概括为两大条件，如图8-4所示。

取得出口退税的两大条件

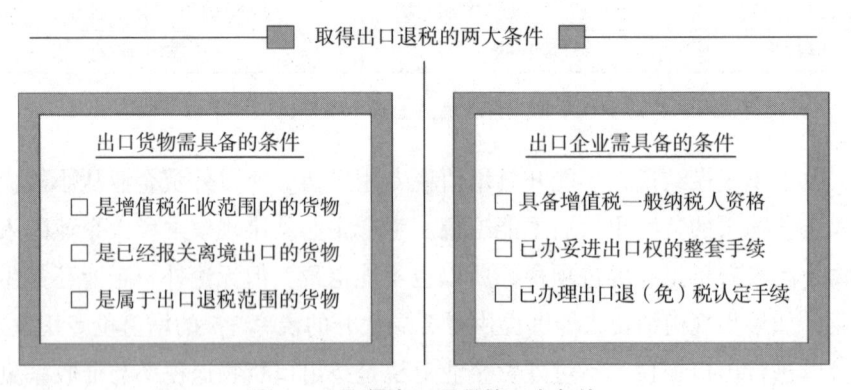

出口货物需具备的条件	出口企业需具备的条件
□ 是增值税征收范围内的货物	□ 具备增值税一般纳税人资格
□ 是已经报关离境出口的货物	□ 已办妥进出口权的整套手续
□ 是属于出口退税范围的货物	□ 已办理出口退（免）税认定手续

图8-4　取得出口退税的两大条件

第二节　出口退税需要用到的电子系统

外贸企业出口货物后，需要综合使用几个电子系统，才能完成退税工作。这几个电子系统分别是：退税部门的外贸企业出口退税申报系统、海关的电子口岸执法系统、外汇管理部门的国际收支申报系统及货物贸易监测系统。

一、外贸企业出口退税申报系统

外贸企业出口退税申报系统是国家税务总局委托开发的出口业务退税专用的电子申报系统，也是对出口货物进行退免税申报时使用的最主要的系统。企业出口货物后的退免税申报需要提供的材料，都是通过这个系统来提交的。由于申报系统不断升级，退税率也随着国家政策的变化而实时更新，所以出口企业申报时，一定要使用最新版本的退税申报系统。

从2021年7月起，出口退税新系统在全国全面上线。新系统对之前的金税三期系统和出口退税管理系统进行了整合，简化了办税流程，进一步减轻了出口企业退税负担。

（一）出口退税申报渠道

新系统上线后，外贸企业可选择以下三种申报渠道中的任意一种来办理退（免）税业务：

1. 离线版申报系统

企业可在离线版申报系统生成申报数据，生成申报数据后，可通过电子税务局离线申报功能完成申报数据的上传、自检、疑点下载、正式申报等业务，也可前往主管退税机关现场申报。如果选择电子税务局离线申报，在电子税务局退税模块选择要办理的业务事项后，点击"离线申报"按钮，即可进入业务事项办理界面。

2. 电子税务局出口退税在线申报

在电子税务局出口退税模块选择要办理的业务事项后，点击"在线申报"

即可在线完成申报数据采集、自检、正式申报等业务。

3. 单一窗口出口退税模块

根据申报企业类型在国际贸易单一窗口出口退税模块选择"出口退税（外贸金三版）"或"出口退税（生产金三版）"跳转至对应页面即可进行出口退（免）税业务办理。

（二）单一窗口出口退税申报流程

单一窗口出口退税申报流程如下（图8-5）：

（1）登录某地单一窗口如中国（厦门）国际贸易单一窗口（https://www.singlewindow.xm.cn/），在页面右侧窗体中输入用户名、密码、验证码后进行系统登录。

（2）登录后在弹出的界面"我的应用"下选择"出口退税"，进入出口退（免）税申报平台进行申报操作。

（3）点击进入"出口退税"。

（4）点击明细数据采集——出口明细申报表/进货明细申报表。

（5）点击"新建"按钮，根据报关单、增值税专用发票录入数据。

（6）退税申报——点击"生成申报数据"按钮，输入正确的所属期和批次，点击"确认"按钮，可生成申报数据。

（7）勾选数据，点击"数据自检"按钮，自检排位状态显示为"自检成功"。

（8）自检情况显示疑点个数，点击具体的数字查看详细的疑点描述。

（9）勾选数据，点击"正式申报"按钮，将数据转为正式申报。

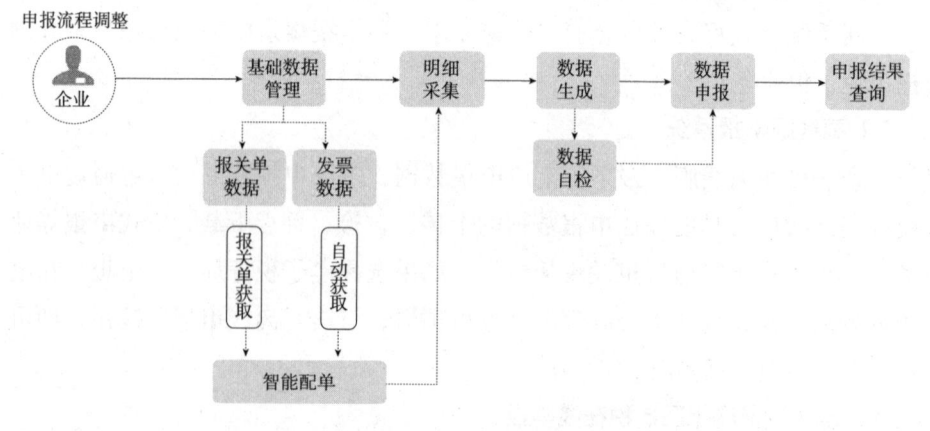

图8-5 外贸企业单一窗口出口退税申报流程

（10）勾选数据，点击"打印报表下载"按钮，将报表保存至本地电脑后，进行表单打印。

（11）点击申报结果查询页面，查看数据正式申报后的审核状态。

新版系统提供智能配单和明细采集两个入口采集申报数据。

➢ 智能配单。业务量较大的外贸企业，可进入［智能配单］—［出口货物报关单管理］—［报关单导入］，导入从电子口岸下载并解密的出口报关单数据，进行智能配单操作，系统会自动生成申报明细数据，减少手工录入。

➢ 明细数据采集。业务量较少的外贸企业，纳税人可以直接点击［明细数据采集］，手工录入申报数据。

二、电子口岸执法系统

电子口岸执法系统是海关总署组织开发的、对企业出口货物的单证信息进行监管的电子系统。随着国家对出口收汇管理的放宽以及对出口退税管理工作的改革，电子口岸执法系统在出口退税中的作用也大大减弱。现在电子口岸的主要作用就是查询出口报关单信息数据，为出口退税申报系统的申报录入提供帮助。

出口企业现在使用的主要就是该系统的出口退税子系统（图8-6）。操作模块主要有：结关信息查询数据报送、数据查询、数据下载、业务规范等。

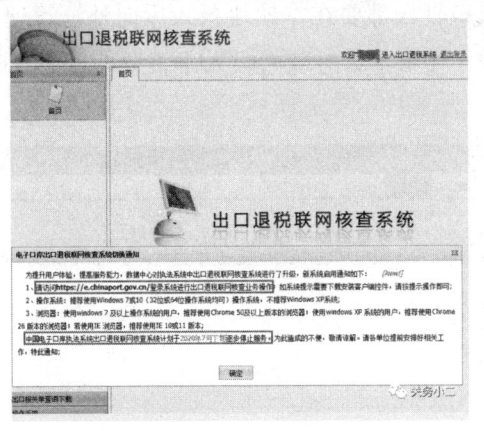

图8-6　电子口岸出口退税子系统（出口退税联网核查系统）

三、国际收支申报系统

国际收支申报系统是国家外汇管理局组织开发的、对企业出口货物收到的货款进行申报的电子系统。企业对收到的每一笔货款，不论是外汇还是人民币，都要通过本系统向外汇管理部门进行申报。企业申报信息将通过本系统传送至退税主管部门和海关等单位，以便有关部门对出口业务的收款情况进行监督。

国际收支申报系统与下文的货物贸易监测系统共用一个电子平台系统，即国家外汇管理局数字外管平台（ASOne），网址：zwfw.safe.gov.cn/asone（图8-7），也可以说这两个系统是该平台的子系统。

图8-7　国家外汇管理局数字外管平台

国际收支申报系统主要操作模块有申报单管理、基础档案管理、公共数据查询、工作日志查看等。其中，申报管理模块是对出口收入进行申报的工具模块。每一笔出口收入都要在本模块录入后向外汇管理部门申报。它又分为涉外收入申报单（图8-8）与境内收入申报单两部分，企业根据收入的途径分别进行申报。

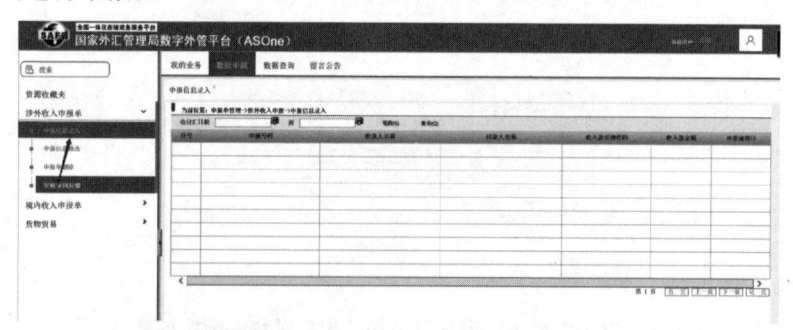

图8-8　国际收支申报系统涉外收入申报操作界面

四、货物贸易监测系统

货物贸易监测系统也是国家外汇管理局开发的，是对企业出口收汇业务进行监测的电子系统。2012年货物贸易外汇管理体制改革后，取消了出口业务的收汇核销，对出口企业的收汇或收款不再实行单笔核销，而是实行年度总量核查办法。这大大放宽了对企业出口业务收汇的监管政策，出口企业只要对超过规定期限的贸易信贷款项及融资等通过本系统向外汇管理部门申报，无须再对每笔收款业务逐笔申报。年终时，如果企业本年度的出口报关总金额与收款总金额基本保持平衡就算正常，否则将被外汇管理部门列为重点监控企业，这样势必影响企业的出口退税工作。

相关链接

总量核查、分类管理、重点监测、信息共享

2012年8月1日起，在我国实行了20多年的收汇核销制度被废止，与每笔进出口业务挂钩的收付汇核销单也被取消。原来执行的"一一对应、逐笔核销、联网核查"的微观管理方式改为"总量核查，分类管理，重点监测，信息共享"的宏观管理方式。

所谓"总量核查"，是指外汇管理部门不对企业的每笔贸易及外汇收支进行核实，但会定期或不定期地对企业在一段时间内发生的进出口数据和外汇收支数据进行总量对比，核查企业贸易外汇收支的真实性与货物进出口的一致性。

所谓"分类管理"，是指外汇管理部门根据对进出口企业非现场或现场核查结果，结合企业遵守外汇管理规定的情况，将企业分成A、B、C三类。外汇管理部门对A类企业实行总量核查管理，对B类企业的贸易外汇收支实施电子数据核查管理，对C类企业的贸易外汇收支业务以及外汇管理部门认定的其他业务实施事前逐笔登记管理。

所谓"重点监测"，是指外汇管理部门不再对企业的出口收汇进行逐笔核实，而只是对监测系统显示存在异常或有可疑情况的企业实行现场核查。企业则根据贸易方式、结算方式、资金来源或流向等，按规定向外汇管理部门进行贸易外汇收支申报。这样一来，外汇管理部门对企业出口收汇的监管就变得非常宽松了。

所谓"信息共享"，就是将企业的出口、通关、收汇等信息上传到国家外汇管理局应用服务平台后，可以供外汇管理局、开户银行、海关、企业等信息资源使用者或监督者共享。

货物贸易监测系统主要操作模块有企业网上报告管理和企业信息管理。企业网上管理模块（图8-9）是企业进行申报时使用的模块，包括贸易信贷与融资报告、转手买卖收支时间差报告、出口收入存放境外报告、其他报告四个子模块。企业根据实际情况分别在有关模块录入申报内容。企业信息管理模块是关于企业的基本信息及企业出口报关与收汇情况对比监测的模块，如果企业数据异常，系统就会在此模块发出预警，外汇管理部门也会通过此模块对企业发出核查通知，企业信息管理模块包括企业管理状态查询、登记表签发情况查询、现场核查信息接收与反馈、外汇局公告信息查询、企业留言等五个子系统。

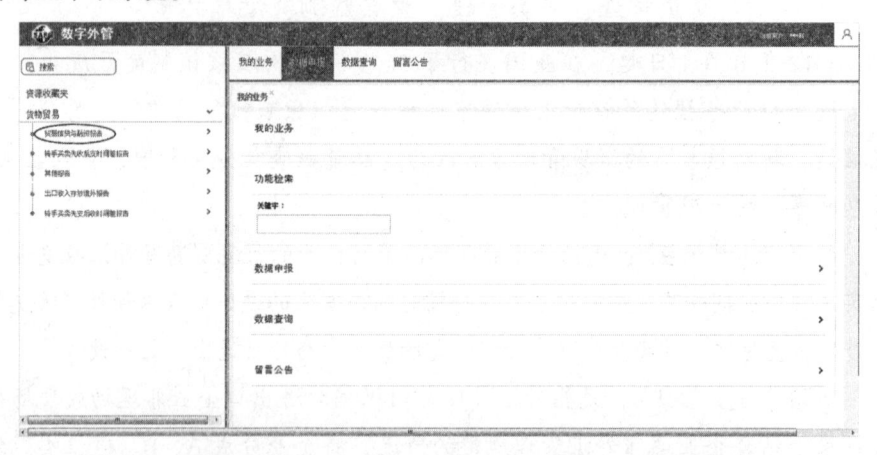

图 8-9　货物贸易监测系统网上管理模块（贸易信贷与融资报告）

小贴士

各电子系统之间的关系

外贸企业出口退税申报系统、电子口岸执法系统、国际收支申报系统及货物贸易监测系统四个电子系统既各自独立，又相互联系。外贸企业出口退税申报系统是在出口货物退税过程中使用的主要电子系统，出口货物退税申报的信息都是在这个系统中提交的。但出口企业要实现出口货物的退税申报，需要录入报关单号、出口日期、出口货物的单位及数量等数据，这些数据需要在电子口岸执法系统中查询，存档所用的报关单纸质资料也需要在该系统中打印。出口货物的收汇要通过国际收支申报系统进行申报。外汇管理部门还需要通过货物贸易监测系统来监测出口企业的出口收汇情况。如果货物贸易监测系统监测到出口货物收汇异常，就可能会影响企业出口退税。

上述四大电子系统的操作流程及相互关系如图 8-10 所示。

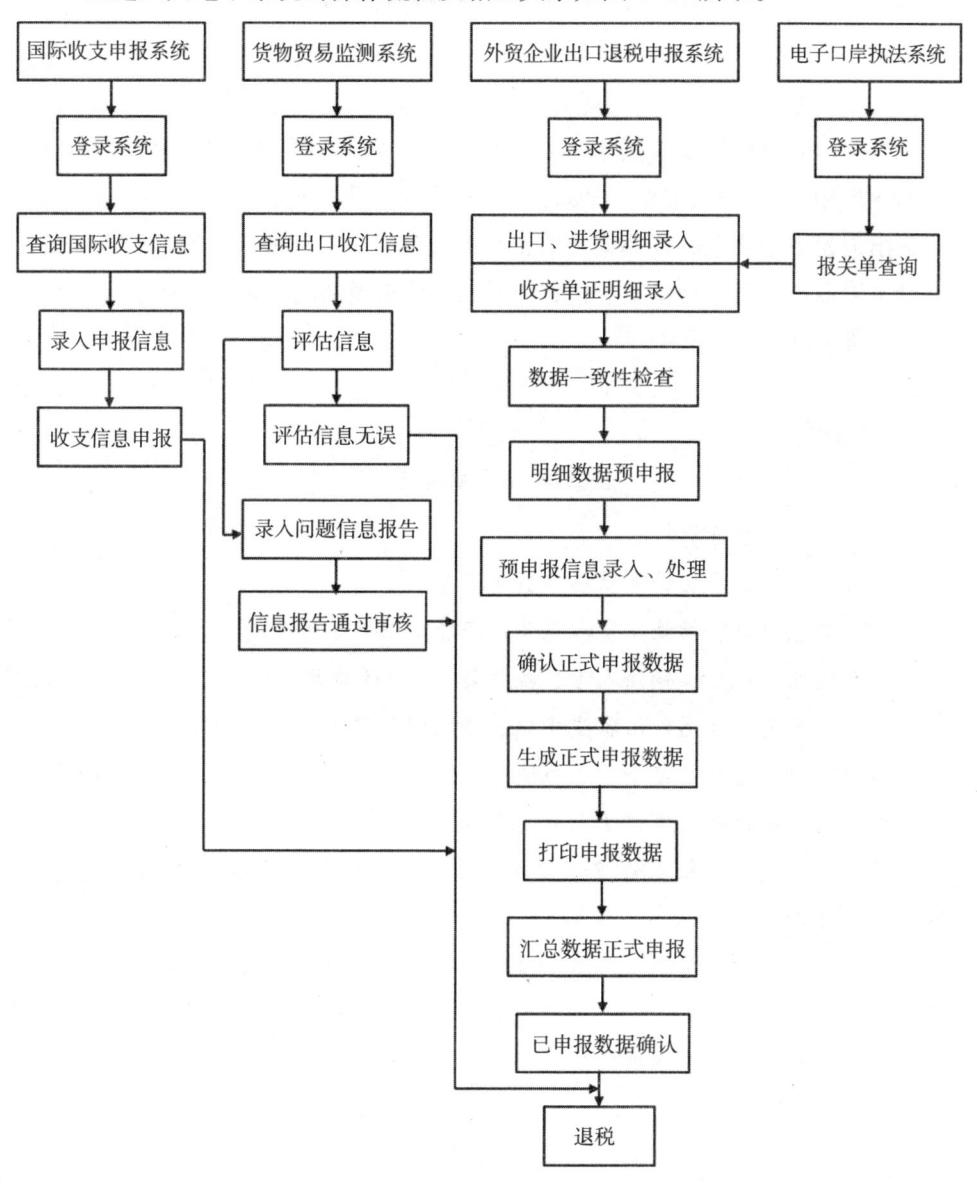

图 8-10　出口退税四大电子系统操作流程及相互关系

四大系统流程：

- **国际收支申报系统**：登录系统 → 查询国际收支信息 → 录入申报信息 → 收支信息申报
- **货物贸易监测系统**：登录系统 → 查询出口收汇信息 → 评估信息 → 评估信息无误／录入问题信息报告 → 信息报告通过审核
- **外贸企业出口退税申报系统**：登录系统 → 出口、进货明细录入／收齐单证明细录入 → 数据一致性检查 → 明细数据预申报 → 预申报信息录入、处理 → 确认正式申报数据 → 生成正式申报数据 → 打印申报数据 → 汇总数据正式申报 → 已申报数据确认 → 退税
- **电子口岸执法系统**：登录系统 → 报关单查询

第三节　出口退税的程序

办理出口退税的基本程序如图 8-11 所示,即出口企业申报、税务部门审核与国库中心退库。当然,正如本书"第一步"中所述,对于新办企业在正式提出退税申请之前,尚需向主管征税的税务机关申请取得一般纳税人资格;并到主管商务部门办理备案登记;以及向主管退税部门办理出口货物退(免)税备案等手续。

☆ 小贴士

出口退税需准备事项

(1) 退税前准备资料:

①办理对外贸易经营者资格备案(商务部)。

②备案进出口货物收发货人报关注册登记证书(海关)。

③开通电子口岸,领法人卡、操作员卡(电子口岸)。

④登记名录,开通外汇收支申报、货物贸易监测系统(外管局)。

⑤办理出口退税登记手续(当地所属税局)。

⑥领购增值税普通发票(五联)。

(2) 出口退税申报软件安装要求:一台电脑安装一套报税系统,电脑硬件配置不宜老旧。

(3) 出口退税软件及退税文库的下载:中国出口退税咨询网、当地电子税务局官网都可以下载。

(4) 最新出口退税申报软件及事项:做到及时升级更新。

| 第八步 出口退税 |

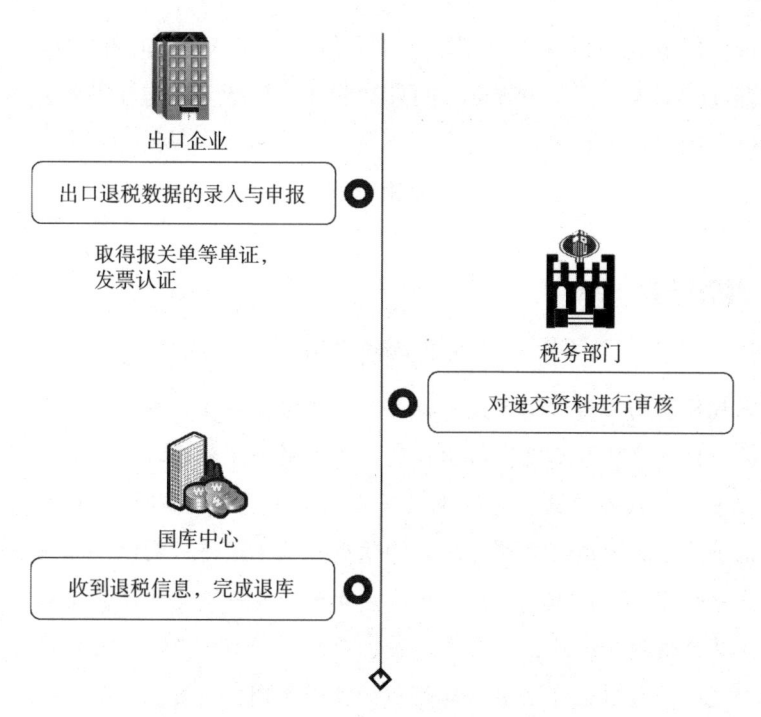

```
出口企业
  └ 出口退税数据的录入与申报
    取得报关单等单证,
    发票认证
                        税务部门
                          └ 对递交资料进行审核
国库中心
  └ 收到退税信息,完成退库
```

图 8-11 外贸企业出口退税流程

一、出口企业申报

货物出口后,报关信息会通过海关传输到税务部门,企业要第一时间在口岸系统内跟踪报关信息状态,加强凭证单证收集,做好企业内部业务部门和财务部门间配合,凭证资料齐全后要第一时间进行申报。出口退税所需资料如图 8-12 所示。

```
出口退税所需资料
INFORMATION THE EXPORT TAX REBATE REQUIRED

📕 出口的报关单     📕 出口销售发票     📕 外贸出口合同     📕 提单与装箱单
📕 购入增值税票     📕 银行结汇水单     📕 运单和保险单     📕 电子口岸IC卡
```

图 8-12 出口退税所需资料

当出口企业完成报关,取得进项发票并收汇后,还需要进行增值税专用

325

发票认证，然后就可以在出口退税申报系统汇总录入退税申报数据（出口明细表、进货明细表、汇总申报表、打印申报表、生成申报电子数据包）。

实行无纸化管理的企业不需要提交常规纸质资料（特殊业务除外），如果是四类出口退税企业需向税务局递交相应的收汇凭证。

相关链接

何为四类企业

国家税务总局《出口退（免）税企业分类管理办法》根据出口企业的纳税信用等级、税收遵从等情况，将出口退（免）税企业分为四类，有针对性地实施差别化管理和服务措施。对纳税信用好、税收遵从度高的一类、二类企业，简化申报手续，缩短退税办理时限，提供退税绿色通道；对纳税信用差的四类企业，强化管理，从严审核，严防风险。比如，在一类企业的评定标准中，除考量企业纳税信用等级外，企业在海关、外汇管理部门的分类管理情况也作为评定标准之一，营造让守法者一路畅通的良好氛围。一类、二类、三类企业申报退税的审核办理时限，可分别短至5、10、15个工作日。同时，明确被列入部门联合惩戒名单的企业，直接评定为四类出口企业，让失信者处处受限。

二、税务部门审核

企业递交资料完成，税务局受理企业出口退税申报后，对企业递交的出口退税资料进行审核。审核通过后会向企业发放退税款。

需要指出的是，新企业申报首笔出口退税时，主管退税机关会对企业进行实地核查与函调。

所谓函调，是指为加强出口退税管理，有效防范和打击骗取出口退税，国家税务总局根据骗取出口退税活动的特点，制定了《出口货物退税函调管理办法》，由出口退税部门向出口企业的供货商所属税务机关发函，调查其是否有偷逃税款等违法行为。接收函件的税务机关根据实际核查，进行回复，达到协助发函方进行退税业务管理的目的。函调常见情形如图8-13所示。

三、国库中心退库

国库中心退库是指国库从收到税务部门传递的退税信息到实际完成退库的流程。

需要注意的是，新企业首次申报退税完成并收到退税款后完成退税流程，才可进行下一次的退税申报。

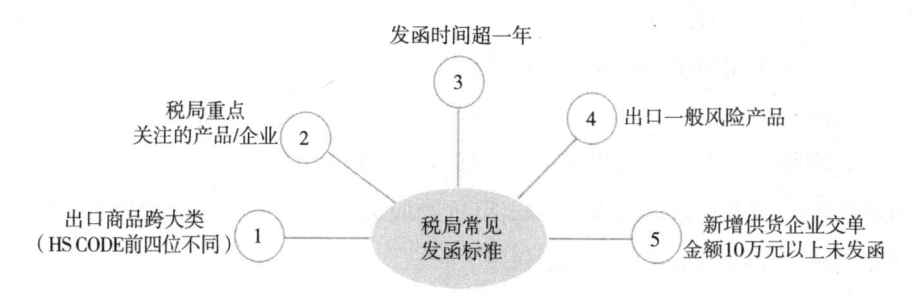

图 8-13　函调常见情形

税局常见发函标准：
1. 出口商品跨大类（HS CODE前四位不同）
2. 税局重点关注的产品/企业
3. 发函时间超一年
4. 出口一般风险产品
5. 新增供货企业交单金额10万元以上未发函

第四节　出口退税的账务处理

一、《增值税会计处理规定》中关于出口退税的账务处理

财政部财会〔2016〕22号《增值税会计处理规定》对于增值税会计处理作了规定，要掌握税会处理，科目得牢记于心才能得心应手随意调用。我们先过一遍新规的会计科目。

（一）会计科目

一般纳税人一级科目"应交税费"科目下设置10个二级科目，即"应交增值税""未交增值税""预交增值税""待抵扣进项税额""待认证进项税额""待转销项税额""增值税留抵税额""简易计税""转让金融商品应交增值税""代扣代交增值税"等明细科目。

二级科目"应交增值税"下三级明细科目内又设置10个专栏，即"进项税额""销项税额抵减""已交税金""转出未交增值税""减免税款""出口抵减内销产品应纳税额""销项税额""出口退税""进项税额转出""转出多交增值税"等专栏。

小规模纳税人只需在一级科目"应交税费"科目下设置"应交增值税"明细科目，不需要设置上述专栏及除"转让金融商品应交增值税""代扣代交增值税"外的明细科目。

（二）出口退税账务处理的具体规定

为核算纳税人出口货物应收取的出口退税款，设置"应收出口退税款"科目，该科目借方反映销售出口货物按规定向税务机关申报应退回的增值税、消费税等，贷方反映实际收到的出口货物应退回的增值税、消费税等。期末借方余额，反映尚未收到的应退税额。

（1）未实行免、抵、退办法的一般纳税人出口货物按规定退税的，按规定计算的应收出口退税额的账务处理。

借：应收出口退税款

　　贷：应交税费——应交增值税（出口退税）

收到出口退税时：

借：银行存款

　　贷：应收出口退税款

退税额低于购进时取得的增值税专用发票上的增值税额的差额：

借：主营业务成本

　　贷：应交税费——应交增值税（进项税额转出）

（2）实行免、抵、退办法的一般纳税人出口货物，在货物出口销售后结转产品销售成本时，按规定计算的退税额低于购进时取得的增值税专用发票上的增值税额的差额的账务处理。

借：主营业务成本

　　贷：应交税费——应交增值税（进项税额转出）

按规定计算的当期出口货物的进项税抵减内销产品的应纳税额：

借：应交税费——应交增值税（出口抵减内销产品应纳税额）

　　贷：应交税费——应交增值税（出口退税）

在规定期限内，内销产品的应纳税额不足以抵减出口货物的进项税额，不足部分按有关税法规定给予退税的，应在实际收到退税款时：

借：银行存款

　　贷：应交税费——应交增值税（出口退税）

二、外贸企业出口退税的账务处理

1. 采购货物时

外贸企业采购货物，取得增值税专用发票，分录如下：

借：库存商品
　　应交税费——应交增值税（进项税额）
　贷：应付账款

2. 出口货物收入，根据 FOB 价核算

确认外销货物销售收入，记账汇率建议使用出口当月第一个工作日人民币汇率中间价，分录如下（出口征税货物需计提销项税额）：

借：应收账款
　贷：主营业务收入

需要注意的是，成交方式为 CFR 和 CIF 的，应将其换算成 FOB 确认收入，运保费贷记"其他应收款——运保费"。出口免销项税，不计提销项税。

3. 结转成本

结转销售成本，分录如下：

借：主营业务成本
　贷：库存商品

4. 出口货物征退税差转成本

出口货物存在征收和退税的税率差，这部分需要转入成本，分录如下：

借：主营业务成本
　贷：应交税费——应交增值税（进项税额转出）

需要告诉大家的是，2020 年 3 月 20 日出口的货物（"两高一资"货物除外），税率实行征多少退多少，出口退税货物要跟征退税差说拜拜了！

5. 计提出口退税款

计提出口退税，根据前述《增值税会计处理规定》增设"应收出口退税款"一级科目，核算销售出口货物按规定向税务机关申报应退回及实际收到的增值税、消费税等，替代原来的"其他应收款——应收出口退税款"科目，分录如下：

借：应收出口退税款
　贷：应交税费——应交增值税（出口退税）

6. 收到出口退税

收到出口退税，分录如下：

借：银行存款

　　贷：应收出口退税款

三、外贸企业出口退税账务处理实例

就外贸企业出口退税账务处理，我们举个例子。

某具有进出口经营权的生产企业，对自产货物经营出口销售及国内销售。该企业 2020 年 7 月份购进所需原材料等货物，允许抵扣的进项税额 150 万元，内销产品取得销售额 300 万元，出口货物离岸价折合人民币 2400 万元。假设上期留抵税款 5 万元，增值税税率 13%，退税率 10%，假设不考虑其他问题。

1. 账务处理（计算取了整数）

①外购原辅材料、备件、能耗等：

借：原材料等科目	11538461
应交税费——应交增值税（进项税额）	1500000
贷：银行存款	13038461

②产品外销产生纳税义务时：

借：应收外汇账款	24000000
贷：主营业务收入	24000000

③内销产品产生纳税义务时：

借：银行存款	3390000
贷：主营业务收入	3000000
应交税费——应交增值税（销项税额）	390000

2. 退税相关处理

①月末，计算当月出口货物不予抵扣和退税的税额：

不得免征和抵扣税额 = 当期出口货物离岸价 × 人民币外汇牌价 ×（征税率 – 退税率）= 2400 ×（13%–10%）= 72（万元）

借：产品销售成本	720000
贷：应交税费——应交增值税（进项税额转出）	720000

②计算应纳税额：

本月应纳税额＝销项税额－进项税额＝当期内销货物的销项税额－（当期进项税额＋上期留抵税款－当期不予抵扣或退税的金额）=300×13%–150–5+72=–44（万元）

③计算应退税额和应免抵税额：

免抵退税额＝出口货物离岸价 × 外汇人民币牌价 × 出口货物退税率 =2400×10%=240（万元）

当期期末留抵税额 44 万元 ≤ 当期免抵退税额 240 万元

当期应退税额 = 当期期末留抵税额 =44（万元）

当期免抵税额 = 当期免抵退税额 – 当期应退税额 =240-44=196（万元）

借：应收补贴款　　　　　　　　　　　　　440000
　　应交税费——应交增值税（出口抵减内销
　　　　产品应纳税额）　　　　　　　　　1960000
　贷：应交税费——出口退税　　　　　　　2400000

④收到退税款：

借：银行存款　　　　　　　　　　　　　　440000
　贷：应收补贴款　　　　　　　　　　　　440000

结尾忠告
——争议与欺诈的防范

人生无处不风险。国际贸易也一样，同样存在着各种各样的风险，其中争议与欺诈风险最值得关注。在国际贸易中，买卖双方发生争议是常有的事，这是不可避免的。一旦发生争议，不仅有可能造成经济损失，而且也不利于双方关系的维持与发展。如何认识、解释和处理这些争议，尽可能避免这些争议的产生，是买卖双方都非常关心的问题。

※ 如何应对和避免争议

一、为什么会产生争议

争议（Disputes），俗称纠纷，是指签订合同的一方认为另一方未能全部或部分履行合同约定的义务或承担相应责任而引起的合同当事人之间的矛盾与冲突。在进出口贸易中，合同双方产生争议是屡见不鲜的。争议的产生既有合同方面的原因，也有当事人方面的原因；既有客观方面的原因，也有主观方面的原因。

（一）合同方面的原因

（1）合同条款规定得不够明确。比如合同条款对双方的权利、义务和责任规定得不明确，导致各方对条款的理解出现分歧。

（2）双方权利义务不对等。合同片面地规定约束一方当事人的条款，对双方的约束力不同。

（3）合同条款有遗漏。对同一问题，各国法律和国际贸易惯例往往有不同的解释。比如对 FOB 术语的解释，在美国和 INCOTERMS2020 中就有分歧。所以，在合同未涉及法律适用条款的情况下极容易产生争议。另外，根据各国法律，尽管一般来说不可抗力是免责条款，但如果合同中对不可抗力条款未加以规定，在发生不可抗力事件时，也容易引起争议。更何况什么属于不可抗力本身也是不确定的。还有，就是对解决争议的方式的遗漏，也是容易产生争议的原因。

（二）当事人方面的原因

当事人方面的原因主要是当事人一方主观上不履行，或不完全履行合同规定的义务。比如买方故意不开或延迟开立信用证；开来的信用证故意不符合合同的规定；不按时付款赎单，无理拒收货物；在买方负责运输的情况下，不按时派船、指定承运人和指定交货地点等。值得注意的是，有些不良商人甚至在订立合同之前就存在欺诈动机。

二、发生争议如何解决

根据国际惯例，解决国际贸易争议可以通过协商、调解、仲裁和诉讼四种方式。

（一）协商

协商是争议发生后当事人首选的争议解决方式。协商这种方式无论在合同中是否事先做出约定都可以采用。它的优点就在于以"和为贵"为精神内核，程序简便、形式灵活。大多数当事人在争议发生之初先行协商解决，很少有当事人在发生争议后不与对方协商而直接提起仲裁或诉讼。通过协商达成和解协议后，更容易获得自动履行，各方可以根据互谅互让的原则继续进行合作和发展。这样可以有效节省当事人的时间及人力、财力。当然，协商最终能否奏效往往取决于各方讨价还价的能力和经济实力。当各方对协商结果不满意或者分歧严重，难以协商解决的情况下，就只能求助第三方帮助解决。

（二）调解

调解是在当事人之外的中立第三方的主持下，由第三方以中间人的身份在分清是非和责任的基础上，根据合同、法律与国际惯例，帮助和促使当事人在互谅互让的基础上达成协议，解决争议的程序。调解能较快解决争议，有利于保持当事人的友好关系，给双方当事人带来相互信任感并节省费用。至于谁担任调解人一般没有硬性规定，可以是民间调解、专门机构（一般设在商会或仲裁协会内部）调解，也可以是仲裁机构的调解，甚至是法庭主持的调解。不过，如果一方当事人因某种原因在调解过程中不予合作，调解即告失败。可见，调解方式也存在着和协商方式共同的局限性，即成功与否取决于各方分歧大小及各方意志。

（三）仲裁

仲裁（Arbitration）是指当事人通过协议方式自愿将争议提交第三方（仲裁机构）进行裁决的方式。在当代国际贸易实践中，当事人大多都以仲裁作为解决争议的方式。据统计，在70%的国际商事合同中都有仲裁条款。为什么仲裁如此受人们青睐？主要原因是它不仅吸收了调解与诉讼的优点，同时也克服了调解与诉讼的致命缺陷。

具体来说，仲裁有以下优点：

（1）执行力强。国际仲裁最大的优势就是执行力强，由于很多国家签署了1958年的《关于承认和执行外国仲裁裁决的公约》（简称《纽约公约》，截至2020年10月28日，已经有166个国家签署该公约）和大量的区域性国际商事仲裁条约，以及双边司法协助条约，国际仲裁能够在世界范围内得到执行，这是诉讼难以比拟的。

（2）自愿性与强制性相结合。仲裁事项、仲裁机构、仲裁地点、仲裁规则，甚至仲裁员双方都是可以自愿选择的，而裁决书却具有和判决书一样的可由法院强制执行的效力。

（3）独特的优势：一是中立性，即一般不受两国司法制度与公共政策的影响；二是专业性，仲裁员由业务专家或知名人士担任；三是保密性，审理过程与裁决结果一般不公开；四是一裁终局，不同于诉讼的二审或三审程序，节省时间和费用。

相关链接

国际上较有影响的仲裁机构

➢ 国际商会仲裁院（The ICC International Court of Arbitration，ICA）（巴

黎)——附设于国际商会的最具代表性、最有影响的国际仲裁机构

➢ 斯德哥尔摩商会仲裁院（Arbitration Institute of the Stockholm Chamber of Commerce, AISCC）——东西方国际经贸仲裁的中心

➢ 伦敦国际仲裁院（London Court of International Arbitration, LCIA）

➢ 瑞士苏黎世商会仲裁院（Court of Arbitration of Zurich Chamber of Commerce）

➢ 美国仲裁协会（American Arbitration Association, AAA）（纽约）

➢ 日本商事仲裁协会（Japanese Commerce Arbitration Association）（东京）

➢ 新加坡国际仲裁中心（Singapore International Arbitration Center, SIAC）

➢ 中国香港国际仲裁中心（Hong Kong International Arbitration Center, HKIAC）

➢ 中国国际经济贸易仲裁委员会（China International Economic and Trade Arbitration Commission，简称 CIETAC），又称中国国际商会仲裁院

（四）诉讼

国际贸易争议如果不能以协商或调解方式解决，双方当事人又没有达成仲裁协议，那么任何一方当事人都可以向有管辖权的法院起诉，通过诉讼途径解决争议。诉讼，是指当事人将其争议提交法院予以审理并做出判决的争议解决方法。需要指出的是，目前世界上还没有专门审理国际经济贸易案件的国际法院。因此，国际贸易诉讼只能在某一国法院进行。在国际贸易实践中，当事人大多不愿采用司法诉讼方式解决争议。主要是因为涉外诉讼比较复杂。比如法院的选择、程序的繁琐、法律的适用以及判决执行的不确定都是诉讼的致命之处，因为复杂，所以处理问题也较慢。另外，诉讼处理争议，双方当事人关系紧张，有伤和气，不利于今后贸易关系的维系与发展。而且诉讼费用较高。

关于调解、仲裁与诉讼三种方式之间的具体区别参见表 9-1。

表 9-1 调解、仲裁与诉讼的比较

比较项目	调解	仲裁	诉讼
适用范围	因财产关系和人身关系产生的纠纷（非法定）	因财产关系产生的纠纷（法定）	因财产关系和人身关系产生的纠纷（法定）

续表

比较项目	调解	仲裁	诉讼
居间第三人	法律无限制,由当事人共同选定	专门的仲裁机构,是民间组织	法院,是国家机关
解决机制	建立在纠纷主体绝对合意基础上,具有非强制性	以双方合意为基础,具有"准司法"性,仲裁裁决具有强制性	具有强制性
法律适用	具有很大程度的随意性,并不必然适用法律。	当事人有很大自主权,但不能完全排除适用法律。比调解严格	具有最为严格的法律适用规定
法律后果	调解协议不具有法律上的拘束力,其履行靠当事人的自觉遵守	仲裁裁决具有法律约束力,裁决书自做出之日起发生法律效力	无论民事判决还是民事裁定,都具有法律约束力
救济措施	对调解结果反悔或不服采取或裁或审的制度进行救济	对于仲裁裁决,当事人只有无条件接受,并且无任何救济措施	不服未生效一审判决或裁定,可上诉。如已生效,可按审判监督程序救济
管辖原则	无管辖限制	无管辖限制	级别与地域管辖相结合

三、如何有效地避免争议

在日益频繁的经济活动中,商人在注重经济效益的同时,避免交易出现争议是十分重要的。要避免或减少争议,在发生争议前做好防范和应对之策非常重要,特别要注意做好以下几个方面工作:

(一)谈判中应注意的问题

(1)对将来的商业伙伴尽可能作全面的了解和调查,如对公司的经济状况、商业信誉、法律诉讼情况等作全面掌握,不盲目相信公司的表面情况,也不盲目相信熟人和朋友介绍,要亲自调查掌握第一手资料。

(2)平等协商,在交易中与对方保持地位平等,不畏惧对方的实力,不卑不亢,发挥企业自身的优势,以达到最好的谈判效果。

(3)派出具有谈判经验的业务人员,必要时要与律师精诚合作共同参与谈判工作。

(4)不要盲目同意对方起草的文件,应自行承担起草文件的责任,控制起草文件的权利。这是非常重要的。

(二)起草合同时应注意的问题

(1)注重合同的所有条款。在经济活动中,商人不但要注重数量、质量和价格条款,更应注重全面细致地考虑所有的合同条款,避免承担错误的有约束力的义务。

（2）注重合同中的争议解决条款。这一条款关系到双方在发生争议时，选择仲裁还是诉讼解决争议。当事人应当根据具体交易情况及各种争议解决方式的特点，谨慎选择争议解决方式。

在商事活动中，商人越来越多地选择仲裁的方式解决商事纠纷。根据中国仲裁法的规定，当事人达成了有效的仲裁协议，就排除了法院的管辖权，人民法院不再予以受理。因此，当事人选择仲裁解决争议应当在合同中予以明确。如果在合同中没有约定仲裁条款，事后又不能与对方达成仲裁协议，双方发生争议只能到法院去诉讼。提醒当事人注意的是，双方发生纠纷要想重新达成仲裁协议是非常困难的。因此，在起草合同时，应当注重争议解决条款的约定。

小贴士

如何约定仲裁条款

依照中国仲裁法的规定，仲裁协议应当具有下列内容：请求仲裁的意思表示，仲裁事项，选定的仲裁委员会。中国国际经济贸易仲裁委员会向当事人推荐的合同中约定的示范仲裁条款为：

"Any dispute arising from or in connection with this contract shall be submitted to China CIETAC for arbitration which shall be conducted in accordance with the commission's arbitration rules in effect at the time of applying for arbitration. The arbitral award is final and binding upon both parties."（"凡因本合同引起的或与本合同有关的任何争议，均应提交中国国际经济贸易仲裁委员会，按照申请仲裁时该会现行有效的仲裁规则进行仲裁。仲裁裁决是终局的，对双方均有约束力。"）

案例

甲方与乙方签订了出口某货物的合同一份，合同中的仲裁条款规定："凡因执行本合同发生的一切争议，双方同意提交仲裁，仲裁在被诉方国家进行。仲裁裁决是终局的，对双方都有约束力。"合同履行过程中，双方因品质问题发生争议，于是将争议提交甲国仲裁。经仲裁庭调查审理，认为乙方的举证不实，裁决乙方败诉。事后甲方因乙方不执行裁决向本国法院提出申请，要求法院强制执行，乙方不服，向本国法院提起上诉。

问：乙方可否向本国法院提请上诉？为什么？

（3）注重法律工作者或律师在合同起草过程中的作用，避免出现法律问题造成缺憾，事后弥补困难。

（4）注重合同条文的清楚、完整和连贯性。合同条款应清楚明确，避免模糊不清发生争议；合同条款内容详尽，可使争议减少到最低限度；合同条款用词应保持一致，概念统一，避免因用词不当和偷换概念而发生争议。

（三）注重在履行合同过程中双方书面往来函电的作用

双方在履行合同时，避免用电话等口头形式达成协议，对合同的修改和补充以及临时补救措施都应采用书面的形式，并及时收集保留，做到有据可查，保护当事人自身合法权利。

双方当事人只要认真履行合同，诚实守信地按合同办事，纠纷是可以避免的。一旦出现纠纷，要及时利用仲裁、诉讼、调解等法律手段，保护自身的合法权益。

※ 贸易欺诈及防范

国际贸易本身也是个险恶江湖，大部分的业务员或多或少都会碰到欺诈案例，不可不防。外贸中由于存在语言交流障碍，不熟悉国际惯例，各国法律风俗差异，距离遥远，昼夜颠倒有时间差，跨国费用高昂追讨困难等因素，从而为形形色色的国际欺诈提供了便利的条件。不过，万变不离其宗，国际贸易欺诈大致可分为两类，一类是纯粹的骗子型，一开始就设计好骗局引人上钩；一类则属于奸商型，即生意照做，只是利用各种手段在交易过程中设置障碍，以降价、索赔等方法达到逼出口商贱卖商品的目的。需要指出的是，骗子的骗术也在随着人们识别防范技术的提高而不断升级换代，这就需要我们擦亮眼睛，时刻保持清醒头脑。俗话说得好：小心驶得万年船！

一、骗子型欺诈

（一）合同陷阱

合同陷阱是传统诈骗中最常见的一种，设陷者往往利用合同并以法律的名义来引诱对方上当，其表现形式为：

1. 利用合同条款

在国际贸易实践中，许多设陷者，都是利用合同条款不完善或制造不完善条款进行欺诈，比如品质条款、装运条款、索赔条款、担保条款、违约金条款等等。

案例

前几年，上海的一家企业与外商签合同时规定，货物由中方生产，而内包装盒由外方在国外印刷，然后发给中方企业装盒出运。但合同只规定了中方企业的交货时间，却没有规定外方内包装盒发到的时间。结果，中方企业的产品按时生产出来以后，包装盒迟迟不到，企业一催再催，好不容易等到包装盒到了装完产品发货时，却已经错过了船期。更糟糕的是对方对中方提出的延迟交货理由不认可，要求中方企业承担延迟交货的违约责任。合同中设暗堡是高手常用的伎俩。贸易只讲依据，不看事因。所以，合同签约必须慎之又慎，外贸人员要不断研究，熟悉各款要素，才能防止失误和疏漏。

2. 变更合同条款

以变更合同条款为由从中设置陷阱实施诈骗也是骗子常用的伎俩，如变更合同主体条款，诈骗者称因各种原因建议由第三方代替自己履约，受骗方往往轻易答应而上当；变更合同运输条款，改班轮运输为租船运输；变更支付条款，改信用证支付为托收或汇付；变更检验条款，要求改为外方检验机构。

3. 不签书面合同

设陷者以《联合国国际货物销售合同公约》第 11 条（即合同无须采用书面形式）为由，并振振有词提出，外贸公司可不必担心没有书面合同，只要双方认同即可。

（二）邮件诈骗

邮件诈骗是当前最为常见的诈骗形式。那么，骗子邮件长啥样？汇总大家收集到的骗子邮件，可以分成三类：

1. 链接附件型

链接附件型诈骗邮件，顾名思义，就是带有不明链接或者奇怪附件的邮件，如图9-1、图9-2所示。

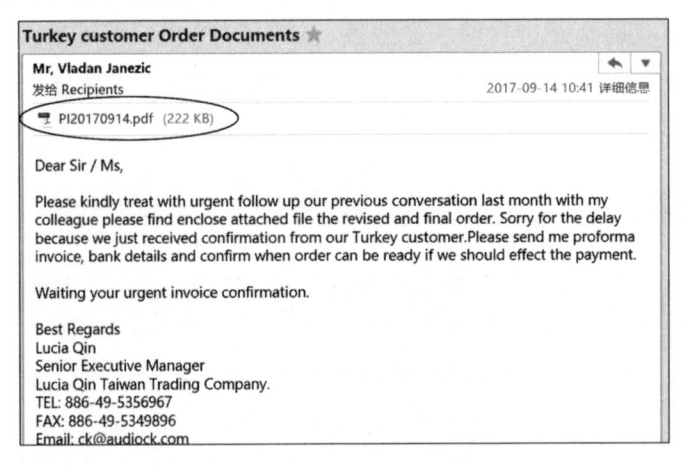

图 9-1　带有不明链接的邮件

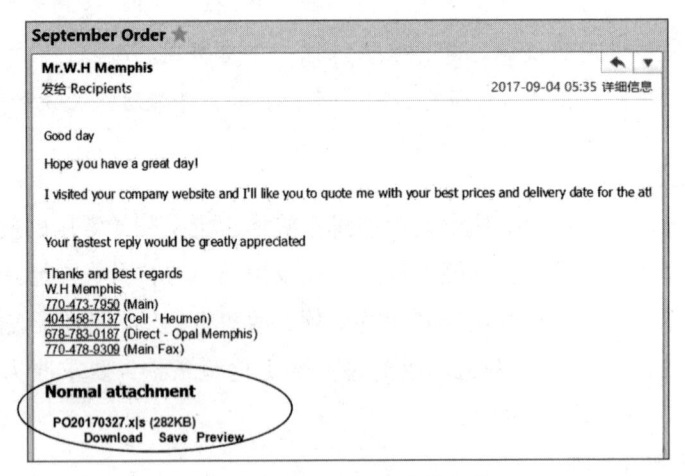

图 9-2　带有奇怪链接的邮件

这类邮件是人们最常遇见的一类，也是最好辨别的，但是很多人，还是会抱有侥幸心理去点击。如果你没有办法判断，那么就打开链接或附件，查看是什么内容再定夺。如果出现输入邮箱密码或者其他密码的，基本可以认定是骗子，立即删除此邮件，并及时给你的电脑杀毒。

2. 循循善诱型

循循善诱型的骗子邮件比"链接附件型"要高明一点，不太好辨别。因为在第一封邮件中没有链接，也没有附件，会简单表达说"我们对贵方产品有兴趣""希望我们有合作""请发报价单给我们"或者"请发送贵公司的信息给我们了解"等等（图9-3）。

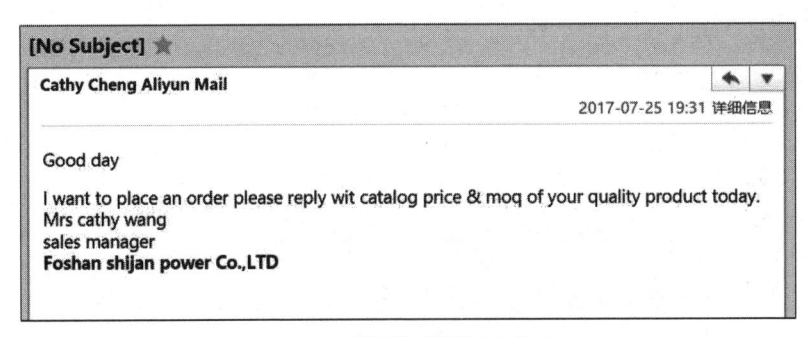

```
[No Subject]
Cathy Cheng Aliyun Mail
                                    2017-07-25 19:31  详细信息

Good day
I want to place an order please reply wit catalog price & moq of your quality product today.
Mrs cathy wang
sales manager
Foshan shijan power Co.,LTD
```

图9-3　循循善诱型诈骗邮件

乍一看，这类诈骗邮件真的跟我们客户发的邮件没有什么区别，所以很多人就上钩了，该发报价发报价，该发资料发资料，殊不知，骗子的狐狸尾巴很长，先慢慢放松你的警惕，到了要付款的阶段才露出来，让你点击不明链接或者奇怪的附件。这时候你没有警觉性就会上当。他并非一封邮件就要骗到你，而是伪装成客户慢慢地让你上钩。

循循善诱型诈骗邮件一开始并不好判断，我们要保持警惕，随时查看邮件的状态，并经常给电脑杀毒。当然，跟第一类邮件一样，当你见多了，判断力提升了，也能少点被骗。

3. 高明冒充型

高明冒充型骗子邮件，应该是目前见过的最高明的骗术，无声无息骗到你。即使是经验丰富的老贸，一不留神也会上当。

骗子冒充B2B平台的工作人员给你发送邮件，说账户有问题，需要确认，如图9-4所示。通常我们没有什么戒心，或者碍于这是一个重要邮箱，如果出毛病了收不到客户邮件怎么办的心理，就会去点击链接。如果点击之后出现的页面是奇怪的网页，要求我们输入密码，那我们自然能第一时间识别这是一个骗子。但是他们的高明之处就在于，出现的网站页面跟平台邮箱的页面一模一样，你不会想到是一个骗子，以为真的是需要验证呢，然后就把账户和密码大大方方地泄露给了骗子。

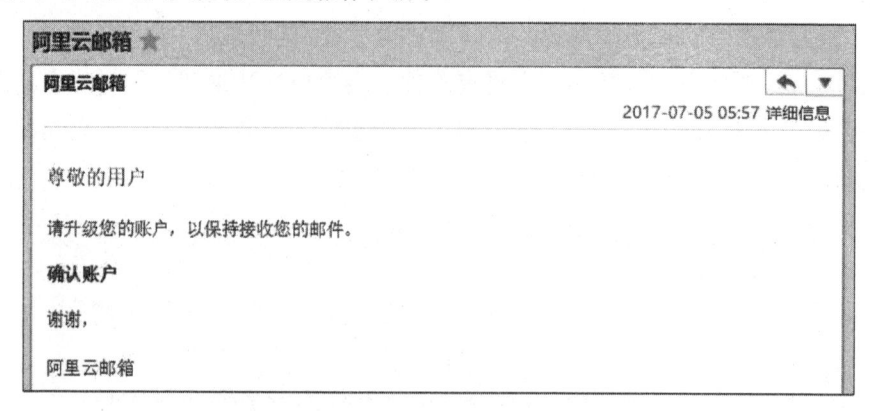

图9-4　冒充阿里云工作人员的诈骗邮件

对于高明冒充型诈骗邮件，如果是第一次遇见，那么很有可能会上当，但是了解了其诈骗手段后，就应该多长个心眼。万一中招了，请在最短的时间内，先改密码，再进行杀毒。

另外，与客人互加WhatsApp等即时聊天工具，约定汇款前会double check账户信息，并强调，如果更换账户信息，一定要通过即时聊天工具或电话再确认一遍。最好购买企业邮箱，设置登录保护，开通登录提醒，定期查看邮箱登录情况。

（三）"天上掉馅饼"

"天上掉馅饼"也是骗子型案例中比较常见的。

案例

230万美金外贸业务的骗局

浙江萧山伟达国际贸易有限公司业务员孙小姐从杭州思迈经贸有限公司张科长那里获悉，美国华森公司急需一批工艺地毯。经过一番努力，孙小姐在张科长的牵线下终于与华森公司鲁董事长取得了联系。鲁董说，只要产品规格、数量都符合要求，就跟孙小姐的公司做230万美金的地毯生意，并可先付30万美元定金。商机有了，货在那里？敬业的孙小姐伤透了脑筋。在一次闲聊中，孙小姐向张科诉苦，张科拍拍脑子，说他认识一家公司，这家公司在绍兴上虞，他们刚好有一批工艺真丝地毯，规格、数量都与华森公司的要求相符，并且价格低于市场价。孙小姐大喜过望，就把这一喜讯向公司作了汇报，但抹去了张科这个环节，说是自己以前在做业务时认识这个美国客户的。公司老总承诺：如果成功，公司给孙小姐提成100万元人民币作为奖赏。孙小姐于是就使尽浑身解数，迫不及待地约上虞地毯公司老总章某见了面，并顺利签订了2000万人民币左右的购买地毯合同。有了货源保证，孙小姐所在公司与华森公司的合约也顺利签订了。按合约，在11月13日，孙小姐所在的萧山公司收到了华森公司董老板以个人账户方式从香港汇来的30万美元定金。第二天，华森公司的"美国地毯专家"飞来萧山，到孙小姐的公司来"验货"。这位"美国专家"只用了三个小时就把实际上得花上6天时间才能验完的货验收完毕。第四天，萧山这家公司按照合同分三次将1800万人民币汇到了章某所在的上虞公司账户。然后这1800万元便石沉大海。杭州思迈、美国华森等角色消失得无影无踪。12月15日，萧山公司向警方报了案。民警即赶往上虞调查，发现章某卖给萧山公司的1800多万元的地毯，市场价只值200多万元。

1. 高利诱惑

在许多业务信息源的传播中，最诱人的当然是获得高利，取得丰厚的经济效益，不论是来自哪个方面，设陷者总是将利润提得很高，同时又提出一些看似十分合理的要求和一些给对方可以让步的条件，让你一步一步进入设置的陷阱。外贸公司在急功近利思想驱动下，无论怎样也不愿舍弃这笔难得的生意，结果就放松了警惕性。

2. 好处诱饵

邮箱发来邮件称自己有一笔巨款被冻结了/政府扣押了/要被征收巨额的税，希望借用银行账户来解冻/逃税等，承诺会给予一笔不小的费用作为报酬。甚至还会附上这笔钱目前所在银行的账户供你查证。骗取信任之后，就开始以各种理由索要手续费或者其他费用。这种就如同国内的"重金求子"，如果被这样的骗局骗了，一定不要声张，因为……丢不起这个脸啊。

3. 资金垫付

外贸企业融资难一直是其在海外竞争中面临的最大门槛。因此，许多企业在捕捉业务信息上，追求的是不动资金的业务。而设陷者正是抓住了这一心态，称不需要动资金，只需出具全套单据，资金由对方垫付，用简单的条件诱使外贸公司上当。

（四）老好人不能做

1. 帮忙出邀请函

产品没怎么谈，就说要验厂，但是却要你提供邀请函。来华邀请函也是有陷阱的，当你出具了这份邀请函，你公司对这个人来华后的行为是要负起一定的法律责任的。所以建议要先识别客户后才能帮这个忙。

2. 代付款

代付款骗局曾一度被视为无解，但实际上它仍然是利用了人性的贪婪，或者是不谨慎。代付款的陷阱是这样的：

买家堪称"天使"，下订单后竟然打了远远超过订单金额的一笔钱过来（甚至会一笔接一笔汇来更多的钱），更奇怪的是，这笔钱往往不是从买家所在的国家打来的。此时买家说，多打的钱是希望卖家作为其在中国的代理，转给其他中国供应商的，可以支付给卖家一定比例的佣金。卖家一想这事多好，不仅自己收全了货款，还能从中赚一笔零花钱，一点风险也没有。可是卖家怎么都不会想到，不久之后就有个货款汇出地的公司找上门来，说自己遭遇了钓鱼，钱被黑进了卖家的账户，并报警要求冻结卖家的账户、返还货款。而此时卖家已经按照"客户"的指示把钱转给了"其他中国供应商"。于是只能进入漫长的自证清白的过程中，劳心劳力不说，还有可能面临账户被封、被冻结的风险。

这种骗局说白了就是"洗钱"，而你成了骗局的一环。

如何破解？在面对买家所在地与付款所在地不一致的情况时，多提一个需求：要求与付款公司核实，查明是否属实。一般骗子在这时就会意识到，你可能已经发现了他的套路。如果买家就此消失，那基本可以断定是个骗子。

对于给客人提供"采购代理"的外贸人，切记你的职能不应该是简单的

"出租账户"。要帮客人代付款可以，但必须是在跟进订单的情况下，再帮付该订单相应的款项相对才会安全，代付款时也要让对方提供授权书等证明。

3. 双重合同

双重合同，是指一些企业出于获取利益的目的，与合作方签订两套合同，即一套是正常的合同，一套是向海关办理通关手续时压低、虚报加工费的虚假合同。还有一种情况是，进口方为了达到减少关税的目的，要求签两份合同，一份合同的交易金额低于实际交易金额，用来报关，另外一份合同显示的是真正交易的金额。

对于申报合同涉及的加工费外方正常付汇，对不足部分外方则通过地下钱庄或携带现金出境、借用雇用社会闲杂人员的名义或以外贸公司职员个人名义，在个人用汇限度内电汇等非正常方式补齐。一旦资金紧张就拒付或拖欠上述的不足部分，此时中方由于涉嫌协助虚假报关，往往对此类欠款无法正常追索。

大多数情况下，出口商都是抱着与人方便的想法，同意签订双重合同，但这样做却包含着很多的风险，万一在贸易中进口商的情况发生了变化，恶意拖欠或拒绝付款，出口商所签订的实际交易金额的合同是不被法律承认的，出口商这时往往很被动，甚至只能承担损失，自吞苦果。

（五）骗小钱

骗小钱是骗子抓住卖家急于成单，觉得即使被骗也没多少钱的心态布设各种圈套，往往容易得手，请大家务必擦亮眼睛！不要觉得就这点小钱骗子也能看上？蚊子肉也是肉，有些骗子就是冲着这小几千块去的，受害人甚至被骗了都觉得不值得去追讨，白白便宜了骗子。

1. 骗检测费

骗检测费的典型设套方式是这样的：骗子自称是某国买家，表现出采购意向，先让你发 Catalogue（产品目录），指定某产品后表示要订一个柜，并要求你寄样品到中国某检测公司去做检测。样品不值钱，骗子主要目的在骗检测费。部分卖家急于成单，即使心中有疑问，也觉得1000—2000元的检测费不是什么大问题，于是付钱检测，之后买家消失，或推脱订货。检测公司则撇清自己，说这是卖家与买家的事，与他们不相干。

典型特征：买家对产品并不挑剔，却坚持指定不知名的检测机构。

遇上类似的买家，首先可以搜一下买家的名字、检测机构的名字，看看是不是已经有不幸的朋友中过招。此外可以跟买家约定，卖方出检测费可以，但检测费用在订货后从大货的货款中扣除。多问几句，骗子很容易就露出马脚。

2. 骗翻译费

这也是骗小钱的一种套路，早几年就有这种形式的骗局，这几年也一直没停止过。

典型套路：骗子以中国人的身份加卖家的联系方式，并提供海外买家的名片（一般是中东买家，因为通晓阿拉伯语的人少之又少）。然后这个买家就开始给卖家发邮件了，一封接一封看起来很诚恳。接着中国的这位联系人就表示买家要来看厂，什么机票酒店都订好了，连航班号都能提供。而他是翻译公司的小语种翻译，会陪同这个客户来卖家这边，但是需要卖家先垫付他的翻译费用，也不多，基本不超过1000块。卖家如果问为什么买家不能付这笔钱，中间人就会找各种理由，然后逼问到底想不想要这个买家了。卖家如果一时情急，很容易就中招付钱。届时去接所谓的"客户"时就会发现，完全是傻等了。

典型特征：中东买家要看厂，中间人是翻译，费用需卖家垫付。

（六）利用海关政策漏洞

一些国家（地区）对货物退运有着特殊规定，货物被拒收后，出口企业如果想运走，必须要获得原买方同意退货的书面声明；如果不能得到买方的配合，或通过其他途径证明货物权属，货物会在一定时间后被海关拍卖；骗子就利用这一海关特殊规定，拖延付款，随着拍卖时间的临近，要求以极低的价格卖给他。

案例

深圳某公司出口一个小柜到孟加拉国，付款方式是3000美元定金，剩余部分L/C和T/T各一半。柜子快到港的时候，开始催客户T/T部分尾款未果。柜子到港后，收到客户邮件说，对方海关出了问题，他手上有11个柜子滞港，等到问题解决了会给通知。鉴于信用证有效期是到7月28日时间还早，所以决定再等等。此后，骗子以各种理由继续拖欠尾款，比如正值斋月，即使寄单，孟加拉国银行也不会处理。一场无休止的漫漫"拖款路"就此开始，甚至提出因市场价格下滑，供大于求，需要降价20%的要求。最后骗子表示如果不同意折扣，他会以信用证上交单期限不符为由，拒付信用证。这其实就是一次有预谋的诈骗，买方设下这样一个骗局，是基于孟加拉国的以下两个法令：

（1）货到港三个月（水果蔬菜等是45天）未提货，将被海关拍卖，且原买方有优先购买权，拍卖所得归入国库。

（2）已到港的货物，如要退运或转卖，必须得到原买方的同意。

当卖家同意货物余款以LC与TT各一半的方式来支付时，就开始掉入买方的骗局了。

（七）冒用知名买方名义

冒名顶替的行骗手段越来越普遍，就是直接冒充买方下单，而且很容易得逞。原因在于国际贸易中，合同基本以签字为主，不需盖章，造假成本很低。一般来说，骗子买方利用中国各类展会、阿里巴巴或中国制造网等贸易平台来接洽出口企业，并选择本国或邻国实力雄厚的知名买方作为其冒用的对象。且对于产品价格不太敏感，对于质量要求、设计等不会作太细节的考究。

假公司如何去提货呢？除记名提单外，其他提单一般都可以转让，通过在提单上简单的背书，假公司便可以以自己名义去提货了。

案例

骗子公司冒充瑞士某著名化学品经销商，向某外贸公司下了订单，签署外销合同。后续外贸公司发货时，骗子公司又要求将货物发送其在非洲多哥共和国的分支代理。外贸公司按照指示发货后，却迟迟收不到货款，所谓买方联络人也再无音信。当外贸公司委托中国信保向真实的瑞士公司追讨欠款时，该瑞士公司一纸律师函，直接告知从未与该外贸公司进行贸易，合同的签字、签章均为伪造，关于所谓多哥的分支代理更是无稽之谈。外贸公司财货两空，直接损失达40万美元，损失惨重。

（八）花样百出让外贸企业放松警惕

现在骗子多了，人们都有了防范意识。国际犯罪分子就利用各种手段，降低出口企业的防范心理。典型的如"放长线钓大鱼"——先做小额再骗大的，利用银行汇款"到账"和"在途"的区别假意付款，抓住企业以为"小单不会有风险"的心理专下小单，主动发送营业执照、"签章齐全"的合同或者订单以及所谓"买方"的官方网站、财报等。有些有实力的骗子买方甚至给予一定的定金，或者先正常做一两笔小额预付款再要求赊销。随着近几年出口信用保险的影响力越来越大，更有甚者会主动建议出口企业寻找出口信用保险公司查询所谓的"买方"资信。

案例

自称英国 A 公司采购的老外 X 通过展会、网络等渠道找到国内供应商 C，希望采购其产品。X 对于结算方式的要求比较特殊，一般是 D/P at sight、OA 等对买方有利的付款方式。为了让出口企业 C 减少担心和疑惑，X 会建议企业去投保出口信用保险，待保险投保事宜操作完毕，X 会与出口企业 C 沟通，让其将货物直接发给法国 B 公司，B 的公司名称与 A 非常相似：A 的全称+××branch，名字上完全可以迷惑住，让出口企业认为 AB 系关联企业。出口企业 C 最终与采购 X 达成如此一笔贸易：合同签署双方为 C 和 A，即从合同法律角度而言，此笔贸易的债务人为 A。物流方向，由 C 直接将货物发送给 B。应付款日到期后，C 联系 X 催收货款，一般 X 会以各种理由推脱或者干脆玩消失。出口企业 C 寻求保险索赔，保险公司调查后反馈，A 公司否认贸易事实，告知其公司不存在该员工，即该笔贸易系虚假贸易，属保险公司除外责任。出口企业 C 钱货两空，保险公司除外责任也不予赔付。

这类骗子的共同点是："买家"对产品本身并不是非常上心，对价格也不太在意，很容易成交订单，专业的要求不多，验货也不严格，概括来说就是：除了付款方式，其他一切好谈。有时候，还不时来个剧情反转的神操作，让你不得不信以为真。

案例

2018年11月底,一个翻译带着两个买家到义乌国际商贸城订货,随便走进一家商铺就说货好,也不还价,立刻下几万元的订单,翻译在一边帮腔说买家的店在法国,生意做得很大,钱不是问题不要担心。一般情况下卖家不会这么容易中招,但骗子回过头来给卖家一个电话,说柜子容量不够了,订的货减一半。卖家想,骗子哪能有这操作,不是骗的越多越好吗?而且砍掉一半的订单之后,货值也不太多了,于是就轻信了。骗子仅仅交了800元定金,允诺20天后付货款后,卖家把80件货送到了指定的仓库。警方调查发现,这个公司2018年10月才开,并没有到市场监管局注册,老板是印度人,从11月份到12月初,这家公司先后安排翻译陪同一名伊朗客户和一名尼泊尔客户到市场采购,共向100多名经营户采购了价值300多万元的货物,包含玩具、五金、日用品等。这两名外商订货从不还价,频繁更换临时翻译,租用了多个收货仓库,并且故意隐瞒身份,号称自己是英国和加拿大人。

因此,也请大家长个心眼,如果遇上了对产品一窍不通、也不怎么讨价还价、下单神速的买家,问问自己,你平时买彩票中过奖吗?

一般来说,对付这些纯粹的骗子,只要我们时刻保持清醒的头脑,不迷信轻易的"财运",不抱侥幸心理,商业信用要讲,警惕性也不能放,再掌握一些防骗技巧和方法,基本上就能杜绝上当受骗。

二、奸商型欺诈

对于骗子型欺诈,相对来说倒还好办。奸商型欺诈就比较复杂了,其中虚虚实实扑朔迷离。这类型的欺诈,与骗子型欺诈不同,骗子型欺诈从生意开始就有欺诈动机,而奸商型欺诈不同,严格地说,这类型欺诈还算不上欺诈,因为从事这种欺诈的商人实际上属于做生意不诚信、不厚道的奸商,他们的初衷不是为了骗人钱财,而是生意照做,只是给你下套而你又中了他的套之后,以此为要挟,进行压价、索赔,或拖延付款等等。

奸商型欺诈中最典型的当属前面"制单结汇"部分提到的故意设置信用证软条款。在此我们再看一例。

案例

一个"软条款"带来的拒付

东南亚某国银行给我国Z行开立过一份不可撤销自由议付信用证,在DOCUMENTS REQUIREMENT(单据要求)中关于提单的NOTIFY PARTY(被通知人)有如下条款:NOTIFY PARTY WILL BE ADVISED LATER BY MEANS OF L/C AMENDMENT THROUGH OPENING BANK UPON INSTRUCTIONS FROM THE APPLICANT(一收到开证申请人的指示,就通过开证行以信用证修改书的形式告知被通知人)。但是无论通知行如何催促,开证行迟迟不发信用证修改指定提单的被通知人。为避免信用证过期,受益人只好在信用证修改之前交单,并将提单的NOTIFY PARTY打成APPLICANT(开证申请人)的全称。开证行在收到单据后以如下理由拒付:NOTIFY PARTY ON THE BILL OF LADING SHOWN AS APPLICANT WHEREAS L/C AMENDMENT HAD NOT BEEN EFFECTED,即信用证修改尚未发出,提单便显示了被通知人。Z行多次反驳,但开证行始终坚持不符点成立。最后开证行来电称申请人要求降价10%才肯赎单,出口商迫于各方压力不得不接受要求,以损失四万美元为代价了结此事。

本案的焦点是信用证上关于通知人的"软条款"。信用证中的"软条款"是指主动权掌握在开证申请人手中,受益人无法控制的条款;或意思含糊不清、模棱两可的条款。因难以满足这种条款,往往会给受益人安全收汇造成相当大的困难和风险。Z行作为通知行曾就此证中的"软条款"征询过受益人的意见,但因急于发货,受益人称其客人接受不符点而坚持交单议付。没想到出单后进口商变卦,以退货相威胁来压价。对于这一"软条款"拒付,开证行虽然有些无理,但也有其辩词,不一定能反驳成功。由此案例可见,对于信用证中的"软条款"能做到的尽快办理,不能做到的应坚持修改,否则不要急于出货。客户之间口头的商业信用是靠不住的,只有严格按信用证的要求交单才是按时收汇的最佳保证。

除了软条款,有些买家还会故意为单证不符埋下隐患。具体做法是:进口商给出口商开证时,就在信用证里为出口商将来制作不符点单证埋下隐患,等到出口商将来交单议付时，无论如何都不可能提交符合信用证严格相符原则的单证，如果出口商心存侥幸，把全套单据寄给进口方后，进口商就指示开证行以此为由进行拒付。当然，其根本目的不是为了拒付，而是以此为要挟，进行压价或拖延付款。笔者就亲身经历过一起类似的案例。一家韩国的企业与我公司做成一笔红黍子交易，我为出口方。对方给我方开来信用证时，故意把我公司的名称打错一个字母，我公司制单员当时就心存侥幸，认为是对方笔误，就贸然把全套单据寄给对方，结果开证行就指出我方所交单据上的受益人名称与信用证不符，因此拒付。最后经过我公司多次交涉后，才以降价了事。

此外，还有的在"无单放货"上做文章。控制提单是企业控制收汇风险比较常用的手段，但是提单在手，货物已经被买方提走的情况已是屡见不鲜。货物怎么会被无单放货呢？因为出口企业拿到的可能不是船公司签发的提单，而是货代签发的提单；特别在 FOB 情况下，货代由买方指定，一些小货代跟买方有业务往来，往往会听从买方指示或干脆采用非特权凭证的 FCR 等代替提单。买方还有可能在信用证项下与银行联手，以担保函形式先行提货。

案例

某美国工艺品进口商以信用证方式进口一批相框。货到美国后却以某单证缺少一份副本为由拒付单证，要求扣款（实际原因是前一批货物部分黏胶不洁，索赔未果）。经货代核查，该批货物已经提走。出口厂商闻讯大惊，通过银行质询开证行，开证行却声称单证仍保管完整。犹豫再三，出口厂家接受扣款要求。

实际上在本案例中，因为外商和开证行规模较大，过去信誉一直不错，因此在核查发现货被提走以后，工厂不必惊慌而反倒可以安心。因为此时的状况基本上可以肯定是客户采用了"担保提货"方式，虽然全套单据形式上仍掌握在开证行手中，但银行已经无法退回。如果工厂坚持付款或退单，客户与开证行势必妥协。遗憾的是工厂不了解信用证的相关规定，得知货物被提就乱了方寸主动退却了。

奸商型诈骗在实践中形式多样，但实质都一样，在此不一一列举。对付奸商型骗子，需要比较扎实的外贸知识，熟悉贸易惯例，在洞悉内情的前提下，不受恐吓，坚持原则。平时可多积累行业经验，收集各类诈骗案例以资参考。

三、防骗有术

中国是世界制造的中心，出口贸易大国。在改革开放的近几十年来，中国企业被海外企业所诈骗、所欠的货款，令人触目惊心。中国企业的货款之所以被诈骗，或者被海外的企业所拖欠，很多情况下都是犯了低级错误，或者说，都是没有做好作为一个贸易人应当下的基本功。中国企业在国际贸易过程中往往会陷入三个重大的认识误区：第一，外国人诚信度高；第二，政府官员站台，企业必然可信；第三，熟人信任度应该没问题。这是中国企业家在国际贸易中普遍存在的三大认识误区，也是骗子诈骗屡屡得手的重要原因。

为了避免在国际贸易中被诈骗，有很多基本的功课可以做。上面我们介绍了外贸诈骗的主要类型，尽管其中有的诈骗手段比较高明，但总会露出一些破绽，能做到天衣无缝的可能性不多，只要我们外贸公司和企业提高警惕性，掌握识别陷阱的方法，完全可以避免上当受骗，下面总结出几种识别与防范方法，供大家借鉴。

（一）审查业务的真实性

审查业务的真实性是进出口业务中最重要的功课。真实性审核就是排除"四自三不见"业务，避免误入虚假业务陷阱。如何审查真实性呢？

（1）应具备"五有"，即在出口业务中，有卖主、有买主、有对应产品、有生产产品的工厂、有运输方；在进口业务中：有卖方、有买方、有产品、有运输方、有最终用户；代理进口项下有正本代理进口协议。

（2）在业务操作中，一般具有规范的操作程序和规则，并有银行参与。此类业务以自营业务为多。

（3）不是同一人（即便是代理业务也不是买方、卖方、运输方为同一人）。

（二）完善合同条款

在进出口业务中，如在真实性的识别中难以如愿，对方几方面串通一气，互相配合，并多次反复强调真实性，而外贸公司又想尝试的情况下，可采取签订严谨的合同来识别和防范，如在合同里面订立品质条款、认证条款、价格条款、检验条款、索赔条款、支付条款、运输条款以及定出详尽的规格、要求等，并要求对方具有法人代表签字或其在委托书上签字的文书。特别要强调签约地在本地区。

在出口合同中要订有严格的仲裁条款；规定出口国为解决争议、纠纷的管辖地点。很多中资企业认为，纠纷是对方国家管辖还是其他国家仲裁，意义不是特别大，其实这是个非常错误的认识，明确管辖地点是判断对方是否有欺诈意图的重要方法。如果对方想拖欠这笔货款，往往他会坚持不要在中立的第三方和债权人这一方的仲裁机构进行管辖。如果我们没有坚持就意味着对方很可能不会面临败诉，以及面临支付高额违约金的仲裁结果的压力，这样很容易让对方产生欺诈或者拖欠货款的企图。如果我们坚持要在我方的仲裁机构或者中立第三方的仲裁机构仲裁，并且坚持高额的违约金，对方没有接受，那说明对方对支付货款的能力或者支付货款的意图并不坚决，这个条款坚持不坚持，就能简单判别对方是否有拖欠货款的倾向和欺诈的企图。

另外，一个精明的企业家或者聘请了专业律师的企业，往往会要求在合同的前言部分或者附加条款中，把对方承诺的履约能力或者履约的实际情况，用文字记录下来，并且加上一句话：上述履约的陈述，如有不符视同诈骗。这相当重要！为什么这么做呢？因为在中国人的意识里面，往往认为贸易纠纷不过是个民事纠纷，经济纠纷，但是在西方国家或者在普通法系国家，只要你在履行合同过程中有欺诈、不诚信的陈述，都有可能上纲上线，负刑事责任。有了这样一些文字记录，一旦对方的陈述是不真实的，或者对方的承诺是欺诈性的，极有可能被对方的地方警官、警察署作为刑事案件进行立案。有了可能追究对方企业主或者股东刑事责任这样一种压力，就可以在很大程度上避免对方拖欠货款或产生诈骗的企图。

最后，还要注意在进出口中一定要坚持签订书面合同，因为书面合同具有确定性、告诫性和公开性，并具有证据的作用。有一些欺诈在书面合同中肯定会露出破绽，外贸公司在签订合同时可及时识别和防范。

（三）做好尽职调查

尽职调查，是法律上的一个术语，说白了就是要了解一下对方底细。道理很简单。就像我们中国很多地方在谈婚论嫁的时候，总有人提出来说，那我们查一下对方家庭底细。连普通人女儿出嫁或者要娶对方为媳妇，都懂得摸底调查，但中国企业几十万、几百万乃至几千万的货款被国际买方拖欠，为什么不做尽职调查呢？尤其在当今资讯非常发达的时代，很多国家都有诚信记录，很多国家都有公开资料，通过专业机构做一份尽职调查就可以避免最低级的错误。欧美企业规范的国际贸易，一般情况下所支付的尽职调查费用都占合同贸易金额的1%左右。而根据知名律所摸底调查反馈情况来看，我们中国90%的企业，在国际贸易过程中，基本上不愿意付费做尽职调查。

在进出口贸易时选择交易对象非常重要，一定要慎重考察对方身份的真实性，查清对方的资信情况。如看营业执照的正本和副本，同时对正本、副本的真实性进行验证，并通过合法途径到其所在地的工商行政机关和税务机关进行了解，核实其经营活动情况和现在是否仍在合法地进行经营活动。还有货物情况／注册资本／法定地址等。还要考察对方资产信用的真实性和履约能力，了解其开设的基本账户和经营活动情况。当事人的资信情况关系到其有无承担债务责任的能力和有无履约诚意。在资信调查识别时，要对主体资格识别清楚。如对方以自然人身份出现，或者是以法人或非法人经济组织身份出现，或者是法定代表人的身份，或者是委托代理人的身份出现。千万不能因为看到对方是个大家族或者看到对方是个大集团，就忽略了跟我们签订这份合同的主体的真实情况，因为普通法系国家的有限责任公司的注册资本很多时候是授权性资本，并不是中国意义上的真正到资的注册资本。所以当你看到一个注册资本几千万美元乃至几千亿美元的集团公司的时候，很可能其已经资不抵债，很可能那只是一个空壳公司。

调查方法还可采取：银行查询，海外机构查询，行业查询，进出口商会查询，有关机构查询等。

🔔 相关链接

中国尽职调查若干渠道

➢ 中国出口信用保险公司

中国出口信用保险公司（简称中国信保）作为中国唯一承办出口信用保险业务的政策性金融机构，可为客户提供资信调查服务，帮助客户核实企业合法身份、信用情况、交易情况，帮助客户防范信用风险，可通过发送邮件到 sinorating@sinosure.com.cn 或登录其官方网站（http://www.sinosure.com.cn）了解有关信息。

➢ 中国检验认证（集团）有限公司

中国检验认证（集团）有限公司（简称中检集团）是经国务院批准成立，在原国家工商总局登记注册，迄今为止唯一的带"中国"字头以"检验、鉴定、认证、测试"为主业的跨国检验认证机构。中检集团欧洲公司提供有关企业资质、信用的查询服务，可通过发送邮件到 shenhy@cciceu.com 了解有关信息。

➢ 中国贸促会商法中心

中国贸促会商法中心作为国内最早提供涉外法律服务的机构之一，目前服务领域覆盖对外贸易、跨境投资、经贸摩擦应对、公司经营、劳动争议、诉讼和仲裁代理等多个方面，并与世界各国的商协会和法律服务机构建立合作关系，能够为企业提供企业资信调查服务，推荐诚信可靠的合作伙伴或了解交易对象的相关情况。在出现风险后，也可以帮助企业进行境外商账追收和纠纷解决。

案例

看清首次交易买家的真实面目

陕西省内 M 企业主要从事五金工具出口，年出口额约 300 万美元。2020 年 1 月计划就向某国买方 N 的出口业务进行投保，出口金额 15 万美元。M 企业同时表示，买方 N 为该国一所知名医院。据此中国信保立即开展了资信调查，看着资信报告中该医院所处行业和双方风马牛不相及的交易产品，中国信保的客户经理立刻警觉起来，第一时间与 M 企业联系，了解相关交易情况。通过仔细比对买方资信报告，发现买方 N 的名称与该知名医院的名称极为相似（前者为 HOSPITAL OF N****，后者为 THE HOSPITAL OF N****），并且买方 N 的收货地址与医院地址也不相符。至此，真相浮出水面，骗子的伎俩最终暴露，M 企业通过利用中国信保的资信调查服务，成功避免了大额损失。

相关链接

值得收藏的买家身份查询途径

中国大陆

☐ 国家企业信用信息公示系统,网址:http://js.gsxt.gov.cn/index.html

☐ 信用视界,网址:https://www.x315.com

中国香港地区

☐ 公司註冊處綜合資訊系統(ICRIS),网址:https://www.icris.cr.gov.hk/csci/

中国台湾地区

☐ 经济部商业司,网址:http://gcis.nat.gov.tw

美国

☐ 邓白氏公司(Dun & Bradstreet),网址:https://www.dnb.com

☐ 美国证券交易委员会(SEC),网址:https://www.sec.gov/edgar/searchedgar/companysearch.html

☐ New York Secretary of State Corporation & Business Entity Search(纽约州务卿网站),网址:https://www.secstates.com/NY_New_York_Secretary_of_State_Corporation_Search

日本

☐ 日本统计局与统计中心,网址:http://www.stat.go.jp/index.html

新加坡

☐ ACRA Website,网址:https://www.acra.gov.sg/home

BVI(英属维尔京群岛)

☐ BVI Financial services Commission,网址:https://www.bvifsc.vg

☐ 澳大利亚工商局(Australia Business Register),网址:http://abr.business.gov.au

新西兰

☐ 新西兰公司注册处,网址:https://companies-register.companiesoffice.govt.nz

印度

☐ 印度公司事务部(Ministry of corporate Affairs),

网址:http://www.mca.gov.in

德国

☐ Firmenwissen，网址：http://www.firmenwissen.de/index.html

英国

☐ GOV.UK，网址：https://www.gov.uk

专业信用评级机构

☐ 标准普尔

网址：https://www.standardandpoors.com/en_US/web/guest/home

专利、版权

☐ 中国版权保护中心——著作权查询，网址：http://www.ccopyright.com.cn

☐ 美国专利商标查询，网址：http://www.uspto.gov

税务、商标

☐ 国家知识产权局商标局——商标查询，网址：http://sbj.cnipa.gov.cn/sbcx/

☐ 美国IRS关于税务相关信息，网址：http://www.irs.gov

☐ 欧盟商标查询，网址：https://euipo.europa.eu/ohimportal/en/

组织机构代码

☐ 全国组织机构代码管理中心，网址：https://www.cods.org.cn

判决书

☐ 最高人民法院"中国裁判文书网"（限于裁判文书），

网址：http://wenshu.court.gov.cn

例示

银行常用资信评价用语

1. 优级（Excellent）

➢ This company appears to have a very active and increasing business.（该公司的经营活动充满活力且不断上升）

➢ We consider them quite good for large scale business engagement.（我们认为其经营活动非常优良）

➢ We recommend them as worthy of your full confidence and consideration.（我们认为他们完全值得你们信赖与考虑）

➢ This company has enjoyed good growth over years and considered management of high quality.（该公司近年来业务不断上升，且具有高质量的管理水平）

➢ This company is long established, very experienced and successful in their field.（该公司历史悠久，经验丰富，经营成功）

2. 良级（Good）

➢ We consider them good for normal business engagement.（我们认为该公司具有正常经营能力）

➢ We consider the company as trustworthy for its ordinary business engagement.（我们认为该公司进行正常业务活动是可信赖的）

➢ They may be considered good for their normal business engagement.（他们具有正常经营能力）

3. 一般级（Ordinary）

➢ We have no experience with the company other than routine current account business.（除了正常的往来账户业务外，我们对该公司不甚了解）

➢ The company may be considered good for their moderate business engagement.（可以考虑与该公司进行适当的业务交往）

➢ This company operated in order.（该公司正常经营）

4. 差级（Bad）

➢ We advise you to proceed with very possible caution in dealing with the company in question.（建议以非常谨慎的态度与该公司打交道）

➢ Payments to a few suppliers are slow: the slowness in attributed to a dispute with suppliers regarding to quality of merchandise.（对部分供货商付款迟缓，迟付的理由是对货物质量有争议）

The reports in circulation indicate that they are in an awkward situation for meeting their obligations.（发布的报告显示该公司在如期偿付债务方面难以对付）

（四）高科技识别

高科技识别主要是指运用电子技术检测分析，一是识别欺诈者所伪造的各类重要单据。伪造单据的一般特点是：色泽浓淡不均，细密的线条不完整、不清晰，图案、花纹、线条变形，粗细不匀，或出现差异，复杂的图案容易模糊。有些伪造单据尽管也使用一些精密仪器制成，在肉眼上难辨真假，但通过电子技术分析，在细密线条上容易出现图文不着墨的"漏白"现象。在对水印的鉴别上，伪造单据对着光看时，看不出图像的层次，真单证水印透视时清晰自然有层次；在紫外线下检验伪单证水印发荧光，真单证水印不发光等。二是在进出口贸易电子网络条件下，能迅速反馈当事人的各种情况和数据，由市场监管、海关、税务、外汇、银行等部门掌握，并进行识别。

（五）充分运用规避风险手段

充分运用一切可以规避风险的手段是避免欺诈风险的重要内容。

1. 高度重视信用证条款的内容

要高度重视信用证条款的内容。出口商可考虑尽量使用保兑信用证、自由议付信用证，正确选择国际贸易术语。为防止信用证欺诈，作为出口商应尽量使用C组贸易术语（如CFR、CIF、CPT、CIP等）。另外，要严格审核单证，加强对假冒信用证、"软条款"信用证的识别，一旦发现，应及时提出修改信用证。

2. 有效控制物流

为了保障货物所有权，务必注意要有效控制物流。

（1）自行选择货代，不使用买方指定货代。在诈骗过程中，骗子公司往往会指定货代，这些货代和骗子公司较为熟识，方便其提取货物。因此，外贸公司应在实际贸易中要求使用自己选定的货代。这些货代和外贸公司关系良好，在出现风险时，能有效帮助外贸公司控制货权，防止骗子公司非法提取货物。

（2）保持提单出运信息与买方信息一致。除非存在合理理由，外贸公司应保持提单上的出运信息与合同买方的信息一致，即收货人信息为已经核实过的买方信息，尽量避免货发第三国、货发第三方的情况。

（3）保持寄单信息与买方信息一致。应尽量避免将正本提单快递至买方地址以外的地址，应保持提单寄送地址与经过核实的买方经营地址一致。从进一步提升安全性角度考虑，可以采取银行托收的方式，但切记无论如何不要随意将快递单号告知买方。

（4）在交易租船订舱中，避免与"皮包公司"性质的方便旗船船东打交道，同时要注意不租订老船、旧船，选用适宜于货物特性的船型，以便确保货物在运输途中的安全。

3. 尽量通过银行付款，避免骗子公司冒名顶替

骗子公司的主要目的是骗取货物，通过冒充其他公司进行交易，就是让外贸公司误以为是在跟资信良好的公司进行贸易，放松警惕性。在这种情况下，有些警惕性较高的外贸公司会要求买方支付部分预付款来防范风险。但这远远不够，骗子公司的目的是诈骗获利，往往他们会不惜支付一定预付款，骗取更高价值的货物。而且，在大多数情况下，骗子公司会从第三方账户中进行支付，这样就更无法进行判别。因此，建议外贸公司要求买方支付部分预付款的时候，金额可以商量，但需要要求买方通过自己银行账户进行外汇支付。由于银行外汇系统的严谨性，通过这种方式可以锁定买方的真实性，避免骗子公司冒充。

4. 不要忽略最起码的担保手段

在采用赊销方式进行交易时，可以要求对方提供担保，比如企业担保、企业股东或者实际控制人的个人担保，以及房产担保、信用担保、银行支付手段担保等等。

需要指出的是，尽管在保障收汇安全方面出口信用保险是外贸企业很好的风险防范工具，但是对于欺诈风险，一般情况下却属于保险公司的除外责任。

（六）严防授人以柄

如果是因为骗子手段高明而上当受骗，因此造成损失，还情有可原，但如果是因为我们自己对问题的认识不够全面、彻底，或者自己忽视了原则，心存侥幸，麻痹大意，没有把工作做好，被对方从"鸡蛋"中挑出了"骨头"而遭受损失，那就是自作自受，自食苦果。

比如，在国际贸易过程中，信用证与见索即付的银行保函固然是很好的反欺诈担保手段，但是很多企业只知其皮毛而不知其内涵，信用证在很多国家看上去等于现金，等于最有信用的银行担保，然而一些发展中国家个别不规范的银行开出的信用证却往往设置了前置条件，虽然我们的货已经到岸了，但是对方的企业，只要找到一丁点儿小小的瑕疵或借口，都能轻而易举地把这个信用证或者见索即付保函项下的款项进行止付。也就是说，对方已经收到你的货了，本来见到了索款要求，银行就应该付款给你，或者说我们提供

了提单或货物到岸的证明，银行就要兑现信用证，但是因为他设置了条件，因为银行不规范，因为司法体系腐败，往往导致了大批的见索即付保函或信用证无法兑现，当然我们货款的回收也就落空了。

另外，除了应当具有清醒的防骗意识，认真掌握各种防骗方法外，还应当注意，在同客户交往过程中，做工作务必要一丝不苟，认真细致，尽量避免犯不应该犯的错误，防止授人以口实，上面奸商型欺诈中提到的红黍子案例就是很好的例证。

总之，戒贪、戒急、戒虚荣心，坚持原则是生意场上最基本而永恒的防骗之道。明白外贸原理，则可灵活操作而变不离宗；积累江湖经验，方能雾里看花而方寸不乱。

✦ 小贴士

骗子惯用伎俩

（1）非洲骗子：往往冒名欧洲中型企业，或者非洲资信较好的企业进行诈骗，诈骗产品主要是化工原料、医疗用品、汽车配件、机电产品等，一般要求货物发送乌干达、肯尼亚、多哥等国。如外贸公司被要求货发到上述国家的，需要特别注意防范欺诈风险。

（2）欧洲骗子、美国华人骗子：往往骗取货值单价较高的产品，如平板电脑、液晶电视等，主要采取冒充北美大公司或大公司的采购商进行诈骗，往往要求货物发香港，在香港装船。实际货物到香港后，即被就地分散运往世界各地。

（3）骗子热衷联系方式：骗子多喜欢使用 GMAIL、YAHOO、HOTMAIL 免费邮箱，形式上多采取"公司简称+@gmailyahoohotmail"的方式。骗子公司多喜欢使用聊天工具、邮箱、网络电话等联系，不愿意使用固定电话和传真。

（4）骗子常用套路：骗子公司急于骗取货物，也急于一次性骗取大额货物。在洽商业务中，往往给出较高价格，对产品的细节并不会太过深入的商谈，并要求货物一次性出运。所以，遇到不怎么讲价格、讲细节，同时要求一次性出运大金额货物的情况，外贸公司一定要谨慎小心。

参考文献

[1] 吴百福，徐小薇．进出口贸易实务教程[M]．8版．上海：格致出版社，上海人民出版社，2020．

[2] 祝卫，程洁，谈英．出口贸易操作教程[M]．上海：上海人民出版社，2019．

[3] 温伟雄．外贸全流程攻略——进出口经理跟单手记[M]．2版．北京：中国海关出版社，2017．

[4] 外贸人维尼．从零开始学外贸[M]．北京：中国海关出版社，2019．

[5] 黄海涛．外贸七日通[M]．北京：中国海关出版社，2008．

[6] 顾永才，王斌义．报检与报关实务[M]．5版．北京：首都经济贸易大学出版社，2019．

[7] 韩宝庆．国际结算[M]．2版．北京：清华大学出版社，2016．

[8] 韩宝庆．国际商法（图解版）[M]．北京：清华大学出版社，2020．

[9] 韩宝庆．轻松应对出口法律风险[M]．北京：中国海关出版社，2011．

[10] 徐玉树，罗玉芳．外贸企业免退税实务——经验·技巧分享[M]．北京：中国海关出版社，2020．

[11] 知乎，https://www.zhihu.com/

[12] 福步外贸论坛，https://bbs.fobshanghai.com/

[13] 雨果网，https://www.cifnews.com/

[14] 阿里巴巴商友圈，https://club.1688.com/

[15] 邦阅网，https://www.52by.com/